Jürgen Roth, Jahrgang 1945, lebt in Frankfurt am Main und arbeitet als Journalist und Schriftsteller. 1986 erschien sein Buch »Makler des Todes«, das mit seinen Enthüllungen über die internationale Waffenhändlerszene bundesweit für Aufsehen sorgte.

Dieses Buch wurde auf chlor- und säurefreiem Papier gedruckt.

Vollständige Taschenbuchausgabe Mai 1992
Droemersche Verlagsanstalt Th. Knaur Nachf., München

Umschlaggestaltung Adolf Bachmann, Reischach
Umschlagfoto action press, Hamburg
Druck und Bindung Ebner Ulm
Printed in Germany
ISBN 3-426-03996-6

5 4 3 2 1

Jürgen Roth

Sie töten für Geld

Die Söldner – Eine Reportage

Knaur

Inhalt

Töten ist ihr Geschäft

Nur wenige Söldner sind einer breiteren Öffentlichkeit bekanntgeworden. Dazu gehört etwa der Franzose Bob Denard. Oder der Südafrikaner Mike Hoare. Hoare versuchte 1981 einen Putsch auf den kleinen Seychelleninseln im Indischen Ozean durchzuführen. Er und seine Männer scheiterten. Denard hatte schon 1978 einen Staatsstreich inszeniert, auf den Komoren, die ebenfalls im Indischen Ozean liegen. Er hatte Erfolg. Der Söldnerführer ist bis zum heutigen Tag der Herrscher der »Islamischen Republik Komoren«, wie der offizielle Name des Inselstaats lautet.
Beide Männer verbindet ein Land, in dem das Söldnerunwesen einen frühen Höhepunkt erreichte: der Kongo. Der Ruf der Söldner als leicht zu manipulierende Instrumente des Neokolonialismus ist vor allem dort begründet worden. Daran hat sich bis heute nichts geandert: Söldner werden angeworben, um die Herrschaft der ehemaligen Kolonialmächte über die strategisch und wirtschaftlich bedeutenden Regionen Afrikas zu sichern. Für diese Aufgabe brauchen Staaten des freien Westens Männer, die bereit sind zu töten, wenn nur die Kasse stimmt. Und im Töten haben sie Übung. Ein Söldner erzählt mir in Brüssel: »Ich schleiche mich beim Schwarzen an. Ich greife zuerst denjenigen an, der mir den Rücken zuwendet. Er fällt hin, denn er fühlt die Schmerzen. Ich töte ihn. Bevor er eine Chance hat zu reagieren, während er hinfällt, schneide ich ihm den Hals durch. Er ist sofort tot.« Ein anderer berichtet: »Ich muß ihn töten. Um keine Zeit zu verlieren, nehme ich meine Waffe, ein Messer, weil ich lautlos töten will. Ich nehme also das Messer und steche genau an dieser Stelle hinein.« Er zeigt auf eine bestimmte Stelle im

Nacken. »Er ist nun gelähmt. Das einzige, was er bis zum Rest seines Lebens tun kann: die Augen bewegen.«
»Heute Söldner zu finden ist überhaupt kein Problem«, sagt Christian Tavernier. Er wurde 1936 im damaligen Belgisch-Kongo geboren und war in den sechziger Jahren einer der bekanntesten weißen Söldnerführer Afrikas. Zusammen mit dem Belgier Jean Schramme, dem Ex-Bundeswehroffizier Siegfried Müller, genannt »Kongo-Müller«, und dem Franzosen Bob Denard hielt er auf dem schwarzen Kontinent die Fahne des europäischen Kolonialismus hoch. Stolz zeigt mir Tavernier in seinem hochmodernen Brüsseler Büro – er hat es inzwischen zum Chefredakteur verschiedener Zeitschriften gebracht – eine Urkunde, ein »Ordre de Service«, datiert vom 3. Januar 1963. Darin steht, daß Captain Tavernier beauftragt ist, zusammen mit Captain Schramme die Route Jadotville–Kolwezi in Katanga zu schützen. Unterzeichnet hat das Dokument der damalige Präsident Katangas, Moise Tschombé. An der Wand hängt ein Bild, das zeigt, wie Tavernier Tschombé freundlich die Hand schüttelt.
Um was ging es damals?
Tavernier: »Um die Interessen der belgischen Minengesellschaften, die um ihre reichen Pfründe fürchteten. Wir wurden von belgischen Offizieren ausgesucht und von belgischen Minengesellschaften bezahlt.« Dann beschreibt der Ex-Söldnerführer mit erstaunlicher Offenheit, wozu er und seine Kollegen gebraucht wurden. Sie waren Kleinunternehmer, die sich ein lebensgefährliches Risiko und militärische Fähigkeiten bezahlen ließen, manchmal teuer, manchmal zu Schleuderpreisen. Die Manager der Minengesellschaften, Handelskonzerne und anderer Konsortien verbuchten die Kosten für die von ihnen angeheuerten Söldner als »Sonderausgaben« in den Bilanzen. In den goldenen Zeiten des Kolonialismus hatten sie die Rohstoffvorkommen Afrikas ungehemmt und ungehindert ausgebeutet, Wohlstand und Aktienkurse in den Industriemetropolen waren gestiegen. Aber dann stießen sie auf Widerstand. Unabhängigkeitsbewegungen, Ausdruck des wachsenden afrikanischen Nationalismus, entstanden. Afrikanische Befreiungskämpfer reklamierten die Reichtümer, die der Boden ihres Kontinents in sich barg, für die eigenen Völker. Sollte dies das Ende der Ausplünde-

rung bedeuten? Nein, es war die große Stunde der Geheimdienste und der Söldner, der verdeckten Operationen und Staatsstreiche. Destabilisierung, Sabotage, Mord – so heißen die Mittel des meist heimlichen Kriegs gegen Staaten und Politiker, die den Versuchungen der Korruption widerstehen.

Was ist ein »Hund des Krieges«, wie Söldner in der Literatur beschrieben werden? Nach traditioneller Begriffsbestimmung wird ein Söldner vor Ort oder im Ausland rekrutiert, um an einem bestimmten bewaffneten Konflikt direkt teilzunehmen. Er tut dies für private materielle Vorteile. Er ist weder Staatsangehöriger einer Konfliktpartei noch Bewohner eines von einer Konfliktpartei beherrschten Gebiets. Er ist ebensowenig Mitglied der Streitkräfte einer Konfliktpartei oder eines anderen Staats.[1]

Völkerrechtler mögen sich mit dieser Definition begnügen. Vollständig ist sie jedoch nicht: Vor allem erfaßt sie nicht die »White-collar-Söldner«, die die »Khaki-Söldner«, die Männer in Uniformen, zunehmend in den Hintergrund drängen. Das sind die Experten der elektronischen, der High-Tech-Kriegführung, die in westlichen Industrienationen ausgebildet und an andere Staaten ausgeliehen werden. Mit ihrem Know-how erleichtern oder ermöglichen sie es den Mächtigen, die Macht zu behaupten. Eine Maschinenpistole ist zwar nicht zu verachten. Doch warum martialisch auftreten, wenn elektronische Beobachtung und Kontrolle viel effektiver sind. Viele Diktaturen der Dritten Welt, die sich einst mit Hilfe von traditionellen Söldnern an die Macht geputscht und jeden Widerstand niedergemetzelt haben, bedienen sich heute der »White-collar-Hunde des Kriegs«.

Obwohl diese neue Entwicklung allgemein bekannt ist, kann man sich in internationalen Gremien bis heute nicht einmal auf eine Konvention zur Bekämpfung des »traditionellen Söldnerunwesens« verständigen. Fast zwanzig Jahre sind vergangen, seitdem sich die Vereinten Nationen zum erstenmal ernsthaft mit dieser Frage auseinandergesetzt haben. Damit beginnt eine Chronik der Ohnmacht. Ohnmächtig schauen die Entwicklungsländer auf die Einrichtungen der Vereinten Nationen, die nicht fähig oder willens sind, das Söldnertum zu bekämpfen.

Der UNO-Menschenrechtskommission in Genf gehören 43 Staaten

an. Nur 32 Mitglieder dieser Kommission haben im März 1986 für eine Resolution gegen die Ausweitung des Söldnerunwesens in Afrika gestimmt. 10 Staaten haben sich ihrer Stimme enthalten. Der mächtigste Staat der westlichen Welt, die USA, hat gegen die Entschließung gestimmt. In dem umstrittenen Text heißt es unter anderem: »...es wird entschieden verurteilt, daß das rassistische Regime Südafrikas in vermehrtem Maße Gruppen bewaffneter Söldner gegen nationale Befreiungsbewegungen und für die Destabilisierung der Regierungen im Süden Afrikas einsetzt.« Darüber hinaus werden die Regierungen in aller Welt aufgerufen, dafür zu sorgen, daß ihre Hoheitsgebiete nicht für die Anwerbung und Ausbildung von Söldnern genutzt und ihre Bürger nicht als Söldner angeworben werden.

Die Vermutung liegt nahe, daß so mancher Regierungsvertreter die Resolution als eine von vielen abtut. Denn nach wie vor ist der Einsatz von Söldnern ein weitverbreitetes Mittel der Politik. In seiner Anwendung tun sich besonders hervor die »Grande Nation«, Frankreich, die »Vorkämpferin der freien Welt«, die USA, und »die Wiege der Demokratie«, Großbritannien. Vor den Augen der Öffentlichkeit weitgehend verborgen, entwickeln darüber hinaus zahlreiche Organisationen rege Aktivitäten, um Söldner anzuwerben und deren illegale Tätigkeit auf internationaler Ebene zu koordinieren. Zu ihnen zählt etwa die »World Anti-Communist League« (WACL), die »Antikommunistische Weltliga«, in der auch bundesdeutsche Politiker eine aktive Rolle spielen. Eine nicht minder drekkige Arbeit bei der Söldneranwerbung leisten Geheimdienste. Sie bedienen sich der Söldner, um die direkte Verwicklung ihrer Staaten in verdeckte Operationen zu vertuschen – Kriege ohne Kriegserklärungen.

Am 21. Dezember 1965 erklärte die UNO-Vollversammlung in allgemein gehaltener Form, kein Staat solle subversive, terroristische oder bewaffnete Aktivitäten, die auf den gewaltsamen Sturz der Regierung eines anderen Staates gerichtet seien, organisieren, unterstützen, schüren, finanzieren oder tolerieren. Eine fromme Forderung! Drei Jahre später, am 20. Dezember 1968, stellte die UNO-Vollversammlung fest, daß die Praxis, Söldner gegen nationale Befreiungs- und Unabhängigkeitsbewegungen einzusetzen, als krimineller Akt strafbar sei und daß Söldner Verbrecher seien. Die Vollversammlung rief die Regierungen aller Länder auf, Gesetze zu erlassen, die das Rekrutieren, Finanzieren und Ausbilden von Söldnern auf ihrem Territorium zu strafbaren Handlungen erklären und ihren Staatsangehörigen den Söldnerdienst verbieten sollten.

In dieser Zeit wurde der Kongokrieg geführt. Er kostete einer Million Menschen das Leben. Söldner waren massiv daran beteiligt. Auch im Biafrakrieg, 1967 und 1968, starben ebenfalls über eine Million Menschen, und wieder spielten Söldner eine unrühmliche Rolle. Selten sind sie ohne Krieg und Brot. Im Juli 1967 heuerte die Regierung von Lagos rhodesische, britische und südafrikanische Söldnerpiloten für ihre kampfschwache Luftwaffe an und honorierte sie pro Mann mit 2800 US-Dollar monatlich. In Laos fochten die Meo für die USA gegen die Kommunisten, angeworben vom amerikanischen Geheimdienst CIA. Im Sudan unterstützten Söldner einen Aufstand gegen die rechtmäßige Regierung. Einer ihrer Führer, der Deutsche Rolf Steiner, wird später in Uganda gefangengenommen. Ihm wird angeboten, ihn nicht an den Sudan auszuliefern, wo ihn das Todesurteil erwartet. Dafür soll er schriftlich versichern, nie wieder afrikanischen Boden zu betreten. Der Berufstöter weigert sich: »Am Zivilleben stört mich das zivile Leben.« Steiner hat Glück, er kommt davon. Am 29. Januar 1977 berichtet die »Frankfurter Rundschau«, der Söldnerführer werde in Münster/Westfalen einen Vortrag über »Erfahrungen im Guerillakrieg« halten – vor dreißig bis vierzig geladenen Gästen des Verbandes der Bundeswehr-Reservisten.

Die UNO-Vollversammlung weist am 12. Dezember 1973 in den Resolutionen 2548 und 2708 darauf hin, daß der Einsatz von Söldnern durch kolonialistische und rassistische Regime gegen nationale Befreiungsbewegungen, die für die Freiheit und Unabhängigkeit ihrer Länder vom Joch des Kolonialismus und fremder Herrschaft kämpfen, als krimineller Akt angesehen wird und daß Söldner wie Kriminelle bestraft werden sollen.

Währenddessen dringt aus Südafrika eine Streitmacht von 800 bis 1000 Mann in das ehemals portugiesisch beherrschte Angola ein. Darunter befinden sich Söldner und reguläre südafrikanische Einheiten. Die Söldner erhalten, je nach früherem Dienstgrad, pro

Kopf zwischen 3500 und 7000 Mark zuzüglich Prämie und Handgeld. Im Juni 1976 stehen einige der ausländischen Söldner vor einem Gericht in Luanda. Unter den Angeklagten befindet sich der 27jährige US-Amerikaner Gustavo Grillo. Früher war er ein bekannter Mafia-Gangster in New Jersey. Vor dem »Volkstribunal« zeigt er sich in Demut: »Ein Söldner ist wie eine Prostituierte. Er verkauft sich an andere Länder. Es ist ein niedriges Geschäft.« Entgegen der Söldnerjustiz: kurzer Prozeß erhalten die angeklagten Legionäre ein faires Verfahren. Angola, das immer wieder als sowjetischer Satellit diskreditiert wird, demonstriert zum einen seine Entschlossenheit, sich gegen die Einmischung fremder Mächte durch die Intervention von Söldnern zu wehren. Zum anderen aber soll gezeigt werden, daß ein progressiver, sich als sozialistisch verstehender Staat Afrikas die international geforderte Rechtsstaatlichkeit zu befolgen bereit ist. Von den 13 Angeklagten werden 4 zum Tode verurteilt. Die britische »Times« kommentiert: »Es ist kein Verbrechen, ein Söldner zu sein.«
Anfang der achtziger Jahre bilden die Vereinten Nationen einen Ausschuß, um eine internationale Konvention gegen die Rekrutierung, den Einsatz, die Finanzierung und das Training von Söldnern auszuarbeiten. Gestritten wird jetzt über die Frage, wer als Söldner zu gelten habe. Einige Regierungsvertreter im Ausschuß meinen, daß derjenige Söldner ist, »wer als Fremder speziell für einen bewaffneten Konflikt angeworben wird, daran tatsächlich teilnimmt und im wesentlichen durch persönliches Gewinnstreben motiviert ist, was auch darin zum Ausdruck kommt, daß ihm ein deutlich höherer Sold als den in vergleichbarem Rang stehenden regulären Soldaten des Entsendestaates versprochen wird«. Dagegen meinen Vertreter aus Ländern der Dritten Welt, daß diese Begriffsbestimmung zu ungenau sei, da sie nur den individuellen Kämpfer berücksichtige und nicht darauf eingehe, daß dieser oft das Werkzeug einer Interessengruppe oder eines Landes sei.
Anläßlich des gescheiterten Putschversuchs auf den Seychellen heißt es, daß nach Auffassung des Ausschusses die Aktivität von Söldnern generell als internationale Verbrechen definiert werden soll, was auch im weitesten Sinn die dahinterstehenden Individuen und Organisationen betreffe. Den Regierungen soll es verboten sein, die

Rekrutierung, Ausbildung, Finanzierung, Ausrüstung, Bewaffnung, den Transport und Einsatz von Söldnern zu dulden oder gar zu unterstützen.

Die Diskussion in den gutklimatisierten Tagungsräumen in Genf und New York vollzieht sich weitgehend unter Ausschluß der Öffentlichkeit. Und sie findet keinen Abschluß, wohl auch, weil mancher Politiker aus den Industriestaaten nicht erkennt oder nicht erkennen will, daß das Söldnerunwesen für zahlreiche Staaten existenzbedrohende Ausmaße angenommen hat. Afrikanische Politiker kämpfen daher vehement gegen verharmlosende Formulierungen über Söldneraktivitäten. Da beklagt zum Beispiel die Regierung Sambias, daß »es zahlreiche Staaten gibt, die Söldner dafür benutzen, die demokratischen Institutionen des Staates zu zerstören«. Anstelle der offenen Kriegserklärung würden heimliche Sabotageaktionen durchgeführt. Regierungsvertreter des leidgeprüften Volkes von Moçambique, auf dessen Territorium eine kriminelle Rebellenbewegung, die Résistencia Nacional Moçambicana (RENAMO), mit Hilfe südafrikanischer Legionäre operiert, beschreiben Söldnertum als »neue Form der Subversion und Destabilisierung der inneren Strukturen eines Staates, insbesondere in Afrika seit den siebziger Jahren«.

Nach Meinung der Regierung Benins – dort hatten 1978 französische Söldner einen Staatsstreich inszeniert – ist das Söldnertum eine neue Waffe, die von einigen Machten benutzt werde, um diejenigen politischen Regime zu destabilisieren, über die sie keine politische Kontrolle hätten. Die Regierung Ugandas erklärt, daß der Einsatz von Söldnern »gegen die Souveränität und Unabhängigkeit von Staaten gerichtet ist und eine Verletzung der internationalen Gesetze darstellt«. Die Politiker der meisten afrikanischen Staaten gehen davon aus, daß reaktionäre Kräfte in den ehemaligen Metropolen des Kolonialismus nach wie vor versuchen, ihre Herrschaft über strategisch und ökonomisch wichtige Gebiete, die sie einst problemlos ausplündern konnten, aufrechtzuerhalten oder zurückzugewinnen. Um dieses Ziel zu erreichen, setzen sie auch Söldner ein. In der Tat wird dieses Buch dokumentieren, daß Söldner ein äußerst gefährliches Instrument des Neokolonialismus sind. Es paßt ins Bild, daß die Vertreter der »freien Welt«, die USA, Frankreich, Großbritannien und die

Bundesrepublik, sich durch äußerste Zurückhaltung bei den Diskussionen über die Verurteilung jeglicher Söldneraktivität auszeichnen. Am Einspruch der USA und Frankreichs scheitert bis heute eine UNO-Resolution, die den Einsatz von Söldnern verbietet.
Ich habe zu den Motiven Frankreichs den international anerkannten Afrikaexperten Jean Ziegler, Professor für Soziologie an der Universität Genf, befragt. Er hat unter anderem folgendes geantwortet: »Bis 1962 hat es in Afrika 18 französische Kolonien gegeben. Zwischen 1962 und 1986 haben in diesen 18 ehemaligen französischen Kolonialstaaten 21 Militär- und Zivilputsche stattgefunden, gewaltsame Machtwechsel ohne Rücksicht auf die Interessen der jeweiligen Völker ... Fast immer waren französische Dienststellen und Söldner darin verwickelt.«
Die französische Regierung denkt nicht daran, die auf ihrem Territorium arbeitenden Söldnerorganisationen zu behindern oder gar zu verbieten, ebensowenig tun dies Großbritannien oder die USA.
Wie so etwas vor sich geht, banal und nicht einmal geheim, dokumentiert folgendes Beispiel: Anfang der achtziger Jahre. Ein ehemaliger führender Politiker Ugandas, Godfrey Binaisa, will wieder an die Macht in seiner Heimat. Er wendet sich an den bekannten britischen Söldneranwerber Raymond Ingram, zwei Millionen englische Pfund soll der Überfall kosten. Ingram, einst Sergeant der britischen Armee, ist Leiter der »International Security Agency« in Bracknell – eines Sammelbeckens von englischen Ex-Soldaten und Ex-Offizieren, die ihre im Staatsdienst antrainierten Fähigkeiten weiterhin nutzen wollen.
Die Zeitung »Sunday Times« veröffentlichte am 29. August 1982 den Wortlaut eines Tonbandmitschnitts, in dem das Gespräch zwischen dem Söldneranwerber und dem Möchtegern-Präsidenten festgehalten ist:
Binaisa: »100 Soldaten sind nicht ausreichend, um den Job zu erledigen.«
Ingram: »Oh, doch. Sie könnten es schaffen. Aber dann muß es blitzartig erledigt werden.«
Binaisa: »Ich möchte 500 Soldaten. Das müssen alle gutausgebildete Männer sein. Dann muß ihr Transport einschließlich der Waffen nach Afrika gesichert sein.«

Der britische Söldnerführer hofft, daß der Staatspräsident von Zaire, Mobutu, ihn militärisch unterstützt. In der Vergangenheit jedenfalls hatte die Zusammenarbeit geklappt. Und er fragt, ob Binaisa sicherstellen könne, daß Zaire die bestellten Kanonenboote liefere. Binaisa bejaht, und er will wissen, ob man die Boote nicht mieten könne, statt sie zu kaufen. Ein Putsch ist teuer, und auch Gleichgesinnte wollen geschmiert werden.

Dann fragt Binaisa: »Wie wollen Sie vorgehen, um den Flughafen Entebbe einzunehmen? Soll es durch Hubschrauber geschehen?«

Ingram antwortet: »Ja. Ich möchte zwei Angriffe starten. Einen im Flughafen Entebbe und den anderen im Zentrum von Kampala.«

Hirngespinste? In diesem Fall bleibt es bei Plänen – in anderen Fällen begannen so die Vorbereitungen zu Staatsstreichen, bei denen Mord und Totschlag den Erfolg herbeiführten.

In London hat sich die Organisation »Watchguard« niedergelassen. Nach eigener Bekundung hat sie sich dem Personenschutz verschrieben, in Wirklichkeit aber rekrutiert sie ehemalige Elitesoldaten der britischen Armee als Söldner. Sie kämpfen dann in Burma oder in Surinam, wo sie gemeinsam mit belgischen Kollegen seit 1986 die Regierung des ihnen zu links erscheinenden Staatspräsidenten Desi Bouterse stürzen wollen. Die Staatsstreichprofis kommen voran: Am 27. Juni 1986 dringt der 24jährige Söldnerführer Ronnie Brunswijk mit 300 Mann von Französisch-Guyana aus in Surinam ein und erobert nach schweren Kämpfen die Bauxitstadt Moengo. An der Grenze Französisch-Guyanas, im Nordosten Südamerikas, stehen auch französische Fremdenlegionäre, die die Söldner unterstützen. Die Hintergründe für die internationale Kooperation sind verwickelt. Seit der Unabhängigkeit Surinams beutet ein US-Unternehmen, die Suralco, die reichhaltigen Bauxitvorkommen aus. Doch die niederländische Shell findet sich mit ihrer Verdrängung aus der ehemaligen Kolonie nicht ab und unterstützt daher die Söldner und Rebellen. Im benachbarten Französisch-Guyana startet die Ariane-Rakete. Die französische Regierung befürchtet, daß der unter Bouterse erstarkte Nationalismus auf ihre Kolonien übergreift und ihr Weltraumzentrum gefährdet. Deshalb gestattet sie den Söldnern, in Französisch-Guyana Ausbildungslager zu betreiben, und deshalb hilft sie bei ihrer Versorgung.

Unter den Anführern der Putschisten findet sich ein bemerkenswerter Typ: Zack, so heißt er wirklich, ist von Anfang an dabei, seit der Planung der Surinam-Aktion in Amsterdam.
Dort sichtet er gerade die in die Tausende gehenden Bewerbungen für den Söldnereinsatz im fernen Südamerika:
»Der Franzose aus Finnland. Er ist homosexuell. Das kannst du schon an seinem Gesicht sehen. Der will zu uns kommen. Wir brauchen einen Koch. Wir brauchen einen Homosexuellen.
Und da haben wir ein paar Moslems aus Somalia. Sie sind jetzt im Südjemen. Ein kommunistisches Land. Na klar, laß uns Kommunisten anheuern.
Hier sind alle meine Freunde aus Vietnam, die man im voraus bezahlen muß.
Und dann haben wir den Rollstuhlfahrer. Er will an den Armlehnen seines Rollstuhls Maschinenpistolen montieren. Natürlich brauchen wir einen Rollstuhlfahrer.
Den Mann mit der Herzattacke dürfen wir auch nicht vergessen. Er hat geschrieben, daß er einen Herzanfall hatte. Aber er möchte gerne mitmachen. Er ist 65 Jahre und herzkrank.
Dann haben wir den 32jährigen, der irgend etwas mit dem Bauch hat. Blinddarm oder so etwas. Ihm fehlt zwar eine militärische Ausbildung. Aber er ist bereit zu lernen. Aber er hat ja ein Leiden, er braucht spezielle Medizin. Also kaufen wir ihm für zehn Jahre im voraus Medikamente.
Dann haben wir 15 Schweizer aus Afrika. Wenn das Schwarze aus Uganda wären, würde ich ihnen noch was zahlen, damit sie zu uns kommen.
Du hast hier lauter Scheißköpfe aus ganz Europa, die Söldnermagazine lesen und in Ausbildungslager für Söldner gehen. Und wenn ein Fernsehteam kommt, dann prahlen 15jährige Kinder: Ich bin ein Söldner. Ich habe in Vietnam gekämpft.
Da der Mann von ›Paladin Press‹, einer Söldnerzeitschrift. ›Ich schlage vor‹, schreibt er, ›Ihr Mann trifft sich mit mir im Restaurant Shanghai in Kopenhagen. Ich werde eine grüne Jacke tragen.‹ ›Paladin Press‹: Weißt du, was die gemacht haben. Die gingen zur Zeitschrift ›Soldier of Fortune‹ und sagten, sie hätten Zugang zu 2000 militärischen Büchern, die die USA jedes Jahr aus ihren alten Lager-

beständen verkaufen. Die wollen sie weitervertreiben. Das ist der Typ, der zeigen will, daß er ganz besonders konspirativ ist. Aber er ist ein Feigling. Er hat keine militärische Erfahrung, ein Hosenscheißer. Und der will sich mit uns treffen!«

Jeder Söldner ist des anderen Söldners Konkurrent. Streit gibt es vor allem um die Führung von Operationen, darum, wer beim militärischen Einsatz das Sagen hat. Zu einem Kumpanen, einem Amsterdamer Gastwirt, sagt Zack über seinen Intimfeind, einen britischen Ex-Leutnant namens Nick Hart: »Gib mir deine Pistole, und macht, daß ihr aus diesem Haus rauskommt. Und ich verspreche euch, Nick wird keinem mehr etwas erzählen. Das ist es doch, wovor ihr Angst habt. Ich schieße ihm in den Kopf und lasse es wie Selbstmord aussehen. Wenn jemand fragt, was er ein Jahr lang bei dir hier gemacht hat, sagst du: Er hätte in deinem Lokal gearbeitet, weil er gut englisch sprechen kann. Das ist das ganze beschissene Problem: Laß mich ihn töten und alles beenden.«

Das Spitzelbüro in Paris

Frankreich steht an vorderster Stelle, wenn es darum geht, die Schmiermittel für ein reibungsloses Funktionieren unseres Wohlstandes durch Gewalt zu sichern. Die wichtigsten Schmiermittel sind die sogenannten strategischen Rohstoffe, vor allem Erdöl, Kupfer, Uran, Gold, Diamanten, Zinn und andere Edelmetalle. In vielen afrikanischen Ländern werden diese Reichtümer aus dem Boden geholt, und französische Konzerne geben dabei den Ton an, sie beherrschen die Volkswirtschaften der ehemaligen Kolonien weitgehend: in Elfenbeinküste zu 50 Prozent, in Kamerun zu 55 Prozent, in Senegal zu 57 Prozent und in Gabun zu 65 Prozent. Zudem liefern diese abhängigen Nationen zu niedrigsten Preisen die Rohstoffe, die für die französische Wirtschaft lebensnotwendig sind: Aluminium aus Kamerun, Phosphate aus Senegal, Erdöl aus Gabun und Uran aus Niger.
Mit »Beratern«, Söldnern und Experten für »Sicherheitstechnik« schützt die französische Regierung in den ehemaligen Kolonien die Interessen der ausländischen Gesellschaften, die die Rohstoffe ausbeuten, und stützt die korrupten Machthaber, die die Bodenschätze ihrer Länder für ein Spottgeld verschachern. Die »Grande Nation« läßt ihre Freunde nicht verkommen, ob in Gabun, in Elfenbeinküste, in der Zentralafrikanischen Republik, ob in Zaire, im Tschad oder wo auch immer. Geraten dort die Diktatoren in Gefahr, etwa, weil sich eine Opposition bildet, so eilen französische Militärs und andere Experten zur Hilfe herbei. Wird ein Freund Frankreichs gestürzt, dann schlägt die Stunde der Söldner. Sie werden in Marsch gesetzt, um die alte Ordnung wiederaufzurichten.

In Paris arbeitet seit 1987 ein »Verbindungsbüro für afrikanische Probleme«. Seine Aufgabe: Oppositionelle aus afrikanischen Ländern, die in Frankreich wohnen, zu kontrollieren. Die von Spitzeln, Denunzianten und Polizei zusammengetragenen Erkenntnisse gibt das Büro an die jeweils »zuständigen« Regierungen in Afrika weiter. In den Genuß solcher französischer Freundlichkeiten kommen derzeit vor allem Gabun, Kamerun und die Komoren.

Politisch verantwortlich für das Spitzelbüro in Paris sind der rechtskonservative französische Premierminister Jacques Chirac und sein »Afrikaberater« Jacques Foccart. »Wer ist dieser Mann?« fragte ich mich, als ich bei meinen Recherchen über das Söldnerunwesen immer wieder auf seinen Namen stieß. Jacques Foccart wird am 31. August 1913 geboren. Er tritt ins Rampenlicht der Öffentlichkeit, als bald nach Ende des Zweiten Weltkriegs Charles de Gaulle den »Service d'Action Civile« (SAC) gründet. Der SAC entwickelt sich sehr schnell zu de Gaulles privatem Geheimdienst, und Foccart ist darin zuständig für afrikanische Angelegenheiten. Ihm gelingt es rasch, ein Netz aus ihm verpflichteten Vertrauensleuten, Intriganten und Spitzeln im gesamten frankophonen Afrika zu knüpfen. 1958 wird er Präsident de Gaulles Afrikaberater, 1974 übernimmt ihn dessen Nachfolger Georges Pompidou in dieser Funktion. Schon längst ist er die »graue Eminenz« der französischen Afrikapolitik – in einer Zeit, als zahlreiche Kolonien »unabhängig« wurden. Daß sie nicht zu unabhängig wurden, dafür sorgte Jacques Foccart. Seine Aufgabe war es, Frankreichs Interessen in Afrika durchzusetzen. Unter Foccarts Kontrolle stand zum Beispiel Cyrille Adoula, der Nachfolger des 1961 ermordeten Patrice Lumumba, der nicht nur Ministerpräsident des Kongo, sondern auch die Symbolfigur für Afrikas Kampf um Unabhängigkeit war.

Auch André Labay, der Chef des kongolesischen Geheimdienstes, wurde von de Gaulles Afrikaexperten bezahlt. Labay bereicherte sich zusammen mit einigen Kumpanen außerdem bei Diamantengeschäften, was ihnen später einen kapitalkräftigen Einstieg in den Rauschgifthandel erlaubte. In einem Buch über Frankreichs Verstrickungen in Afrika heißt es dazu: »Am 5. April 1971 wurde Roger Delouette, ein enger Mitarbeiter Foccarts und Angestellter der Foccart-Firma Barberots in New Jersey, verhaftet, als er ein Auto abholen wollte, in dem sich 49 Kilogramm Heroin befanden. Die berühmte ›French Connection‹ flog auf, und Foccart verlor einen seiner wichtigsten Männer. Nach Aussage eines amerikanischen Agenten wurde Geld aus dem afrikanischen Diamantenhandel von Foccarts Organisation in den amerikanischen Heroinhandel investiert, um das große Geschäft zu machen und die Fortführung der dreckigen Geschäfte in Afrika zu ermöglichen. Verantwortlich für diese Aktivitäten war Richard Vautier, einer von Foccarts wichtigsten Mitarbeitern.«[2]

Foccarts Netz bedient sich nicht nur des Drogenhandels, um geheimdienstliche Operationen zu finanzieren, sondern auch, und viel effektiver, einer großen Gruppe kommerzieller und halbstaatlicher Firmen. Ihre Aufgabe ist es, Geld zu verdienen, um die Arbeit der Organisation zu finanzieren. Gleichzeitig dienen die Firmen als »Deckung«, sie können Foccarts Männern mit Tarnberufen und Tarnbegründungen aushelfen. Zu diesen Unternehmen gehören die »Société Beaujaulin & Cie« und die »Société d'Équipement pour l'Afrique« (SEA), die die »Mercedes Afrique«, die Mercedes-Benz-Vertretung für Afrika, beherrscht, sowie »Martmair«, ein Unternehmen, das sich auf den Verkauf von Waffen und Sprengkörpern spezialisiert hat. Anfang 1975 waren wenigstens 17 Firmen Foccart zu Diensten.

Foccart besitzt ein feines Gespür dafür, wie sich Politik und Geschäft verknüpfen lassen. Am 31. März 1966 wurde sein Unternehmen »Safiex« in das Pariser Handelsregister eingetragen, als eine Firma, die sich mit »Kommissionen, Import und Export von Produkten« beschäftigt. Inzwischen ist Foccart Eigentümer von einem halben Dutzend Gesellschaften, das er für seine Ziele einsetzt. Die Geschäfte gehen gut, auch weil er in Afrika günstige politische Rahmenbedingungen geschaffen hat. Zahlreiche Staatsstreiche hat er zu diesem Zweck angezettelt, so zwischen 1960 und 1964 in den westlichen Nachbarländern der Zentralafrikanischen Republik, in Kamerun und in Gabun, wo er Präsidenten an die Macht putschte, die Frankreichs und seine Interessen zu den eigenen machten. Gestützt auf Söldner wie den berühmt-berüchtigten Bob Denard, festigte er so die französische Vorherrschaft in den einstigen Kolonien, wirtschaftlich und politisch. Frankreich gewann begehrte

Rohstoffe wie Uran, Kupfer, Diamanten und Gold, und französische Unternehmen hatten das Importmonopol an sich gerissen. Es waren großartige Geschäfte, die da unter Foccarts Fittichen gediehen.

Foccart schickte Söldner, als in Zaire der Mobutu-Clan um seine Kupferschatzkammern in der Provinz Shaba bangen mußte. In Benin versuchten sie in Foccarts Auftrag 1977 einen Putsch. Der aber scheiterte. In Gabun ließ der Afrikaexperte, wie wichtige Quellen besagen, den populären Politiker Germain M'Ba ermorden, weil dieser für mehr nationale Unabhängigkeit kämpfte. Der französische Journalist Pierre Péan bezeichnet in seinem Buch »Affaires Africaines« Gabun folgerichtig als »Foccartland«.

Maurice Botbol, Herausgeber des renommierten »Indian-Ocean Newsletter«, der in Paris erscheint, sagt über Foccart: »Das ist der Mann, der Putsche organisierte, um politische und geschäftliche Interessen durchzusetzen. Wenn der jetzt Berater von Chirac geworden ist, so kannst du sicher sein, daß die alten Cliquen in Afrika noch mehr hofiert werden.« Und: »Ob eine konservative Regierung oder eine sozialistische Regierung. Sie betreiben alle die gleiche Politik in Afrika.« Und Pierre Abramowici, Starreporter der französischen Fernsehanstalt TF 1, sagt zu Chiracs Afrikaexperten: »Er ist so geheimnisvoll, weil die französische Politik in Afrika sehr geheimnisvoll ist. Und weil sie auf einem geheimen Netz von Ex-Widerstandskämpfern, Ex-Gaullisten und Ex-Söldnern aufgebaut ist. Und dieses gesamte Netz wird seit den sechziger Jahren von Foccart kontrolliert.«

Der Politiker und erfolgreiche Geschäftsmann Jacques Foccart, die »graue Eminenz« der französischen Afrikapolitik, der Mitte 1974, als Valéry Giscard d'Estaing Staatspräsident wurde, scheinbar in der Versenkung verschwand, erschien im April 1986 wieder auf der politischen Bühne: als persönlicher Beauftragter von Ministerpräsident Jacques Chirac, zuständig für die Afrikapolitik. »Ich habe immer eine Politik im Dienste Frankreichs und im Interesse der befreundeten afrikanischen Länder vertreten. Weil ich glaube, daß ich Frankreich und Afrika nützlich sein kann, habe ich Chiracs Angebot angenommen«, erklärte er am 21. November 1986 gegenüber der Zeitschrift »Paris Match«.

Bei meinen Recherchen stoße ich auf eine weitere Schlüsselfigur in der Welt der geheimen Kriege, auf den Söldnerführer Bob Denard. Wie viele seiner Kollegen gilt er als »création« von Jacques Foccart. Auf der Suche nach Denard komme ich nach Brüssel, in die Kneipe »La Renaissance«. Sie gehört Charles Mazy, 61 Jahre alt, einem bulligen, inzwischen verfetteten Ex-Söldner, der einen riesigen Schnauzbart trägt. Mazy hat im Kongo und im Jemen gekämpft, er ist zeitweise Denards Vorgesetzter gewesen. Nun steht er hinter dem Tresen und zapft Bier. Wer Söldner finden will, kommt erst mal hierher. Im Lokal werden Abzeichen und Halstücher verkauft, die die Namen von Fallschirmjägereinheiten tragen oder verziert sind mit Totenköpfen und Sprüchen wie: »Send the Marine for Oil Now«. An den Wänden Erinnerungen aus »glorreichen« Söldnerzeiten, Armeeabzeichen, Urkunden, Fotos von Kampfeinsätzen. Nachwuchssöldner warten hier auf Jobs, Veteranen brüsten sich mit Heldentaten in Afrikas Bürgerkriegen und Staatsstreichen.

Als ich Mazy an einem Sommerabend 1987 besuche, kommt er gerade von einer Trauerfeier für einen verstorbenen Kameraden zurück. Der ist nicht im afrikanischen Busch gestorben, sondern an einem ordinären Herzinfarkt. Heute abend ist Mazy nicht ansprechbar. Er hat zuviel getrunken, und seine Ehefrau untersagt ihm, mit mir zu reden.

Ex-Söldner Mazy steht am nächsten Morgen um elf Uhr wieder hinter der Theke, nüchtern. Ich frage ihn nach seinem berühmten Jeep, den er im Kongo fuhr und mit den Schädeln und Knochen ermordeter »Baumaffen« schmückte. So nannte er Schwarzafrikaner. Er antwortet nicht. Sonst aber macht er aus seinem reaktionären Herzen keine Mördergrube. Natürlich erinnert er sich an den deutschen Hauptmann Siegfried Müller, bekannter unter dem Namen »Kongo-Müller«, der sich mit »Tausenden von Morden« brüstete. Und er weiß noch, wie Michael Hoare und Jean Schramme kämpften bei ihrem »weißen Kreuzzug gegen schwarze Unruhestifter«. »Belgien ist auch heute noch ein idealer Rekrutierungsplatz für Söldner«, sagt er. Er spricht von den neuen Organisationen, die Söldner anwerben, etwa von der »International Security Organization« oder von den »Security Advisory Services« in London.

Dann bricht es aus ihm heraus. »Die Afrikaner sind keine Menschen. Das sind Affen. Seit wir nicht mehr in Afrika sind, ist der Aufmarsch der Russen nicht aufzuhalten.« Rassismus und Antikommunismus – sie bilden die Grundlage der Söldnerideologie. Söldner denken über ihre Glaubenssätze nicht nach. Sie haben die Waffe in der Hand und praktizieren Terror, oft genug legitimiert durch ihre Auftraggeber.

»Wir haben für die Freiheit gekämpft, für unsere Ideale«, sagt Mazy.

Welche Ideale das sind, will ich von ihm wissen: »Abenteuerlust und Kampf für unsere westliche Zivilisation«, antwortet er voller Überzeugung.

Ich frage ihn, ob er noch Kontakt zu Bob Denard hat.

»Ja, Bob Denard kenne ich gut. Er ist ja jetzt der heimliche Herrscher auf den Komoren«, antwortet er.

Die Inseln der Düfte

Dem Ausländer erscheinen die Komoren wie ein kleines Paradies: blendendweiße Sandstrände, blaugrün schimmerndes Wasser, farbenprächtige Korallenriffe, schwarze Vulkanlava, Kokospalmen, die sich im warmen Wind wiegen, üppige Vegetation und exotische Früchte wie Vanille, Süßkartoffeln, Zimt und Kaffee. Die Vorfahren der Menschen, die auf der Inselgruppe leben, kamen aus Arabien, aus Madagaskar, aus Polynesien und vom schwarzafrikanischen Festland. Den meisten seiner Bewohner bietet das Paradies bittere Armut, aber das interessiert die wenigen Europäer nicht sonderlich. Sie sind damit beschäftigt, in ihren Enklaven den neokolonialen Luxus zu genießen. In den politischen und militärischen Kämpfen um die Macht ist dem Volk nicht einmal die Rolle des Bauern auf dem Schachbrett zugedacht.

Am 25. März 1978 verläßt die »Antinéa« den Hafen von Lorient in der Bretagne. An Bord sind zwanzig Söldner in ziviler Kleidung. Der Rest der Truppe wird acht Tage später in Las Palmas eingeschifft. Ein Söldner erinnert sich: »Wir trafen uns alle in der Bretagne, dann gingen wir an Bord. Wir gaben vor, als ozeanographische Experten auf der Suche nach Erdöl unterwegs zu sein. Auf den Kanarischen Inseln, als unsere anderen Freunde hinzukamen, wußten wir immer noch nichts über die wahren Absichten unseres Führers Bob Denard.« Nach mühsamer Fahrt durch manchmal stürmische See, am Kap der Guten Hoffnung vorbei, haben sie endlich ihr Ziel erreicht: die Komoren. Mühelos gehen sie an Land, und bald dringen sie in den Präsidentenpalast ein, der fünf Kilometer vom Strand in der Komorenhauptstadt Moroni steht.

Im zweiten Stock stößt Denard mit der Pistole in der Hand eine Tür auf. Ali Soilih, der Präsident, der gestürzt werden soll, zeigt sich kaum überrascht.
»Können Sie sich an mich erinnern?« fragt Denard sein Opfer.
Soilih soll ihm geantwortet haben: »Sie sind der einzige, der mir so etwas antun konnte!«
Während sich Ali Soilih seinem Schicksal fügt, greift vier Kilometer entfernt die zweite Söldnergruppe das Militärcamp Voidjou an. Die Soldaten wehren sich, bis Denards Kumpan Cardinal ihnen droht: »Wenn ihr nicht herauskommt, setze ich den Flammenwerfer ein.« So eine Waffe hat er zwar nicht, aber der Trick wirkt, die Soldaten ergeben sich. Es ist jetzt vier Uhr morgens. Die Söldner haben keinen Mann verloren, und die Komoren gehören ihnen.
Michel Loisieur, der heute in Cannes lebt, war damals dabei. Er erzählt mir: »In drei Stunden hatten wir die Arbeit erledigt.«
Ich frage ihn, was aus Präsident Soilih geworden ist.
»Dazu kann ich nichts sagen. Denn er blieb im Präsidentenpalast inhaftiert. Wir hatten aber eine Spezialtruppe, die von Bob Denard angeführt wurde. Und die haben den Präsidenten bewacht. Die wildesten Gerüchte sind umgegangen. Zum Beispiel, daß er auf der Flucht erschossen wurde. Doch darüber kann ich nichts sagen. Was klar ist: Er ist gestorben. Ich habe mich ja nur um die Verwaltungsangelegenheiten gekümmert und versucht, etwas Ordnung auf die Inseln zu bringen.«
Dann zeigt er mir Erinnerungsfotos. Michel mit seinen Kumpanen, Arm in Arm. Michel mit zwei komorischen Frauen – Kriegsbeute.
Die Wahrheit: Am 25. Mai wird Ali Soilih mit zwei Kugeln im Nacken aufgefunden. Söldnerjustiz. Alles läuft nach Plan. Die Nachrichtenagenturen AFP und UPI melden: »Der vor zweieinhalb Jahren entmachtete Präsident der Komoreninseln im Indischen Ozean, Ahmet Abdallah, ist aus dem Exil in Paris in die Hauptstadt Moroni zurückgekehrt. Sein linksgerichteter Nachfolger Ali Soilih war am 12. Mai durch einen unblutigen Coup gestürzt worden. Die neue Führung hat angekündigt, daß sie die sozialistischen Experimente beenden werde. Ministerpräsident Abdullah Mohammed erklärte, das Recht am Privateigentum werde wiederhergestellt, privates Unternehmertum gefördert. Die Amtsführung Ali Soilihs, die er

als barbarisch und diktatorisch beschrieb, habe so katastrophale wirtschaftliche Auswirkungen gehabt, daß das Land sich ohne ausländische Hilfe nur schwer erholen werde.«

Die ehemaligen Minister und politischen Funktionäre der Regierung Ali Soilihs sitzen im Gefängnis. Sie zupfen Unkraut im Gefängnishof und pflanzen neue Bäume. Die Söldner nennen das Umerziehungsprogramm. Ihr Verbrechen: Sie wollten, daß die Komoren eine entmilitarisierte Zone im Indischen Ozean werden, und hatten deshalb Frankreich gezwungen, seine auf dem Archipel stationierten Soldaten abzuziehen. Außerdem versuchten sie, die islamischen Feudalherren zu entmachten. Sie beabsichtigten, Schulen und Krankenhäuser zu bauen – doch dafür erhielt das Land natürlich keine Unterstützung.

Ali Soilih ist eine tragische Figur. Er wurde von demselben an die Macht gebracht, der ihn stürzte und ermorden ließ: von Bob Denard. Das ganze Ausmaß der Tragödie auf den Komoren aber offenbart erst ein Blick auf die Geschichte.

Nach arabischen Quellen waren die Komoren im 9. Jahrhundert von afrikanischen und semitischen Bauern bewohnt. Im 16. Jahrhundert siedelten Perser aus Schiran auf allen vier Hauptinseln, auf den Grands Comores, auf Anjouan, auf Mayotte und auf Moheli, wo sie jeweils islamische Dynastien bildeten.

1861 beginnt die Kolonialgeschichte des Archipels. Die Insel Mayotte wird unter französisches Protektorat gestellt. Wenig später folgen Anjouan, die Grands Comores und Moheli. Die Aufteilung der Inseln unter die verschiedenen Sultanate bleibt bestehen. Sie leben in dauernder Konkurrenz und bei häufig ausbrechenden Kämpfen eher gegeneinander als miteinander. 1947 erhalten die Inseln, unter anderem zusammen mit Tahiti und Neukaledonien, eine autonome Verwaltung. Knapp 15 Jahre später wird die Selbstverwaltung eingeführt, und ein »Parlament« nimmt in Moroni seine Arbeit auf. Es wird natürlich nicht frei gewählt, sondern die lokalen Feudalherren bestimmen in Koordination mit der französischen Kolonialverwaltung, wer in das Parlament kommt. Das Volk der Komoren hat keine Rechte.

1968 entstehen politische Parteien auf den Inseln, sie sollen den Interessen der lokalen Feudalherren dienen – Demokratie ist nicht vorgesehen. Eine Partei, die marxistische, antikolonialistische MOLINACO (»Mouvement de la Libération Nationale des Comores«) wird daher verboten. Sie findet ihren Stützpunkt in Tansania, von dort aus sendet sie in der Landessprache Suaheli antifranzösische Propaganda über Radio Tansania auf die 300 Kilometer entfernten Komoren. Der Widerstand gegen Frankreichs Kolonialpolitik wächst, selbst in den Parteien der Feudalherren. 1973 kündigt Paris an, daß es die Komoren innerhalb von fünf Jahren in die Unabhängigkeit entlassen will. Vorher soll durch ein Referendum geklärt werden, was das Volk darüber denkt. Die Mahorais, die Mayotte bewohnen, stimmen als einzige gegen die Unabhängigkeit. Sie profitieren von der massiven französischen Militärpräsenz auf ihrer Insel, die Franzosen sind dort, wo es nur wenig Rohstoffe gibt, der wichtigste Arbeitgeber. Aber sie befinden sich hoffnungslos in der Minderheit.

98 Prozent der Komorenbevölkerung stimmen für die Unabhängigkeit, während auf Mayotte 64 Prozent mit Nein votieren.

Daraufhin ruft der noch von der Pariser Regierung eingesetzte Regierungschef Ahmet Abdallah unerwartet einseitig die Unabhängigkeit der Komoren aus.

Der Konflikt um Mayotte spitzt sich zu. Abdallah ist plötzlich der »Feind der Franzosen«, und die kleine Insel scheint Frankreichs Militärs unverzichtbar: Auf ihr liegt einer der letzten Stützpunkte der berüchtigten Fremdenlegion, die Marinebasis an ihrer Küste ist von strategischer Bedeutung. Von dort bietet sich die Möglichkeit, die Schiffsbewegungen im Golf von Moçambique zu kontrollieren. Achtzig Prozent der Tanker, die Europa mit dem lebensnotwendigen Erdöl versorgen, fahren auf dieser Route. Und auf Mayotte sind die französischen Soldaten, Kampfflugzeuge und Kriegsschiffe nur wenige hundert Kilometer entfernt von den afrikanischen Staaten, die dem Westen ein Dorn im Auge sind, weil sie sich zur Bewegung der Blockfreien zählen. Und schließlich, aber nicht zuletzt: Wo bleibt das Prestige der »Grande Nation«, wenn die Regierung einer kleinen Inselgruppe im Indischen Ozean sich ohne Pariser Genehmigung in die nationale Unabhängigkeit davonstiehlt?

Der Gipfel der Provokation ist für die Regierung in Paris erreicht, als Präsident Ahmet Abdallah 1975 die Insel Mayotte in den Staatenverband der Islamischen Republik Komoren eingliedert. Jacques Foccart schickt Bob Denard mit ein paar Mann auf die Inseln. Am 3. August, um 14 Uhr 45, habe es in Moroni wieder eine franzosenfreundliche Regierung gegeben, weiß der »Spiegel« zu berichten. Der neue Mann, Präsident von Frankreichs Gnaden, heißt Ali Soilih. Bob Denard, der ihn an die Hebel der Macht gestellt hat, bleibt für einige Zeit auf den Komoren und trainiert zwei Monate lang die 1600 Mann starke Armee.

Seine Freude über den gelungenen Coup trübt sich allerdings, als er bemerkt, daß Ali Soilihs Zuneigung zu Frankreich wider Erwarten in engen Grenzen bleibt. Der Präsident meidet sogar den Kontakt mit Denard.

Ali Soilih überrascht seine Auftraggeber ständig von neuem. Er entwickelt sozialistische Ideen und fordert die Entmilitarisierung nicht nur der Komoren, sondern auch der anderen Inseln in der Region, wie Mauritius, Réunion und Madagaskar. Soilih setzt sich, wie viele andere Politiker Afrikas, ein für ein breites Bündnis zwischen Moçambique, Madagaskar, den Seychellen, Tansania und den Komoren – als Gegenpol zu den vom Westen abhängigen afrikanischen Staaten. Er geht sogar so weit, daß er mit dem Staatschef von Moçambique, Samora Machel, konkrete Pläne für eine politisch-strategische Zusammenarbeit blockunabhängiger Staaten im Indischen Ozean und in Afrika entwirft. Die Unruhe droht auf den Hauptstützpunkt der Franzosen im Indischen Ozean, auf die Insel Réunion, überzugreifen. Dem muß ein Riegel vorgeschoben werden, in Paris ist Ali Soilih jetzt plötzlich der »Verrückte von Moroni«.

Bob Denard muß sich eingestehen, daß er einen schweren Fehler gemacht hat. Als Söldner erscheint ihm alles, was nur nach Sozialismus oder politischer Unabhängigkeit riecht, höchst suspekt, Antikommunismus ist sein Glaubensbekenntnis. Die Beziehungen zwischen Bob Denard und Ali Soilih verschlechtern sich immer mehr. Auf der einen Seite ein autoritärer Söldnerführer und auf der anderen ein Politiker, der sein Land zu nationaler Unabhängigkeit und sozialer Sicherheit führen will. Beide trennen Welten.

In den folgenden Monaten reist Denard häufig in andere afrikanische Länder. Ali Soilih hat aus dem sozialistischen Tansania Offiziere auf die Komoren kommen lassen, sie bilden jetzt die Truppen aus, die zuvor der Söldner trainiert hat. Dem wird nun klar: Solange Ali Soilih Präsident ist, hat er keine Chancen, die Komoren zu seinem und der Franzosen Paradies zu machen. Im September 1976 verläßt er Moroni endgültig mit der festen Überzeugung, daß die Regierung gestürzt werden muß.

Eineinhalb Jahre vergehen. Im März 1978 ruft ihn Ahmet Abdallah, der sich im Pariser Exil aufhält, an und bittet ihn, den Putsch auf den Komoren zu wiederholen, diesmal für ihn. Er versichert ihm, daß die französische Regierung einen Staatsstreich billige. Denard eröffnet sich die Gelegenheit, sich für die Schmach zu revanchieren, die ihm Präsident Soilih zugefügt hat. Drei Millionen Francs stellt Abdallah dem Söldnerführer zur Verfügung, damit der den Putsch planen und durchführen kann. Das Geld stammt von reichen Geschäftsleuten auf den Komoren.

Bob Denard läßt zuerst durch Mundpropaganda bekannt werden, daß er Legionäre sucht. Wie ein Lauffeuer verbreitet sich Denards Angebot in der Pariser und Brüsseler Söldnerszene. Mehr als 1000 Bewerber melden sich. 45 Männer bleiben übrig: 39 Franzosen, 1 Deutscher aus Maintal-Bischofsheim und 5 Belgier. Der Einsatz soll zwei Monate dauern, der Sold beträgt 4000 US-Dollar pro Kopf. Denard plant, seine Söldner auf dem Seeweg zum Ziel zu bringen. Ein dreißig Jahre alter Kutter, die »Antinéa«, ist schnell angemietet und wenig später umgerüstet. Außerdem kaufen die Putschisten 35 Remington-Gewehre, 35 Beretta-Pistolen und 4 Winchester-Büchsen, wie sie üblicherweise bei der Großwildjagd benutzt werden.

Denard glaubt an Abdallahs Versicherung, daß Frankreich den Putsch billigt. Ohne offizielle Rückendeckung hätte er die »Operation« nicht durchgeführt. Die Regierung in Paris duldet den geplanten Regierungswechsel nicht nur, sie unterstützt ihn sogar durch wirksame Maßnahmen. Einige Monate vor dem Putsch dreht sie an der Schraube der politischen Destabilisierung und wirtschaftlichen Erpressung. Jegliche Finanzhilfe war bereits gestrichen worden, als Soilih daranging, die auf den Komoren stationierten Militärexperten Frankreichs auszuweisen, und er schließlich alle Franzosen des Landes verwies. Gleichzeitig wurde politischer Druck auf andere westliche Staaten ausgeübt, die Komoren sollten wirtschaftlich ausgehungert werden. Für ein Land, das wenig zu exportieren hat, kaum über eigene Industrie verfügt und daher auf Importe angewiesen ist, ein tödlicher Schlag. Die groß angekündigten Reformvorhaben mußten mangels Geldes scheitern. Politische Unzufriedenheit breitet sich daraufhin unter der Bevölkerung auf den Inseln aus. Ein Schachzug der französischen Regierung war besonders geschickt: Alle Schiffe, die Lebensmittel auf die Komoren bringen wollten, haben den Hafen von Moroni erst nach dem Putsch erreicht, sie waren manchmal bis zu vier Monaten unterwegs. Irgendeine »höhere Macht« bremste die Schiffe. Auch Hilfsorganisationen wurden in den geheimen Wirtschaftskrieg einbezogen.

Da gibt es zum Beispiel einen Mister Heseltin, Repräsentant des »Europäischen Entwicklungsfonds« in Moroni. Der Brite hatte als Colonel im ehemaligen Südrhodesien gedient, danach war er Berater der UNO-Welternährungsorganisation FAO und später Wirtschaftsberater in Rhodesien. Von 1967 bis 1970 arbeitete er als »Spezialberater« in Madagaskar. Nach einem längeren Aufenthalt in Australien bringt er es zum Berater des Präsidenten von Mauritius, und schließlich, im Juni 1977, avanciert er zum Repräsentanten des Europäischen Entwicklungsfonds auf den Komoren.

Immer wenn Ali Soilih ihn fragt, wo denn die versprochenen Hilfeleistungen seien, antwortet ihm Heseltin: »Ich weiß es nicht.« Nach dem Putsch paradiert Heseltin zusammen mit Denard und mit einer Waffe in der Hand durch die Hauptstadt Moroni und läßt sich als Putschist feiern.

Die Spannungen auf den Komoren hatten sich auch deshalb verstärkt, weil Ali Soilih die historisch gewachsenen Strukturen der Inseln zerschlagen wollte. Er kämpfte nicht nur gegen die Franzosen, sondern ebenso gegen die mächtigen islamischen Feudalherren. Als radikalsten Schritt ließ er die »Grand Mariage« verbieten, das wichtigste soziale Ereignis auf den Komoren. Die Sultane und Scheichs in den Dörfern bestimmten das Leben, auch das der jungen Mädchen und Frauen, und sie waren es, die die jungen Frauen zur Heirat aussuchten. Soilih wollte die jungen Frauen aus den feudalen Zwängen befreien. Er wollte, daß ein altes islamisches Inselgesetz verschwand, wonach nur der Mann im Dorf ein Mitspracherecht hatte, dessen Familie eine Grand Mariage bestreiten konnte. Soilihs

Plan richtete sich gegen die Feudalherren, nur wenige Inselbewohner außer ihnen waren in der Lage, eine »Große Hochzeit« zu bezahlen. Ungestüm befreite der Präsident die Jugendlichen vom Diktat der Familienchefs, er versuchte, die jungen Frauen der Macht der Großfamilien zu entziehen, und nahm den islamischen Würdenträgern ihre Privilegien. Seine meist jungen Anhänger, fast die gesamte städtische Intelligenz, vermochten es in der Kürze der Zeit jedoch nicht, ausreichende Überzeugungsarbeit zu leisten. Sie ignorierten, daß jahrhundertealte Strukturen sich tief im Bewußtsein des gesamten Volkes festgesetzt hatten. Ungeduld und Rigorismus der Politiker trugen mit bei zu der Lage, wie sie sich im Frühjahr 1978 abzeichnete.

Was für eine Rolle spielte die französische Regierung im Komoren-Drama? Natürlich gibt kein Politiker zu, daß Pariser Stellen massiv mitgemischt haben, und ich frage daher einen, der es wissen muß, den Ex-Söldnerführer Christian Tavernier aus Brüssel. Er hatte an vergleichbaren Operationen in Afrika teilgenommen, und er sagt:

»Eine solche Putschaktion ist ohne die Protektion französischer Regierungsstellen absolut unmöglich. Ich will Ihnen ein kleines Beispiel dafür geben, wie das abläuft. Nehmen wir die dumme Geschichte mit dem Ehepaar Turangé in der Greenpeace-Affäre. Die sprengten ein Boot der Greenpeace-Leute in die Luft, und sie waren Angehörige des französischen Geheimdienstes. Es waren Franzosen, die da diese Instruktionen bekommen haben, und zwar durch eine sozialistische Regierung. In diesem Fall ist man darauf gestoßen. Aber es gibt Hunderte von Fällen, wo das ebenfalls so abgelaufen ist, ohne daß es enthüllt wurde.

Und auf den Komoren war ein Putsch absolut notwendig. Ali Soilih, der Präsident, mußte gestürzt werden, weil er schon Verbindung mit Libyen und Ghadafi aufgenommen hatte. Daher war es absolut notwendig. Aber man konnte keine französischen Truppen schicken. Da steckt das ganze Problem. Denn die Komoren waren ja offiziell eine unabhängige Nation. Das hätte doch ein riesiges Theater gegeben, wenn das französische Militär direkt interveniert hätte. Also mußte man Söldner schicken. Und das ist Bob Denard gewesen. Heute wissen wir, daß die französische Armee wieder auf den Inseln präsent ist. Das war das Ziel.«

Doch wieder zurück zum Tatort: Ein Teil der Einwohner begrüßt die Söldner mit großem Jubel, Blumengebinde werden ihnen um den Hals gelegt. Warum freuen sie sich darüber, daß eine Mörderbande ihr Land erobert hat? Sie sind enttäuscht über Ali Soilihs Politik, über die Versprechen, die er nicht einhalten konnte, und darüber, daß er zuletzt jegliche Opposition gnadenlos verfolgt hatte. Sein größter Fehler jedoch war es, daß er seine revolutionären Ansichten schlagartig in der ungebildeten Landbevölkerung durchsetzen wollte, ohne auf Traditionen Rücksicht zu nehmen. Viele Menschen auf den Komoren umjubeln nun Bob Denard als »Befreier«. Jugendliche tragen Hemden mit seinem Bild, und sie nennen ihn den »zweiten Präsidenten«.

Denard ist dieses Mal, nach seinem zweiten Coup auf den Inseln der Düfte, fest entschlossen, den Erfolg voll auszukosten. Er erklärt seinen Anhängern: »Ich bin fünfzig Jahre alt. Ich will mich hier niederlassen und heiraten.« Einen Monat später schließt er tatsächlich nach dem islamischen Ritual die Ehe mit einer jungen Einheimischen. Denard ist noch in Frankreich mit einer Kongolesin verheiratet, er ändert seinen Namen. Er heißt jetzt Colonel Said Mustafa Mouhadjou. Seine Untertanen dürfen ihn »Colonel Papa« rufen – seine Legionäre nennen ihn den »Alten«. Denard geht geschickt vor. Auf alle wichtigen Regierungsposten setzt er Söldner. Sie verwalten Polizei, Militär, Fernmeldewesen, Gefängnis und Einwanderung. Die Organisation für die Einheit Afrikas, die OAU, die sich im Juli 1978 in Khartum trifft, protestiert gegen die Präsenz weißer Söldner auf den Komoren, aber kaum gegen den Staatsstreich. Wie sooft in der Geschichte der Söldner: Sie haben ihren Coup gelandet, und nach wenigen Monaten sind sie nicht mehr gefragt. Schließlich will der neue Präsident international anerkannt werden. Es macht einen schlechten Eindruck, daß Söldner eine Regierung beherrschen.

Bei einem Besuch in Paris findet Ahmet Abdallah aufmerksame Zuhörer, als er darlegt, daß Denard jetzt bitte ihm das Regieren überlassen möge. Auch der französischen Regierung werden die Legionäre auf dem Archipel lästig. Sie signalisiert Denard, daß er und sein Anhang abreisen sollen. Doch der Söldnerführer vertieft

sich unverdrossen in die ungewohnten Regierungsgeschäfte und heiratet noch zwei weitere Frauen.
Frankreich läßt den Franc rollen: Endlich kommen die Lebensmittel, Medikamente und technischen Geräte, die die Regierung in Paris bis zum Putsch zurückgehalten hatte, auf die Insel. Vollgestopft mit Hilfsgütern, landen Transall-Transportflugzeuge der französischen Luftwaffe in Moroni und bringen die Militärberater für die 2000-Mann-Armee der Komoren gleich mit. Den Söldnern bleibt nur noch die Kontrolle über die Präsidentengarde. Sie träumen von den Bars im Pariser Viertel St. Germain und von neuen Abenteuern. Einige verlassen Denard, sie fühlen sich noch zu jung, um das Maschinengewehr an den Nagel zu hängen, sie langweilen sich zu Tode auf den Inseln der Düfte. Was sollen sie mit sich anfangen, außer immer wieder nach Korallenriffen zu tauchen oder Haie zu harpunieren? Die letzte Flasche Champagner ist getrunken. Denard begreift, daß es so nicht weitergehen kann.
Die französische Zeitung »Le Monde« berichtet am 28. September 1978: »›Colonel Mustafa Mouhadjou alias Bob Denard, Söldner französischer Herkunft, ist von seiner Funktion als Chef der Armee zurückgetreten‹, verkündete am 26. September Präsident Ahmet Abdallah. Er fügte hinzu, daß der Colonel ›sehr bald‹ die Komoren verlassen werde.« Als Abdallah aus Paris zurückkehrt, drängt er den Söldnerführer, die Inseln zu verlassen. Denard ist beleidigt: »Ich bin stolz auf das, was ich gemacht habe. Ich bin geschmeichelt, daß Afrika sich über mich aufregt. Die Afrikaner nennen mich den Wolf des Indischen Ozeans. Sie sollten doch froh sein, daß ich mich hier friedlich niedergelassen habe, statt sich ständig zu fragen, wo ich bloß sein könnte.« Der Druck nimmt zu, und schließlich versteht Denard, daß er gehen muß, wenigstens für einige Zeit. Die Lage bereitet ihm Sorgen: Wiederholt sich die Geschichte, wird aus Abdallah ein neuer Soilih?
Die Einwohner von Moroni, Ahmet Abdallah an der Spitze, bereiten ihm einen triumphalen Abschied. Zum »Nationalen Helden der Komoren« ernannt, ohne seine Uniform, ein Bein nachziehend, steigt Denard ins Flugzeug. Er schaut nicht zurück, schließlich ist die ganze Veranstaltung nur Show. Denn auf den Komoren herrscht die Präsidentengarde, die Denard organisiert hat, dreißig weiße

Söldner, die ihrem Führer treu ergeben sind. In den nächsten Jahren werden sie zusammen mit dem Präsidenten ein politisches System aufbauen, das Bob Denards Vorstellungen entspricht. Der kehrt zurück, ganz wie geplant, nachdem die Wogen der Aufregung in der internationalen Öffentlichkeit über den Söldnercoup geglättet sind. Denard kann sich jetzt, im Paradies, seinen Traum, einen eigenen Staat zu haben, selbst erfüllen.

Eine Söldnerkarriere

Capitaine Paul Barill, früher Chef der Antiterrorbrigade der französischen Gendarmerie, kennt Denard, und er weiß auch, was hohe Politiker über ihn denken. »Denard ist in Frankreich bekannt. Er ist in gewisser Weise zum Mythos geworden. Man hat ihm einiges angedichtet. Man nennt ihn Colonel, obwohl er bei der Polizei nur ein Unteroffizier war. Er hat im Kongo gekämpft und in Biafra, und dann hat er ja auch einige Putsche organisiert wie den in Benin. Das hat nicht geklappt. Aber heute ist Denard auch nicht mehr die Nummer eins, für die man ihn noch vor einigen Jahren halten mochte«, fügt Barill hinzu. »Man kann sagen, daß er von den ›rechten Händen‹, von den Leuten, die er selbst ausgebildet hat, ersetzt wurde. 1983, als Frankreich dem Tschad geholfen hat, waren wir gezwungen, Leute aus seinem Milieu, Söldner, Aufträge erledigen zu lassen. Und da ist nicht etwa Bob Denard dort gewesen, sondern jemand, den Bob Denard selbst ausgebildet hat.«

Ich frage Barill, was die Beweggründe von Söldnern wie Bob Denard seien.

Er antwortet: »Bei solchen Leuten gibt es ein Motiv, das immer wieder auftaucht. Das ist sein Kampf gegen die Kommunisten. Und ich meine, das ist es, was viele Leute in diesem Milieu motiviert. Selbst wenn sie sich hier und da manipulieren lassen, bleibt doch die Haupttendenz der Kampf gegen den Kommunismus und dessen Herrschaft.«

Was im Fall Denard darunter zu verstehen ist, hat die angesehene Zeitschrift »Afrique-Asie« im November 1978 mit folgenden Worten beschrieben: »Denard ist ein Mann, der in den letzten Jahren bei verschiedenen Angelegenheiten ›diente‹: als Stütze von Tschombé im Kongo, danach von Mobutu in Zaire, bei der Abspaltung von Biafra, bei der Destabilisierung in Angola, bei der Befreiung der Enklave von Kabinda durch französische und amerikanische Petroleumgesellschaften, in der weißen Armee in Rhodesien, beim Überfall in Benin im Januar 1977.«

Denards Karriere war nicht von Geburt an vorbestimmt. Er wird am 20. Januar 1929 in Caen geboren. Sein Vater, Oberfeldwebel der französischen Kolonialarmee, ist ein brutaler und autoritärer Mann, Bob Denard beschreibt ihn zurückhaltend als einen »harten Burschen«. Demgegenüber schildert er seine Mutter als sanfte und romantische Frau, die ihr bißchen Freizeit dem Lesen widmet und sich um den kleinen Bob kümmert. Der besucht erst einmal die Volksschule und erhält mit zehn Jahren die Erstkommunion. Mit 13 Jahren macht er den Hauptschulabschluß – zu mehr reicht es nicht. Seine Welt sind das kleine Dorf, der Vater, der ihm Angst einjagt, die Mutter, die ihn liebevoll umsorgt, und das Leben in der Provinz, das streng katholisch geprägt ist.

Dann entfesselt Hitler den Zweiten Weltkrieg, und es ist vorbei mit der Sorglosigkeit des Lebens in dem kleinen Dorf. Der Krieg erschüttert ihn, ein Trauma, das sein Leben mit beeinflußt, wie er später sagen wird. Die französische Armee, von der der Vater abends immer so stolz erzählt hatte, ist durch die Nazi-Wehrmacht besiegt. Die Truppen, die sich auf der Straße nach Bordeaux zurückziehen, sind gedemütigt und bieten einen jämmerlichen Anblick.

Nach der Kapitulation geht der Vater zur Résistance, der französischen Widerstandsbewegung. Bob Denard ist 13 Jahre alt. Jetzt ist sein Vater immer öfters und länger von zu Hause fort, und für den Heranwachsenden ergibt sich die Gelegenheit, die traditionelle Rolle des Mannes im Elternhaus zu übernehmen. Bob verrichtet schwere Arbeit, aber er gewinnt seine Unabhängigkeit. Die Strände, an denen er früher mit seinen Freunden aus dem Dorf schwimmen ging, sind durch Stacheldraht und Verbotsschilder gesperrt. Auch Bob beginnt, in der Résistance aktiv zu werden, obwohl er noch ein Kind ist. Seinen Eltern erzählt er nichts davon. Er stiehlt aus einem Wagen deutscher Offiziere ein Maschinengewehr, setzt Attrappen in Brand, die dafür gedacht sind, die alliierte Luftwaffe zu täuschen, und denkt dabei nicht an die fürchterlichen Repressalien, die seinem Dorf und seiner Familie als Rache der Nazis drohen. Als Denard 15 Jahre alt ist, landen die Alliierten in der Normandie. Inzwischen ist er voll im Widerstand aktiv und dient als Führer für Résistancekämpfer durch das Marschland von Pointe de Graves, das er auswendig kennt.

Am Tag seines 17. Geburtstags wird Bob Denard vom Vater in die Mechanikerschule der französischen Marine geschickt. Nach 18 Monaten Ausbildung rückt Denard als Marinesoldat nach Indochina ab. Sein Leben scheint vorgezeichnet zu sein. In Indochina entdeckt er eine andere Welt und sich selbst. Als Mann aus einfachen Verhältnissen hat er sich und anderen seinen Mut, seine Willenskraft und seine Autorität bewiesen, und nun begreift der junge Unteroffizier, daß er wahrscheinlich nie die Chance haben wird, in der militärischen Hierarchie aufzusteigen. Er denkt zum erstenmal daran, die Armee zu verlassen.

Er besucht nach dem Indochina-Aufenthalt einen Militärlehrgang in den USA. Das Leben dort fasziniert ihn, mit Verwunderung sieht er in der Kantine im Hafen von Philadelphia die Offiziere der US-Marine zusammen mit einfachen Soldaten essen. In der französischen Armee ist das undenkbar. 1952, nur fünf Jahre nach seinem Eintritt in die Marineschule, quittiert er den Dienst.

Nun bietet sich die Chance, ein ziviles Leben zu beginnen – aber da ist das Vorbild des Vaters, das er vollkommen verinnerlicht hat: Soldat zu sein ist der gesamte Lebensinhalt – erst im Kampf zeigt sich der richtige Mann.

In den USA geknüpfte Beziehungen ermöglichen es ihm, eine Arbeit bei einer amerikanischen Firma in der französischen Kolonie Marokko anzutreten. Sein Job, Sicherheit und Bewachung, bringt ihn häufig mit der französischen Polizei in Kontakt. Er gewinnt Freunde, die ihm raten, einen Lehrgang in der Polizeischule zu absolvieren, und Bob Denard wird Polizist. Zunächst regelt er den Verkehr in Casablanca.

Dieser Beruf entspricht zwar nicht seiner Idealvorstellung, aber dafür dient er nun in einer vergleichsweise demokratischen Institution, in der soziale Schranken eine Karriere nicht unmöglich machen. Damals entstehen zudem Unabhängigkeitsbewegungen in

Nordafrika, die Spannungen wachsen und damit die Chancen für den ehrgeizigen Ex-Soldaten. In unruhigen Zeiten werden Männer gebraucht, die sind wie er: autoritätshörig, skrupellos, effektiv.
Er ist 24 Jahre alt, als er zur Antiterrorbrigade überwechselt. Die Brigade schlägt unerbittlich los, als die politische Opposition in Marokko die nationale Unabhängigkeit fordert. Die Brigadisten sehen sich als Vorkämpfer des französischen Imperiums, die Freigabe der Kolonien, zu der Premierminister Pierre Mendès-France sich durchgerungen hat, ist in ihren Augen Verrat. In der Antiterrorbrigade werden Attentatspläne gegen Mendès-France vorangetrieben. Denard macht mit. Der Verräter muß liquidiert werden.
Aber der Mordanschlag mißlingt. Denard wird, wie seine Komplizen, verhaftet und sitzt 14 Monate in Untersuchungshaft, bis er schließlich freigesprochen wird – mangels Beweisen. Aber er bleibt vom Dienst suspendiert. Im März 1956 wird Marokko, ebenso wie Tunesien, unabhängig. Die französischen Beamten, die die Kolonien verwaltet hatten, werden nach Frankreich zurückgerufen. Jetzt steht Denard, ohne Arbeit und Geld, erst einmal vor dem Nichts.
Viele der entlassenen Polizisten und Beamten finden sich mit dieser Situation nicht ab. Als 1962 die französische Regierung den Algerienkrieg beendet und auch dieser einstigen Kolonie die Selbstbestimmung zugesteht, bilden sich kleine Gruppen nationalistischer Aktivisten, die verbissen für die Sache eines »Französischen Algeriens« kämpfen. Die »Rote Hand« und die OAS, Terrororganisationen ehemaliger Geheimdienstler, Soldaten und Polizisten, verbreiten Chaos durch Sprengstoffanschläge und Mordkommandos gegen algerische Freiheitskämpfer und ihre Unterstützer im In- und Ausland. Kurze Zeit mischt Denard bei den Terroristen mit – doch dann zieht er sich zurück, wohl, weil er merkt, daß er aufs falsche Pferd gesetzt hat.
Er ist knapp dreißig Jahre alt und hat das Gefühl, daß er nicht mehr weiterkommt, daß sich seine Träume vom abenteuerlichen Soldatenleben nicht erfüllen. Er stürzt sich auf Zeitungen und Zeitschriften, verschlingt die Meldungen über Krisen und Kriege. Eines Tages liest er einen Artikel in »L'Aurore«. Dort wird über den Krieg im afrikanischen Katanga berichtet, über belgische Söldner, die die »Schrecklichen« genannt werden, über einen Herrn »Tiroir

Caisse«, »Registrierkasse«. Gemeint ist Moise Tschombé, der die Unabhängigkeit der Provinz Katanga von der Republik Kongo proklamiert hat und gegen die Streitkräfte der Vereinten Nationen und der Zentralregierung des Kongos kämpft. Der Artikel in »L'Aurore« zitiert den Namen des einzigen Franzosen, der damals als Söldner im Kongo kämpfte: Tony de Saint Paul. Denard weiß sofort: »Da muß ich hin!«

Als er endlich nach Afrika abfliegt, hat er einen Empfehlungsbrief des SDECE, des französischen Geheimdienstes, im Gepäck. Das Schreiben ist an Albert Kalondji, den »Kaiser der Ballubas«, gerichtet, der in einer Provinz des Kongos den autonomen Staat Südkasai ausgerufen hat. In Elizabethville angekommen, trifft sich Denard mit dem Innenminister Katangas. Da in der vom Kongo abgespaltenen Provinz als einzige Ausländer Belgier in der Polizei aufgenommen werden, läßt er sich für die paramilitärische Gendarmerie anwerben.

Er kommt in eine Einheit, die unter dem Befehl des belgischen Majors Jennsen steht. Und er hat Glück. Jennsen verwechselt bei Denards Angaben zur Person die Bezeichnung »Officier Marinier«, in der französischen Marine ein Unteroffiziersgrad, mit einem Offiziersgrad im Heer. Denard wird als Leutnant engagiert. Der Weg nach oben in der militärischen Hierarchie scheint endlich offen zu sein. Es dauert nicht lange, bis er ein Bataillon befehligt. Am 11. Juli 1961, dem ersten Unabhängigkeitstag Katangas, führt er in der Hauptstadt Elizabethville dem Ministerpräsidenten Tschombé die erste »gemischte Einheit« vor, in der es schwarze und weiße Zugführer gibt. Drei Jahre kämpft er im Kongo und ist schließlich Major, wozu er sich selbst befördert hat. Seine militärischen Erfolge, die er mit Geschick und Brutalität erkämpfte, und seine Terroraktionen haben ihn über die Söldnerszene hinaus bekannt gemacht.

Im Frühjahr 1964 fliegt er nach Paris zurück. Neue Aufgaben warten auf ihn, diesmal im Jemen, wo Revolutionäre gegen den König und seine Feudalherren kämpfen. Saudi-Arabien finanziert die Königstreuen, während die Rebellen vom sozialistisch orientierten Staatspräsidenten Ägyptens Abd el-Nasser unterstützt werden. Der Bürgerkrieg im Jemen wird in der Teilung des Landes enden: in den

Nordjemen, die »République Arabe du Yémen«, mit 7 Millionen Einwohnern, und in den Südjemen, die »Demokratische Volksrepublik«, mit 1,8 Millionen Einwohnern.
Aber wir sind dem Verlauf der Geschichte einen Schritt vorausgeeilt. Während im Jemen ägyptische Truppen landen, um den Revolutionären zu helfen, haben sich die Royalisten in die Berge zurückgezogen. Sie verfügen über schier unbegrenzte Finanzmittel, dafür fehlen ihnen Militärexperten. In Europa reisen jemenitische Emissäre herum, sie suchen nach Söldnern, die die königlichen Truppen ausbilden und anführen sollen. Geboten wird ein monatliches Traumhonorar von 1000 US-Dollar und eine Lebensversicherung in Höhe von 20 000 Dollar für die Familienangehörigen. Der Kontrakt soll auf ein halbes Jahr befristet werden. Am 4. August 1964 meldet die »International Herald Tribune«: »Die Royalisten haben dreißig bis fünfzig europäische Söldner rekrutiert. Ihre Aufgabe soll sein, die Kampfgruppen der königlichen Armee zu unterstützen und sie auszubilden.« Bob Denard führt sie an. Er verfügt sogar über ein eigenes Budget – der Krieger wird Unternehmer.
Denard verwaltet das ihm anvertraute Geld mit der Zuverlässigkeit, die ihn bereits im Kongo ausgezeichnet hat. Er kauft ein Flugzeug, eine DC 4, um seine Söldner in den Jemen zu transportieren. Er kümmert sich um alles, um das Gepäck seiner Legionäre, um Waffen, Nähzeug, Streichhölzer und Sprengstoff. Gute Soldaten sind Pedanten.
Es wird für ihn und seine Leute ein aufreibender Job. Bislang haben sie in der Schwüle des Urwalds oder in den Savannen gekämpft, jetzt marschieren sie in der Gluthitze der Wüste. Im Kongo haben sie Frauen nach Bedarf vergewaltigt, hier dürfen die Söldner sie nicht einmal ansehen. Alkohol ist strikt verboten. Die meisten halten es nicht lange aus und kündigen ihre Verträge. Denard bleibt. Er bildet die jemenitischen Truppen aus, ist ihr militärischer Berater.
Nach sechsmonatigem Aufenthalt im Jemen erfährt Denard, daß im Kongo neue Kämpfe ausgebrochen sind. Er entscheidet sich, ohne zu zögern, beendet seinen Job in der Wüste und besteigt das erste Flugzeug nach Paris. Er will mehr über die neue Lage im Kongo erfahren und über die Möglichkeiten, die sich ihm dadurch eröffnen.

Im Dezember 1964 trifft Denard in Paris Moise Tschombé wieder, der es inzwischen vom Separatistenführer zum Ministerpräsidenten des Kongos gebracht hat. Jetzt repräsentiert er die Zentralgewalt und bekämpft alle, die sich ihr nicht beugen wollen. Dazu braucht er Leute wie Bob Denard. Tschombé verspricht dem Söldner eine eigene Einheit, und Denard fliegt nach Afrika. Er wird dem 6. Bataillon zugeteilt, in dem er eine selbständige Gruppe bildet. Sie besteht aus 90 europäischen Söldnern und 3000 Kämpfern aus Katanga. Im Gefecht fühlt er sich wohl. Als die Rebellen geschlagen sind, ist Moise Tschombé, der Ministerpräsident des Kongos, nicht mehr gefragt. Mit amerikanischer Hilfe stürzt Generalstabschef Mobutu im November 1965 den Präsidenten des Kongos Joseph Kasavubu und entledigt sich gleich auch seines Konkurrenten Tschombé. Die Söldner stehen plötzlich ohne Auftraggeber da. Denard macht es sich leicht, er wechselt einfach den Dienstherrn. Nun kämpft er gegen die wieder einmal rebellierende Gendarmerie von Katanga, die er einst selbst ausgebildet hat.

Einige Monate erfreut sich Denard großer Beliebtheit bei seinem neuen Befehlshaber. Der Söldnerführer tritt bei allen offiziellen Anlässen an der Seite des Staatschefs auf, und er wird Kommandant des 6. Bataillons, mit dem offiziellen Rang eines Majors und allen militärischen Vollmachten.

Als Denard im Mai 1967 vom Tod seiner Mutter erfährt, reist der liebevolle »Mustersohn« nach Frankreich. Aus der Umgebung von Regierungschef Mobutu wird daraufhin das Gerücht ausgestreut, daß er sich mit dem jetzt im Exil lebenden Moise Tschombé getroffen habe. Als Denard im Juni nach Léopoldville zurückkommt, leugnet er jede Verbindung zu dem Ex-Premier, aber er kann das Mißtrauen, das ihm entgegenschlägt, nicht entkräften. Außerdem hat sich die politische Lage zu seinen Ungunsten verändert. Mobutu will die Söldner nicht mehr, um bei den Staaten der OAU als seriöser Staatsmann anerkannt zu werden. Denard beginnt zu begreifen, daß sich das Ende seines Kongoeinsatzes nähert.

Denard reist nach Paris zurück. Er gibt nicht auf, er hat Blut geleckt. Neue Pläne werden gemacht, die Gabun-Periode beginnt.

Die ehemalige französische Kolonie »Französisch-Äquatorialafrika« wird 1960 als Gabun unabhängig, bleibt jedoch mit Frankreich eng verbunden. Gabun ist wegen seiner Bodenschätze für Frankreich von großer Bedeutung, es geht vor allem um Uran und Magnesium. Staatschef ist seit 1967 Omar Bongo. Er ist auch der bedeutendste Unternehmer des Landes. Wenn neue Unternehmen gegründet werden, spielt es sich immer nach demselben Strickmuster ab: Der Staatschef beteiligt sich mit eigenem Kapital, und nach einiger Zeit kassiert er die Anteile seiner Geschäftspartner, notfalls mit Hilfe der Präsidentengarde, durch Mord, Folter und Erpressung.

Eines der größten Unternehmen ist die SOCOBA. Es gehört zu siebzig Prozent dem Staat, das heißt dem Staatschef, und zu dreißig Prozent dem Afrikaberater der französischen Regierung – der Staat Gabun ist das Zentrum von Foccarts Netz und die SOCOBA sein wichtigster Stützpunkt dort. Sie kontrolliert fast die gesamte Wirtschaft des Landes, die Holz- und Zementindustrie, mehrere Automobilwerkstätten, Import-Export-Firmen, den Verkehr, inklusive der Luft- und Schiffstransporte, sowie Banken und Versicherungen. Die Macht Omar Bongos stützt sich auf die Präsidentengarde, in der französische Söldner den Ton angeben. Die Garde ist die einzige gutausgerüstete Militärmacht, sie umfaßt 1200 Mann und verfügt über moderne Flugzeuge, Hubschrauber und andere Waffen. Die Söldneroffiziere in der Präsidentengarde beziehen ihre Gehälter direkt vom französischen Erdölkonzern ELF – das entlastet den Staatshaushalt und macht die Interessenlage zweifelsfrei klar. Bob Denard lernt dieses System der Verquickung von Profit und Söldnertum schätzen, es funktioniert gut.

Er hat einen Decknamen angenommen: Gilbert Bourgeaud, und schließt einen Vertrag mit dem Präsidenten Gabuns ab. Der Text lautet:

»Vertrag Nr. 2357 vom 3. August 1976. Monsieur Gilbert Bourgeaud, wohnhaft in Bordeaux, wird als Berater des Präsidenten angestellt. Sein Lohn beträgt monatlich 500 000 CFA-Franc. Gezeichnet Omar Bongo.«

Im Vertrag steht natürlich nicht, daß Denards wirklicher Dienstherr der für Afrika zuständige Minister in Paris ist. Denard alias Bourgeaud ist vom Söldner zum »technischen Berater« der Präsidentengarde aufgestiegen. Seine Aufgabe besteht darin, die Garde so auszubilden, daß sie auch außerhalb der Landesgrenzen eingreifen kann, wenn Gefahren drohen für die vom Westen abhängigen Diktatoren Afrikas. Ein Kenner der Szene schreibt dazu:

»Sieht man sich die Liste der miesen Tricks und der von Gabun ausgegangenen Operationen an, wie die biafranische Abspaltung, die Kabinda-Affäre und die Invasion in Benin, so ist offensichtlich, daß Gabun als Ausgangspunkt und Zentrum der französischen Drecksarbeit in Afrika gedient hat und weiter dienen wird.«[3]

Denard liebt seinen neuen Job, er geht vollkommen auf in seinem Metier, seiner Truppe die Feinheiten von Mord und Terror beizubringen. Er ist dafür der ideale Ausbilder, er weiß fast alles über Sabotage und subversive Kriegführung.
Die »Beratertätigkeit« für Omar Bongo läßt ihm viel Zeit, um in anderen Ländern geheimdienstliche Operationen durchzuführen: Ob in Angola oder in Biafra – Denard ist zur Stelle, wenn verdeckte Söldneroperationen durchgeführt werden. 1972 ist er dabei, als zwei Aktionen gegen Libyen vorbereitet werden, die Ex-König Idris finanziert hat, doch bleiben sie schon im Entwurfsstadium stecken. Zwei Jahre später verbringt er vier Monate im Herzen des kurdischen Widerstandes im Nordirak. In den Bergen kämpfen die Kurden, unterstützt vom persischen Schah und der CIA, seit Jahren für ihre Unabhängigkeit. Ein Abkommen zwischen dem Iran und dem Irak führt 1975 zum Zusammenbruch der kurdischen Befreiungsbewegung, und Denard, Omar Bongos »Berater«, reist nach Paris.

Ein Putsch mißlingt

10. Februar 1977. Aus New York meldet die Deutsche Presseagentur, daß eine Kommission der Vereinten Nationen »noch in diesem Monat« in den afrikanischen Staat Benin, das frühere Dahomey, reisen soll, um an Ort und Stelle »einen von Benin als Söldnerinvasion« bezeichneten Zwischenfall zu untersuchen. Der Angriff, den die Regierung Benins meldet, soll sich am 16. Januar zugetragen haben. Mehr als hundert Söldner seien mit einem Militärflugzeug in der Hauptstadt Cotonou gelandet und hätten den Flughafen und die Stadt attackiert.

Zwei Monate später verurteilt der Weltsicherheitsrat der UNO den Versuch eines »mysteriösen Söldnerkommandos«, die Hauptstadt Benins, Cotonou, einzunehmen. Die Regierung Benins macht den »französischen Imperialismus«, Marokko, Gabun und Togo für den Überfall verantwortlich, aber die beschuldigten Staaten weisen die Vorwürfe kategorisch zurück.

Die Vorgeschichte des Putsches: 1960 proklamierte die ehemalige französische Kolonie Dahomey die Unabhängigkeit. Nach mehreren Militärputschen übernahm 1972 Major Mathieu Kérékou die Macht und erklärte 1974 den Marxismus-Leninismus zur offiziellen Ideologie des Landes. Frankreich, die USA und die prowestlich orientierten Nachbarstaaten Benins betrachteten dies als Provokation und Bedrohung und gingen daran, den Staatsstreich vorzubereiten.

In Paris sei alles entschieden worden, erzählt Denard später Freunden: Staatschef Mathieu Kérékou sollte gestürzt und statt ihm eine »gemäßigte Regierung« installiert werden. Gelingt der Umsturz, so

winkt eine neue Aufgabe für Denard. Er soll im neuen, von linken Elementen gereinigten Benin eine Präsidentengarde aufbauen, so, wie er es in Gabun getan hat. Die Perspektiven sind berauschend. Die Schirmherren der geplanten Putschaktion sind Organisationen und Politiker mit großem Einfluß: der französische Geheimdienst SDECE, der amerikanische Geheimdienst CIA, der marokkanische König Hassan II. und der Präsident Gabuns, Omar Bongo. Sie stellen zuerst einmal die finanziellen Mittel zur Verfügung: 475 000 US-Dollar für die Vorbereitung der Operation bis zu ihrem Abschluß und nochmals 530 000 Dollar für die sogenannte »nachoperationelle Phase«. Darunter verstehen Experten für konterrevolutionäre Kriegführung, das Land von politischen Gegnern zu säubern, eine neue militärische Infrastruktur zu errichten und die Präsidentengarde aufzustellen.
Nachdem die finanziellen Dinge geklärt sind, wendet sich Bob Denard alias Colonel Gilbert Bourgeaud an die »Befreiungsfront von Dahomey« und schließt mit deren Repräsentanten am 5. November 1976 einen Vertrag ab. Der Vertrag regelt, daß Denard für die Zeit von drei Monaten sechzig europäische und dreißig afrikanische Söldner rekrutieren soll. Das Geld dafür, die schon erwähnten 475 000 Dollar, liegt abrufbereit auf dem Konto der »Société Internationale de Banque« in Luxemburg. Der zweite Betrag, 530 000 Dollar, wird auf die »Banque Bordier« in Genf transferiert. Für die Bezahlung bürgen die »befreundeten Autoritäten«, wie es im Vertrag umschrieben wird. Die »befreundeten Autoritäten« erscheinen in dem Vertrag als H 2 und O. B.: H 2 – das ist der König von Marokko, Hassan II., und O. B. steht für Omar Bongo, den Staatschef Gabuns.
1,1 Millionen Dollar für einen Putsch – wie sieht die Kalkulation des Geschäftsmanns Denard aus? Da ist einmal ein Posten für die eigentliche Operation. Für Flug und andere Reisekosten setzt Denard für dreißig afrikanische Söldner 200 Dollar pro Person und für sechzig europäische Söldner 1000 Dollar pro Person an. Hinzu kommen 30 000 Dollar für Versicherung und Rückflug. 360 000 Dollar, der größte Einzelbetrag, sind notwendig, um die Söldner zu bezahlen: 2000 Dollar pro Mann pro Monat. Drei Monate soll die Gesamtoperation dauern, macht 6000 Dollar je Söldner. Für die Phase nach

dem erfolgreichen Abschluß der Operation braucht Denard, wie gesagt, den zweiten Betrag von 530 000 Dollar. Sein Honorar beträgt 245 000 Dollar. Wie jeder selbständige Unternehmer trägt er schließlich das Risiko, mag er sich dabei gedacht haben: für die Vorbereitung und Durchführung der Operation insgesamt 145 000 Dollar und für danach 100 000 Dollar. Das Geschäft läßt sich gut an.
Bei einem derart großzügig ausgestatteten Etat sollte man nichts riskieren. Colonel Maurin, so nennt sich Bob Denard jetzt, muß aber ein Risiko eingehen: Die ihm vertrauten Söldner stehen derzeit nicht zur Verfügung. Seine kleine Gruppe ist im Lauf der Jahre aufgerieben worden, besonders in Angola. Und einige sind alt geworden, andere haben aufgegeben, wieder anderen ist es gelungen, aus dem Söldnermorast in eine zivile Existenz zu entkommen. Und guter Nachwuchs ist Mangelware – wer wird schon Söldner bei seit Jahren gleichbleibend dürftiger Bezahlung? Der Lohn fürs Töten übersteigt kaum 1000 bis 1500 Dollar pro Monat. 1500 Dollar will Denard zahlen, obwohl er in seiner Kalkulation 2000 Dollar angesetzt hat. Er sucht die Söldner, wie ein Unternehmen Arbeiter sucht, durch Kleinanzeigen in den überregionalen Zeitungen in der Lokalpresse: »Überseefirma für Sicherheit und Schutz sucht Kader aller Fähigkeiten mit guter physischer Kondition. Erfahrungen bei einer Eliteeinheit sind erwünscht.«
4000 Antwortbriefe stapeln sich bei der »Agentur Havas«, der Firma, der sich Denard zur Anwerbung der Söldner bedient. Nach sorgfältigem Studium der Bewerbungen sucht er schließlich fünfzig Söldner aus. Er kennt keinen von ihnen, sie standen nie unter seinem Befehl, und viele haben nicht einmal die »Feuertaufe« bekommen, wie Denard bedauernd registriert. Er ergänzt die Auswahl durch zehn seiner ehemaligen Söldner, die wegen ihrer Qualifikation sofort als Truppführer eingeplant werden. Die afrikanischen Söldner läßt er in Senegal und in Elfenbeinküste anwerben.
Am 2. Januar 1977 erhalten Omar Bongo und Bob Denard grünes Licht aus dem Élysée-Palast, dem Sitz des französischen Präsidenten. Auch Togo, ein Nachbarstaat Benins, hat die »präventive Aktion«, den Putsch, nun abgesegnet. Die Söldnergruppe schmückt sich mit dem Namen »Omega«, die Operation läuft unter dem

Codewort »Zangaro«, das Denard wenig phantasievoll dem Roman »Die Hunde des Krieges« von Frederick Forsyth entnommen hat. Denard trainiert seine neunzig Söldner in einem Militärlager in Marokko, in Benguérir. Einheimische Polizisten bewachen das Camp, und einheimisches Personal versorgt die Legionäre. Nach zehn Tagen harten Trainings kommt die Überraschung: Kommandant Bob Denard stellt den Mann vor, der neuer Staatschef in Benin werden soll. Es ist Gratien Pognon, Präsident der »Befreiungsfront«, der »Front de la Libération et de la Réhabilitation du Dahomey«. Sie gehen den Operationsplan durch, er ist simpel und wie ein Modell überall anwendbar. Zuerst müssen der amtierende Präsident Mathieu Kérékou und seine Anhänger aus dem Weg geschossen werden, danach sollen die Söldner die Hauptstadt erobern, und Truppen aus Togo »befrieden« die übrigen Landesteile Benins.
Am 15. Januar 1977 werden die Söldner von Marokko nach Franceville, zum Flughafen Gabuns, gebracht. Eine DC 7 mit einem amerikanischen Piloten wartet bereits, um sie zum Einsatzort zu bringen. Am folgenden Tag, einem Sonntag, gegen 6 Uhr 45 Ortszeit, startet das »mysteriöse« Flugzeug in Richtung Cotonou, der Hauptstadt Benins. Denard erteilt wenige Minuten vor der Landung seine letzten Befehle und schließt mit den Worten: »In drei Stunden ist alles geregelt.«
Diese Zeit, so rechnet er, müßte ausreichen, um den Präsidentenpalast einzunehmen, das Militärlager in Guezo auszuschalten und die Residenz von Mathieu Kérékou zu überfallen. Denard hofft auf den Überraschungseffekt und darauf, daß Kérékou schnell ausgeschaltet werden kann, um den Erfolg der Operation sicherzustellen. An Denards Seite befindet sich »Wakou«, so nennt sich Gratien Pognon, der Präsident in spe. Er ist optimistisch, aber nervös, und liest noch einmal seinen Appell an das Volk Benins: »Kinder von Dahomey, erhebt euch! Es gibt keine Tyrannei mehr.«
Als die DC 7 um 11 Uhr 30 auf dem Flughafen in Cotonou landet, tauchen wider Erwarten die ersten Probleme auf. Im Kontrollturm greift der wachhabende Offizier zum Telefon und meldet die Landung des unbekannten Flugzeugs an den Kommandanten der Luftwaffe und an das Hauptquartier der Armee, bevor Söldner sein Büro stürmen können. Vierzig Legionäre jagen derweil schon zum Präsi-

dentenpalast, während eine weitere Gruppe die Kaserne Guezo angreifen will. Die Operation erweist sich als weitaus schwieriger, als Denard geplant hatte. Als die Gruppe am Präsidentenpalast ankommt, wird sie von der alarmierten Garde beschossen. Im Kampf Mann gegen Mann dringen die Legionäre in den Palast ein, doch der Staatschef, den sie stürzen wollen, ist nicht da. Kérékou läßt über den staatlichen Radiosender einen Aufruf an die Bevölkerung verbreiten, sich gegen die »imperialistische Aggression zur Wehr zu setzen«. Unter den Söldnern entsteht Konfusion. Die Absetzbewegung beginnt. Um elf Uhr entscheidet der Pilot der DC 7 abzufliegen. Einige der Söldner erreichen die Maschine, andere fliehen über die Grenze nach Togo, einige sterben. Nur einer wird gefangengenommen. Er stammt aus Guinea, Denard hatte ihn in Dakar rekrutiert. Dessen Aussage, erbeutete Waffen und zurückgelassene Dokumente sind für die Regierung Benins klare Beweise dafür, daß Gabun und Togo in den Coup verwickelt sind. Denard hat einen Fehler gemacht, als er bei dem überstürzten Rückzug aus Benin die einschlägigen Dokumente nicht mitnahm. In einem Metallbehälter finden die Behörden den Vertrag zwischen Denard und der »Befreiungsfront«, die Rede des »neuen« Staatspräsidenten, Quittungen, die Liste der Söldner mit ihren Namen und Papiere, die die Zusammenarbeit zwischen dem Präsidenten Gabuns und Denard belegen.

Denard läßt sich nicht entmutigen, Niederlagen gehören zum Söldnerleben – und da gibt es schon einen neuen Plan: die Eroberung der Komoren. Die Rechnung mit Ali Soilih ist noch offen, und sie wird, wie wir bereits wissen, beglichen.

Ein Söldner fast im Ruhestand

Nach dem geglückten Putsch auf den Komoren läßt sich Denard dort zu seinem einzigen ausführlichen Interview verführen. Befragt wird er von einer Journalistin des französischen Fernsehens, der er in einer grünen Uniform, ordensgeschmückt, gegenübersitzt.
Sie fragt ihn, warum er auf den Komoren zwei Putsche durchgeführt habe.
»Beim ersten habe ich den Staatsstreich nur konsolidiert«, antwortete Denard. »Ich bin damals mit einem sehr kleinen Team gekommen, mit nur sieben Leuten. Der Staatsstreich hatte gut geklappt. Aber im Laufe unseres Aufenthalts haben wir bemerkt, daß die politische Orientierung sich verändert hat und unserer eigenen Überzeugung widersprach. Wir haben uns daraufhin zurückgezogen. Ich bin dann mehrmals im Jahr 1976 zurückgekommen und habe dabei bemerkt, daß ich Soilih von Mal zu Mal mehr störte, daß er unsere Vereinbarungen nicht einhielt, daß die politische Richtung, die er einschlug, für das Volk der Komoren verheerend war. Während des Jahres 1975, das ich hier verbrachte, hat mich dieses Land aber sehr gefesselt. Man nennt die Inseln ja den Archipel der Düfte. Daher habe ich mich dann verpflichtet gefühlt, zurückzukommen und dem Land die Freiheit, den Frieden und vor allem die Würde zurückzugeben.«
Frage: »Sie nennen sich jetzt gegenüber der Bevölkerung Colonel Said Mustafa Mouhadjou. Warum haben Sie den Namen gewechselt?«
Antwort: »Nun, man sagt ja, daß die Umstände den Mann ausmachen. Anfangs hatte ich diesen Namen angenommen, um gegenüber

der öffentlichen Meinung die Anwesenheit einiger Männer zu verbergen, die nicht komorischer Herkunft sind. Selbst wenn sie keine Komorer von ihrem Blut her sind, können sie es doch mit ihrem Herzen sein. Sie haben hier ebenfalls Bindungen gehabt. Denn das sind Männer, die mir schon damals geholfen haben. Jetzt haben wir das politisch-militärische Direktorium gegründet mit zwei komorischen Politikern und mir. Und wir mußten einen komorischen Namen finden, damit das vor der internationalen Öffentlichkeit als rein komorische Angelegenheit erscheint.«

Frage: »Sie sind ja lange Zeit ein sehr geheimnisvoller Mann gewesen. Was ist jetzt passiert? War der Putsch hier ihr Lebensziel, haben Sie darauf hingearbeitet?«

Antwort: »Das kommt plötzlich. Aber ich will auch nicht sagen, daß ich niemals daran gedacht habe. Man kann ja nicht sein ganzes Leben versteckt verbringen. Ich denke, ich war innerhalb einer bestimmten Epoche ein bekannter Mann. Daher will ich Ihnen hier nicht meinen echten Namen sagen. Er ist jedenfalls sehr bekannt. Für die einen ist er ein Synonym für ›ehrliche Freundschaft‹, für die anderen hat er die Bedeutung eines ›öffentlichen Feindes‹. Aber was ich getan habe, habe ich immer gewissenhaft getan und habe auch niemals gegen mein Land gehandelt. Im Gegenteil. Ich habe immer versucht, meiner Herkunft treu zu bleiben und natürlich mein Land nicht in Schwierigkeiten zu bringen.

Aber um Ihnen darauf zu antworten, ob es ein kalkuliertes Ziel von mir war, hierher zurückzukommen, sage ich Ihnen: Man kommt irgendwann an das Ende seiner Laufbahn. Ich werde bald fünfzig Jahre alt. Und ich habe jetzt zehn Jahre meines Lebens in diesem Beruf verbracht, dessen Namen ich nicht nennen möchte, weil er oft durch den Schmutz gezogen wurde. Man schlägt zu leicht alle über den gleichen Leisten, das kann ich nicht akzeptieren.«

Es ist tatsächlich schwierig, Denards heutigen Beruf zu definieren – zu vielfältig ist seine Verwicklung in schmutzige Geschäfte und politische Unterdrückung.

Frage: »An diesem Tag, waren Sie da glücklich, Ihre Arbeit gemacht zu haben?«

Antwort: »Ich bin immer glücklich, die Arbeit zu machen. Denn etwas gegen seine Natur zu machen ist keine Lösung. Wenn ich diesen Beruf nur wegen des Geldes ausüben würde, wäre das schlecht, obwohl ich nicht die materiellen Bedürfnisse in unserer Konsumgesellschaft leugnen will. Aber wenn ich mich hier niederlasse, dann nicht zuletzt, um den Staus in Paris zu entgehen. Hier kann ich abends den Duft von Ylang-Ylang einatmen.«

Der Söldner und seine Truppe als Befreier, ein Putsch, der dazu dient, daß ein Söldnerführer den Staus in Paris entkommt und abends den Duft genießt von Ylang-Ylang, einer Pflanze, aus der der Grundstoff zur Parfümherstellung gewonnen wird. Bob Denard hat sein Paradies gefunden. Es wird ihn angesichts dessen nicht stören, daß die Komorer immer noch im Elend leben.

Heute gibt es offiziell keine Söldner mehr auf den Komoren. Das ist der Grund dafür, daß sie auf den Inseln nicht gesehen und nicht angesprochen werden wollen. Manchmal sieht man einige von ihnen auf Mayotte, das die Franzosen regieren. Mit Schlauchbooten trainieren am Strand Söldner und Fremdenlegionäre zusammen: Sabotageteams gegen das nahe Moçambique. Sie unterstützen die vom Westen ausgehaltenen Rebellen der RENAMO, die das sozialistische Moçambique mit Terror in die Knie zwingen wollen.

Auf den anderen Komoreninseln kennt zwar jeder die Söldner, die nach offizieller Lesart nicht vorhanden sind. Aber wenn man ihren Namen erwähnt, schweigen die Menschen. Dann finde ich Pasoc. Er diente einst in der Präsidentengarde unter Ali Soilih, wurde sogar von Denard ausgebildet. Wegen »politischer Unzuverlässigkeit« mußte er nach dem Putsch gehen. Obwohl er voller Angst ist, führt er mich und den Filmemacher Thomas Giefer in die Nähe von Bob Denard. Im Auto erzählt er, daß Bob Denard vom Staatspräsidenten bezahlt wird. »Es gibt einen Vertrag zwischen dem Präsidenten und Bob Denard, der die Zusammenarbeit regelt.«

»Was ist denn dieser Bob Denard jetzt für ein Mensch?« frage ich.

Die Antwort ist vielsagend: »Ein großer Mann.«

Endlich sind wir am Ziel, etwas außerhalb von Moroni; Pasoc setzt mich ab und fährt sofort wieder weg. Ich stehe vor einem Restaurant namens »Fakhri«, ein Treffpunkt der dreißig Söldner, die heute auf den Komoren leben. Der Inder Mamadaly Babouby, der das Lokal führt, ist dafür bekannt, daß er die besten Krabben auf der Insel zubereitet. Gerade als ich in das Lokal gehe, rollt aus einer kleinen Seitenstraße direkt daneben ein weißer Range-Rover heraus, Kennzeichen GP, er gehört also der Präsidentengarde. Unbefangen erzählt der Wirt, daß das Major Charles sei, Denards Stellverteter, der vom Haus des Söldnerführers im Ruhestand kommt.

Denard ist demnach in seiner Villa. Thomas Giefer und ich wollen es wissen, und wir gehen zu Denards Residenz, die nur wenige hundert Meter vom »Fakhri« entfernt liegt. Zumindest wollen wir versuchen, ihn zu sprechen, den Mann, der seit zehn Jahren kein Interview mehr gegeben hat, der sich vollkommen von der Öffentlichkeit abschirmt – warum hat er Angst vor Journalisten? Was haben er und seine Söldner, die vor zehn Jahren so stolz auf ihren Putsch waren, zu verbergen? Als wir das Grundstück erreichen, tritt uns ein Wächter entgegen. »Bob Denard schläft«, wimmelt er uns ab. Wir könnten ihn ja nachmittags in seinem Büro bei der Präsidentengarde besuchen, dort würden wir schon die »richtige Antwort« erhalten.

Dann überstürzen sich die Ereignisse. Wie abgesprochen, gehen wir am Nachmittag zur Präsidentengarde, dem Zentrum der Macht auf den Komoren. 600 Männer dienen hier, angeführt von weißen Söldnern, und Bob Denard ist ihr Kommandant. Ein asphaltierter Weg schlängelt sich zwischen Kokospalmen einen Berghang hinauf. Die Angst vor den Männern hinter dem großen weißen Tor mit der Aufschrift »Garde Présidentielle« ist zum Greifen spürbar, keiner der Komorer wagt, hier vorbeizufahren. Am Straßenrand lungern einige Figuren herum, Spitzel, die jeden melden, der sich hier aufhält. Zehn Meter vor dem Tor leuchtet warnend ein weißer Strich. Als wir ihn überschreiten, rennt ein Soldat auf uns zu und stößt uns zurück. Er will wissen, was wir hier tun, und schaut verärgert auf die Kamera. »Wir haben einen Termin«, sagen wir. Wir müssen warten. Er geht in ein Wachhäuschen und telefoniert. Finster beobachten uns Soldaten. Blecherne Stimmen krächzen über einen Lautsprecher, Befehle an irgend jemanden, der auf dem weiten Gelände der Präsidentengarde gesucht wird. Plötzlich öffnet sich das Tor, ein paar Gardisten marschieren auf uns zu, zwei weiße Renault R 4 fahren uns entgegen. Zivil gekleidete Männer, die obligatorische Sonnenbrille im Gesicht, stürzen sich auf uns, sie zwingen uns, in

die Autos einzusteigen. Zuerst sagt uns niemand, was los ist. Die Gesichter der Soldaten sind wie versteinert. Weitere Wagen begleiten uns, und in rasendem Tempo jagt unsere Eskorte zur Polizeistation in Moroni. Wir sehen gerade noch, wie der Innenminister, der uns eine unbeschränkte Drehgenehmigung erteilt hatte, aus dem Zimmer des Polizeichefs hetzt, und dann müssen wir alle Filme, die wir an diesem Tag gedreht haben, abgeben.
»Was wollen Sie bei den französischen Beratern?« »Was wollen Sie bei der Präsidentengarde?« – »Wie versprochen, einen Termin wahrnehmen, wie es bei Journalisten international üblich ist«, erwidern wir. »Aber nicht bei uns!« Diese Antwort macht deutlich, daß es sich in der Tat um ein besonderes Land handeln muß. Ein Protokoll wird aufgesetzt, und nach einigen Stunden können wir gehen.
Am nächsten Tag wird es ernst. In unserem Hotel überraschen uns mehrere Polizisten, und wir dürfen nicht mehr in unsere Zimmer gehen. Auf dem Polizeipräsidium eröffnet uns der zuständige Kommissar, daß der Generalstaatsanwalt die Beschlagnahmung des gesamten Filmmaterials verfügt habe und daß wir das Land sofort verlassen müssen.
Wir sind Bob Denard und seinen Söldnern zu nahe gekommen, wir haben ein Tabu verletzt. Warum, das erklärt uns wenig später Innenminister Omar Tamou. »Seit dem Tag, an dem die Söldner gekommen sind«, belehrt er uns, »sind sie zum Mythos geworden. Das sind sie im Bewußtsein der Menschen bis heute. Man spricht bei uns von den Söldnern als den Befreiern. In einem Moment, als es so schien, daß uns niemand und nichts mehr aus unserem Elend erretten könnte, da kamen plötzlich die Söldner.« Dann will er nichts mehr von uns wissen. Auf der Rückfahrt zum Hotel halten wir noch kurz vor der französischen Botschaft. Wir beschweren uns über die Beschlagnahmeaktion, aber der Botschafter Alain Dechamps zuckt nur mit den Schultern.
Dabei hatte er uns noch wenige Tage zuvor ein aufschlußreiches Interview gegeben. Zurückgelehnt im Sessel, mit Blick auf die untergehende Sonne am Hafen von Moroni, spricht er über die Rolle Frankreichs beim Putsch vor zehn Jahren. »Es gibt doch gar keinen Zweifel daran, daß die französische Regierung es nicht dulden konnte, daß Ali Soilih eine Politik gegen die Interessen Frankreichs

durchzusetzen versuchte. Wir hätten nichts dagegen gehabt, wenn er die islamischen Strukturen zerschlagen hätte, wir hätten nichts dagegen gehabt, wenn er nur uns und unsere Geschäftsleute in Ruhe gelassen hätte. Es war sein großer Fehler, daß er sich mit Frankreich angelegt hatte. Deshalb mußte er gestürzt werden. Und was glauben Sie wohl, wer dafür den Befehl gegeben hat?« Genießerisch schwenkt er sein Cognacglas.

Nach diesem Interview wollen wir nachschauen, was der Putsch den Menschen auf den Inseln der Düfte gebracht hat. Auf dem Meer draußen, im Indischen Ozean, fällt uns ein Schwarm kleiner Boote auf, in denen mit Müh und Not je zwei Männer Platz haben. Sie sind auf Fischfang. Größere Boote können sie sich nicht leisten. Daher sind sie darauf angewiesen, nahe der Küste zu fischen. Der Fang ist dürftig. Der Staat der Komoren, dessen Etat zu drei Vierteln von Paris bestritten wird, hat für die Entwicklung der Wirtschaft kein Geld übrig. Alles wird importiert. Mangels eines Hochseekais müssen große Frachter auf See entladen werden. Boote bringen dann die Fracht in den Hafen von Moroni, wo Arbeiter sie durch das Wasser zur Kaimauer schleppen müssen, dort wird sie schließlich gestapelt. Der Staatspräsident und der Söldnerführer beherrschen den Import und Export der Komoren fast vollständig. Da gibt es die Firma »Abdallah & Fils«, sie gehört dem Präsidenten, und da wickeln Bob Denard und Co. große Geschäfte ab. Jeder Sack Reis, jedes Medikament, jede Flasche Wein, die unter den wachsamen Augen der Polizei in Moroni entladen werden, füllt die Kasse der Söldner und des Präsidenten. »Was verdienen die Arbeiter?« fragen wir. »Sie sagen«, übersetzt uns ein junger Vorarbeiter aus der Landessprache Suaheli ins Französische, »daß das, was man ihnen für ihre Arbeit bezahlt, nicht einmal für die einfachsten Dinge ausreicht. Mit ihrem Lohn können sie sich keine Arzneimittel kaufen und nicht einmal ausreichend Nahrungsmittel für die Familien. Es reicht für niemanden. Wir werden für unsere Arbeit nicht gerecht bezahlt.« So lebt es sich im Paradies.

Auf dem Markt von Moroni hocken die Bäuerinnen der umliegenden Dörfer und bieten das wenige an, was der Boden der Insel bietet: Tomaten, Gemüse, Mais, Maniok, Bananen. Sie verkaufen selten etwas. Ein Kilo Tomaten kostet 800 CFA-Franc, ein Kilo Bananen

2500. Bei einem monatlichen Durchschnittseinkommen von 17 000 CFA-Franc, das entspricht 150 Mark, sind selbst Grundnahrungsmittel Luxus. Fleisch ist für Fischer, Bauern und Arbeiter unerschwinglich, ein Kilo Fisch kostet einen Wochenlohn. Welch ein Zynismus angesichts der Tatsache, daß die Komoren Touristen mit dem Versprechen anlocken, hier könne man die größten Fische im Indischen Ozean harpunieren.
Für 400 000 Menschen gibt es 4 Krankenhäuser und 9 Ärzte. Die medizinische Versorgung ist katastrophal, die Sterblichkeit hoch: Die Lebenserwartung der Komorer liegt bei etwa 47 Jahren. »Die schlimmste Krankheit«, berichtet der Direktor des Krankenhauses von Moroni, »ist die Malaria, an der besonders die Kinder leiden. Da gibt es eine außerordentlich hohe Sterblichkeit. Von 1000 Kindern, die geboren werden, sterben 200.«
Überall Elend, aber von den Söldnern kaum eine Spur. Doch dann zeigt uns ein befreundeter Journalist, wo wir sie finden: an den wenigen Touristenstränden und in abgelegenen Villen. Wir stoßen auch im Hotel »Coelacanthe« auf sie, Familienväter, die zuschauen, wie ihre Kinder Schwimmunterricht bekommen. Im »Novotel« in Moroni dinieren sie mit ihren Frauen, und jeden Abend wird dort Aerobic für Söldnerfrauen angeboten. Bei 35 Grad Hitze verrenken sie ihre Glieder, damit sie fit und jung bleiben. An der Bar erholen sie sich von den Strapazen mit Cola und Bier, die aus Südafrika eingeführt werden. Und dann verschwinden sie wieder hinter den dicken Mauern und hohen Zäunen um ihre klimatisierten Villen.
Aus Kämpfern sind Geschäftsleute geworden. Die Umsätze sind zwar bescheiden, mißt man sie an westeuropäischen Maßstäben, aber auf den Komoren bedeuten sie Reichtum, und die Söldner leben wie Könige auf den Inseln der Düfte. Als unbestrittene Herrscher können sie die schmutzigsten Geschäfte abwickeln, Waffenschmuggel inbegriffen. Ein Reporter der »Sunday-Times« hat schon vor drei Jahren herausgefunden, daß Waffen von Saudi-Arabien auf die Komoren gebracht werden, damit die RENAMO-Rebellen in Moçambique weitermorden können. Als der Reporter damals Bob Denard zu diesen Geschäften befragen wollte, wurde er kurzerhand verhaftet und ausgewiesen.
Die Söldner machen ihre besten Geschäfte im In- und Export. Da

gibt es etwa die Socovia, die größte Fleischimportfirma der Inseln. Sie gehört den Söldnern und dem Staat, das heißt dem Präsidenten, zu gleichen Teilen. Hauptabnehmer des aus Europa und Südafrika importierten Fleisches sind die 600 Mann der Garde, die Ministerien, der Präsident, die Botschaften und die drei Hotels der Inseln. Die verbleibenden zehn Prozent der Einfuhren landen in den Pfannen und Töpfen der reichen, aber kleinen Mittelschicht. Die Bevölkerung geht leer aus. Allein 1985 machte das Unternehmen einen Reingewinn von elf Millionen Franc.

»Sicco«, eine große Reparaturwerkstatt gegenüber Bob Denards Villa, hat das Importmonopol für Pkws. Hinter ihren Mauern werden auch Bankgeschäfte abgeschlossen oder Investitionen in der Landwirtschaft gesteuert. Christian Olagary, der Besitzer, kämpfte einst mit Bob Denard in Afrika und war danach mit ihm in der Präsidentengarde Gabuns tätig. Während des Komoren-Putsches 1978 leitete er mit seiner Funkanlage, der einzigen, die funktionierte, die gesamte Logistik. Der etwa 1 Meter 60 kleine Mann macht auf den ersten Blick den Eindruck eines biederen Händlers, gehetzt und abgearbeitet, eine kleine, miese Type, einer, dem jeder ansieht, daß er säuft, und der sich jeden Tagen mit Malariatabletten vollpumpt. Der soll Denards rechte Hand sein?

In seiner Garage sprechen wir ihn an, lügen ihm vor, daß wir nur etwas über die wirtschaftliche Lage der Inseln und die großartige Aufbauarbeit durch die französischen Unternehmen erfahren wollen. Er schaut uns skeptisch an und verspricht, sich am nächsten Tag mit uns zu unterhalten. Das wiederholt sich sechs Tage. Offenkundig will er mit Journalisten nichts zu tun haben. Doch dann bekommen wir ihn im »Fakhri« zu fassen und können beobachten, welche Macht er besitzt. Den anwesenden Söldnern gibt er nur kurze Befehle, und sie gehorchen, er zwinkert mit den Augen, und sofort geschieht, was er will. Frech setzen wir uns zu ihm an die Bar, wir versichern ihm, daß er uns vertrauen könne und daß wir wirklich nur etwas über die wirtschaftliche Lage der Inseln wissen wollten. Er schimpft auf die Journalisten, »denn die kommen nur ins Land, um die Insel kaputtzumachen. Sie kommen nur der Söldner wegen, und die gibt es nicht.« In seine Tirade hinein fragen wir nach Bob Denard. »Er ist mein Freund und Geschäftspartner – ein guter

Mann, dem viel Unrecht angetan wird. Der hat so viel Gutes für die Insel getan. Ihm ist der wirtschaftliche Aufbau zu verdanken. Warum laßt ihr ihn nicht in Ruhe? Er will hier nur in Frieden leben.« Am selben Tag noch, so erfahren wir später, berichtet er Bob Denard über unseren fehlgeschlagenen Interviewversuch. Einige Tage später treffen wir ihn erneut, in einem chinesischen Restaurant. Diesmal ist er fast locker. »Morgen fliege ich mit Bob Denard nach Anjouan, um unsere Betriebe zu kontrollieren – eine Musterfarm.« Es scheint fast, als interessierten sie sich nur noch für Geflügelzucht.

Dreißig Kilometer von der Hauptstadt entfernt, an einem der schönsten Sandstrände der Insel, bauen seit Ende 1976 Südafrikaner ein Hotel; es soll das größte der Insel werden. Durch Bob Denard ist es dem Rassistenregime gelungen, sich einen neuen Stützpunkt zu schaffen. Nur zwei Flugstunden sollen später einmal südafrikanische Touristen brauchen, um sich im Paradies zu erholen. In den anderen afrikanischen Ländern sind Südafrikaner nicht willkommen, und Europa ist weit weg. Das ist der zivile Grund dafür, daß die Rassisten auf den Komoren sind. Es gibt auch einen militärischen: Das Archipel ist für Südafrika von strategischer Bedeutung, ähnlich wie für Frankreich. Auch ihnen geht es um die Unterstützung der RENAMO-Rebellen und um die Kontrolle des Golfes von Moçambique.
Moçambique ist einer der wichtigsten Staaten der Antiapartheidsfront. Deshalb finanziert das Rassistenregime seit langem die Rebellenbewegung RENAMO, die sogar über ein Zweigbüro in Bonn verfügt und von CSU-Politikern unterstützt wird. Seit 1977 begehen die »Freiheitskämpfer«, vom Volk »bandidos armados« genannt, Massaker und Terroranschläge, die fast ausschließlich die Zivilbevölkerung treffen. Eine Million Menschen sind unterernährt in Moçambique, viele verhungern. Die Rebellen haben die gesamte Infrastruktur des Landes zerstört, 400 Sanitätsstationen haben sie in die Luft gejagt oder niedergebrannt. »300 000 Kinder sind ohne Schulen. Die Rebellen haben die Schulen niedergebrannt, die Lehrer erschossen. Zwei Millionen Menschen sind obdachlos.« Das hat die in London erscheinende Zeitschrift »New African« im September 1987 berichtet.

Bob Denard und seine Kumpane mischen mit, im Ausbildungslager der Präsidentengarde trainieren Söldner Sabotageaktionen. Aber Söldner von den Komoren üben nicht nur im Camp der Garde, das in der Hochebene der Grands Comores versteckt worden ist, sondern auch in Südafrika erhalten sie den letzten Schliff für verdeckte Aktionen gegen Moçambique. Das wird »Antiterrorübung« genannt.
Leutnant Didier ist in der Präsidentengarde der Komoren der zuständige Söldner für »Auswärtige Angelegenheiten«, der französische Nachrichtendienst hat ihn für diesen Job abgestellt. Er sagt: »Wir müssen die Kommunisten überall schlagen. Und natürlich unterstützen wir logistisch die RENAMO-Rebellen. Wissen Sie, was unser Kommandant Charles sagt: ›Der Kommunismus ist unnatürlich, und ich möchte meinen Teil für eine freie Welt beitragen.‹ «
Maurice Botbol, Herausgeber des in Paris erscheinenden Nachrichtenmagazins »Indian-Ocean-Newsletter«, beschreibt die Zusammenarbeit zwischen Südafrika und den Söldnern, die offiziell nicht existiert, mit folgenden Worten:

»Südafrika sichert einen großen Teil der Lebensmittelversorgung für die Präsidentengarde. Und bekannt sind auch die engen politischen Kontakte zwischen Bob Denard und Südafrika. Er wohnt ja sogar zeitweise in Südafrika. Aber es existierten auch offizielle Kontakte: Präsident Abdallah besucht Südafrika, und der südafrikanische Außenminister und der Verteidigungsminister General Magnus Malan haben sich Anfang Dezember 1986 auf den Komoren aufgehalten. Begleitet wurden sie von Bob Denard. Das bedeutet, daß Bob Denard nicht nur die militärischen und politischen Beziehungen sichert, sondern auch die wirtschaftlichen Beziehungen zwischen Südafrika und den Komoren steuert. Bob Denard vergißt dabei natürlich nie seine eigenen Geschäfte.«
Zum Beispiel: August und September 1987. Der südafrikanische Verteidigungsminister General Magnus Malan hält sich, streng geheim, auf den Komoren auf. Was ist das Motiv des geheimnisvollen Besuchers? Er will sicherstellen, daß die seit einigen Monaten laufenden Waffenlieferungen in den Iran ausgebaut werden. Seit Anfang 1987 gelangen südafrikanische Waffen über die Komoren als

Transitland in den Iran. Dazu zählen hauptsächlich 155-mm-Geschosse, Boden-Luft- und Luft-Luft-Raketen; sie werden von dem staatlichen südafrikanischen Rüstungsunternehmen »Armscor« hergestellt. Die Waffen kommen nachts in Hercules-C-130-Transportmaschinen der SAFAIR-Fluggesellschaft auf dem Hayaya-Flughafen auf den Grands Comores an, streng bewacht von Mitgliedern der Präsidentengarde. Dort laden Soldaten sie auf eine Boeing 707 oder DC 8 der Globe-Air-Luftfrachtgesellschaft um, und dann geht es auf dem direkten Weg in den Iran. Waffenhandel ist ein lohnendes Geschäft, auch für Bob Denard.

Politische Opposition kann unter einer Söldnerherrschaft nicht gedeihen. Offiziell agieren auf den Komoren zwar verschiedene Parteien, sie repräsentieren aber lediglich die untereinander konkurrierenden feudalen Herren der Inseln. Die Herrschaftsverhältnisse sind tabu, und wer gar die Forderung aufstellt, daß die Söldner das Land verlassen sollen, dem wird kurzer Prozeß gemacht.

Prinz Said Ali Kemal gehört zu jenen Oppositionspolitikern, die zwar zur Feudalaristokratie zählen, aber dennoch eine soziale und gerechtere Politik fordern. Der einstige Botschafter der Komoren in Frankreich lebt deshalb in Paris im Exil. Im vornehmsten Hotel der französischen Hauptstadt beklagt er das Elend seines Landes, »das von Geschäftemachern beherrscht wird, von Händlerfiguren mit einer unglaublichen Habgier. Die arme Bevölkerung, das sind neunzig Prozent, die leiden. Aber leider gibt es zehn Prozent sehr reiche Menschen, die von diesem System profitieren.« Dann bezichtigt er mit bewegenden Worten die Europäer: »Auf den Komoren werden dank der Maschinengewehre und Waffen, die sie der Regierung liefern, Gesetze gemacht. Mit dem Geld, das sie der Regierung geben, werden Waffen eingekauft, mit denen unsere Bevölkerung eingeschüchtert wird. Aber eines Tages wird unsere Bevölkerung erwachen, und dann könnte es sehr übel aussehen.«

Weise Einsichten eines aufrechten Politikers? Später vertraut uns Prinz Kemal an, daß er sich vor zwei Jahren mit Bob Denard getroffen habe, im Frankfurter »Sheraton«. »Wir wollten wissen, ob er für uns einen Putsch auf den Komoren durchführt.« Bob Denard lehnte ab, weil ihm das Honorar zu läppisch war.

Unzweideutig in ihrer Ablehnung der Söldnerdiktatur sind dagegen die, die direkt von der Unterdrückung bedroht werden: Jugendliche, Schüler und Studenten. In Madjou, einer kleinen Stadt im Norden der Inseln, haben sie uns angesprochen. Wir lassen unser Auto stehen, hasten mit ihnen durch enge Gassen, beobachtet von verschleierten Frauen, die in den Hauseingängen sitzen. Endlich erreichen wir einen »sicheren« Ort. Die Jugendlichen erzählen von politischer Verfolgung und Folter. Das ist der Keller des Paradieses, das sich die Söldner auf den Komoren geschaffen haben. Mögen sie gerissene Geschäftsleute geworden sein und fürsorgliche Familienväter – ihr Wesen können sie nicht verbergen. »Die Söldner nehmen die Leute wegen ihrer Meinung fest, weil sie Angst davor haben, daß die Bevölkerung aufwacht«, geben die Jugendlichen zu Protokoll. »Weil sie Angst davor haben, daß die Bevölkerung eines Tages gegen sie revoltieren wird. Deshalb wird jeder, der zu diesem wirtschaftlichen und sozialen System nein sagt, als ›regierungsfeindliches Element‹ verhaftet und eingesperrt.« – »Verantwortlich dafür«, so unsere Gesprächspartner weiter, »ist die Präsidentengarde, die von weißen Söldnern befehligt wird. Die Söldner selbst führen die Folter durch. Man bringt uns nackt in dunkle Zimmer, schlägt und verprügelt uns so lange, bis wir das sagen, was sie wissen wollen. Sie wenden Elektroschocks an und bestialische Methoden, die wir euch nicht erzählen möchten.«

Das sind die Komoren: ein Objekt habgieriger Politiker, die von einer kleinen Horde Söldner abhängig sind. Söldner haben sich eine Insel zur Beute gemacht, und die internationale Öffentlichkeit schweigt dazu. Erinnern wir uns daran, was Bob Denard 1978, nach dem Putsch, erklärt hat: »Ich bin stolz auf das, was ich gemacht habe. Ich bin geschmeichelt, daß Afrika sich über mich aufregt. Die Afrikaner nennen mich den Wolf des Indischen Ozeans. Sie sollen doch froh sein, daß ich mich hier niedergelassen habe, statt sich ständig zu fragen, wo ich bloß sein könnte.«

Wo alles anfing – der Kongo

1885 wird der Kongo, das Land in der Mitte Afrikas, Privatbesitz des belgischen Königs Leopold. 23 Jahre später verkauft Leopold seinen »Besitz« an den belgischen Staat. 1960 wird die Kolonie unabhängig.
Schon Jahre davor spüren die Kolonialisten in Brüssel, daß die Unruhe im Kongo wächst. Die Herrschaft Belgiens über den Kongo, die Ausbeutung seiner reichen Rohstoffvorkommen gehen ihrem Ende entgegen. Guinea und die britische Goldgrube Ghana sind unabhängig geworden, überall in Afrika Demonstrationen, Streiks und bewaffnete Aufstände. Im Kongo fordern die ABAKO, die »Association de Bakongo pour l'Unification, l'Expansion et la Défense de la Langue Kikongo«, unter Führung von Joseph Kasavubu und das von Patrice Lumumba geleitete Mouvement National Congolais (MNC) den sofortigen Abzug der Belgier. Im Januar 1959 demonstrieren Arbeitslose in der Hauptstadt von Belgisch-Kongo, in Léopoldville, die Kolonialtruppen schießen in die Menge – 49 Tote. Wegen der blutigen Unruhen in Léopoldville wird Kasavubu verhaftet, die ABAKO verboten. Aber die Unsicherheit unter den bislang selbstherrlich regierenden Siedlern und Kolonialpolitikern steigt, und der belgische König Baudouin gibt schon bald nach Ausbruch der Unruhen bekannt, daß die Regierung in Brüssel beabsichtige, den Kongo »in die Unabhängigkeit zu führen«.
Vier Monate später erneuert ein »Kongolesischer Parteienkongreß« unter Leitung des jungen Politikers Patrice Lumumba die Forderung nach völliger Unabhängigkeit. Lumumba ist einer der wenigen schwarzen Emporkömmlinge im weißen Kolonialismus; er ent-

stammt der einheimischen Oberschicht, und noch 1957 hatte er vor antibelgischer Agitation gewarnt. Unter dem Einfluß des sich ausbreitenden afrikanischen Nationalismus gerät aber sein Glaube an die Kraft der humanistischen Werte der westlichen Zivilisation und an die Möglichkeit, die Auswüchse des Kolonialismus zu reformieren, ins Wanken. Schließlich entscheidet er sich für die panafrikanische Idee und tritt für einen starken kongolesischen Zentralstaat ein. Aber der Kongo ist tief gespalten, ein Vielvölkerstaat, auf dessen Gebiet kaum zu zählende, miteinander verfeindete Stämme mit völlig verschiedenen Kulturen leben. Im Juni 1959 verkündet der aus dem Gefängnis entlassene Kasavubu sein Projekt einer »Demokratischen Republik Zentralkongo«. Aber gleichzeitig entstehen die ersten Pläne zur Spaltung des noch nicht einmal gegründeten Staats – besonders die belgischen Siedler in der Kupferprovinz Katanga bereiten schon sorgfältig den Austritt aus dem zukünftigen Staatsverband vor.

Im Mai 1960 finden die ersten Parlamentswahlen statt, Patrice Lumumba und seine »Kongolesische Nationalbewegung« sind ihre Sieger. Er bildet die erste souveräne Regierung des Kongos, Kasavubu wird Staatspräsident. Am 30. Juni 1960 wird Belgisch-Kongo offiziell unabhängig. Die junge »Demokratische Republik Kongo« wird von einer demokratischen Regierungskoalition geführt, aber wie eine Art Oberschiedsrichter steht das belgische Militär noch immer Gewehr bei Fuß. Die bislang treu ergebenen schwarzen Soldaten meutern am 5. Juli 1960 gegen die belgische Militärherrschaft, eine Revolte, die innerhalb weniger Tage die Garnisonen in anderen Landesteilen erfaßt. Belgische Siedler und weiße Verwaltungsbeamte fliehen in Scharen. Die einstige Kolonialmacht betrachtet dies als Anlaß zum Eingreifen: In den Morgenstunden des 10. Juli landen die ersten belgischen Truppeneinheiten in Elizabethville, und wenig später bombardieren belgische Flugzeuge die Hafenstadt Matadi. Gleichzeitig mit der Militärintervention verkündet Moise Tschombé, der Gouverneur von Katanga, mit Hilfe der belgischen Bergwerksgesellschaft »Union Minière du Haut-Katanga« die Unabhängigkeit seiner wirtschaftlich bedeutenden Provinz im Südosten des Kongos. Die nun entstandene Lage beschreiben die Journalistin Ruth Weiss und der Soziologe Hans Mayer wie folgt:

»Damit war der Kolonialkrieg, den die Belgier partout vermeiden wollten, unvermeidlich geworden. Die Fortsetzung der belgischen Politik mit Waffengewalt mußte nicht nur den Widerstand bei den kongolesischen Soldaten verstärken, sie ließ auch den kongolesischen Politikern um Lumumba keine andere Wahl, als mit Belgien zu brechen, zumal auch hinter der Sezession Katangas die fürsorgliche Hand des ehemaligen Mutterlandes steckte.«[4]

Moise Tschombé, Sprößling einer Häuptlingsfamilie und Sohn eines Großkaufmanns, herrscht nun über ein Gebiet, in dem sich die meisten Bodenschätze der Republik Kongo befinden. Den Reichtum gilt es zu schützen. Der Separatist Tschombé, von belgischen Minenfirmen aufgebaut, ist ein vermögender Mann und selbstverständlich antikommunistisch eingestellt. Ausgebildet in der »École de Commerce« in Brüssel, hat er vor allem seine Geschäfte im Kopf, was ihm den Spitznamen »Tiroir Caisse«, Registrierkasse, eingebracht hat. Katanga ist wie geschaffen für ihn, in seinem Boden warten 8 Prozent der Weltkupfervorkommen, 60 Prozent der Uran- und 73 Prozent der Kobaltvorkommen der westlichen Welt auf gewinnbringenden Verkauf. In Kasai, einer anderen der acht Provinzen des Kongos, und in Katanga liegen insgesamt 80 Prozent der förderbaren Industriediamanten des Westens. Keine Zentralregierung könnte es sich erlauben, eine solche Region aufzugeben.
Lumumba steht auf verlorenem Posten, er befindet sich im Fadenkreuz westlicher Geheimdienste. Den einstigen Kolonialherren sind die sozialistischen Ideen und der afrikanische Nationalismus des Ministerpräsidenten höchst suspekt. Außer ihnen ziehen, zum erstenmal, die USA mit an den Fäden, mit geballter Energie. Im Juni 1960 kommt Lawrence Devlin als neuer CIA-Resident im Kongo an. Er braucht nicht lange, um eine unumstößliche Überzeugung zu gewinnen. Vier Wochen nach seiner Ankunft telegrafiert er an das CIA-Hauptquartier in Langley, USA: »Die Botschaft und die Station sind davon überzeugt, daß im Kongo ein klassisches kommunistisches System entstehen wird. Viele Kräfte sind am Wirken: Sowjets, kommunistische Partei etc. Es wird nur noch wenig Zeit vergehen, bis hier ein weiteres Kuba entsteht.«[5] Als erstes schickt die CIA mehrere Agenten in den Kongo, »um die kongolesische

Politik vom Busch aus zu beeinflussen, um westlich orientierte Führer zu rekrutieren und sie zu finanzieren«, wie die »New York Times« am 29. April 1966 festhält. Und im August 1960 erteilt der Nationale Sicherheitsrat der USA den Befehl, ein Programm zu entwickeln, um Lumumbas Regierung zu stürzen.

Zu dieser Zeit erreichen die ersten UNO-Truppen Léopoldville. Sie sollen die gefährdeten belgischen Siedler schützen. Lumumba hat sie ins Land gerufen. Am 9. August erklärt der UNO-Sicherheitsrat, daß die belgischen Truppen, die in Katanga stationiert sind, das Land verlassen müssen und durch Truppen der UNO ersetzt werden. Tschombé akzeptiert die »Blauhelme«, aber zu seinen Konditionen: »1. Es darf kein einziges kommunistisches Element unter ihnen sein. 2. Die UNO kümmert sich nicht um die inneren Angelegenheiten Katangas, und 3. stellt die UNO keines ihrer Flugzeuge dem Staatschef des Kongos, Lumumba, zur Verfügung.« Drei Tage später trifft der Generalsekretär der Vereinten Nationen, Dag Hammarskjöld, in Elizabethville, der Hauptstadt Katangas, ein, zusammen mit 220 UNO-Soldaten. Der Schwede Hammarskjöld ist ein Freund der Dritten Welt und ein erbitterter Gegner der Abspaltung Katangas – er kommt wenig später bei einem bis heute nicht aufgeklärten Flugzeugabsturz ums Leben.

Neben Tschombé ist Lumumba im Kongo ein weiterer Feind erwachsen, Colonel Joseph-Désiré Mobutu, der Armeechef. Die CIA investiert große Summen, damit sich der machthungrige Militär an die Macht putschen kann. Mobutu hatte zunächst in der belgischen Kolonialarmee gedient und sie als Feldwebel verlassen. Er arbeitete eine Zeitlang als Journalist und ließ sich an einer katholischen belgischen Schule zum Sozialberater ausbilden. Als der Kongo unabhängig wurde, übernahm er den Oberbefehl des neuen Heeres im Rang eines Obersten. Er versteht es, unter den Offizieren Anhänger zu gewinnen, und mit Hilfe von belgischen Ausbildern und weißen Söldnern bringt er die 30000-Mann-Armee in Schuß. Mit diesem Knüppel in der Hand, zu dem dann noch die Polizei kommt, wird er später der stärkste und am meisten gefürchtete Mann im Kongo.

Nachdem die amerikanische Regierung auch Afrika in ihr Ostschema eingepaßt hat, sieht sie keinen Grund, Zeit zu verlieren. Am 18. August 1960 gibt US-Präsident Dwight D. Eisenhower grünes

Licht, »um Lumumba zu töten«[6]. Und aus Léopoldville meldet sich US-Botschafter Clare Timberlake zu Wort: »Wenn die Vereinten Nationen nicht sofort etwas unternehmen, um die Armee der Kontrolle der Regierung zu entziehen, werden die meisten der Handvoll Europäer, die noch da sind, Léopoldville verlassen. Was übrigbliebe, wären Botschaftspersonal, kommunistische Agenten und Wahlagitatoren. Wir sind überzeugt, daß das oben erwähnte ein Plan der Kommunisten ist. Lumumba, sein Informationsminister Kashamura, der ghanaische Botschafter Djin und Protokollchefin Madame Blouin sind alle Gegner der Weißen, und letztere ist eine Kommunistin. Sie scheinen keine Probleme zu haben, Lumumba noch weiter den Weg beschreiten zu lassen, zu dem ihn seine Instinkte zumindest teilweise selbst gebracht haben.«
Das US-Außenministerium stellt fest, daß Lumumba nicht nur von afrikanischen Linken beraten und ermutigt wird, sondern auch von europäischen Kommunisten sowie von sowjetischen und anderen Vertretern sozialistischer Staaten in Léopoldville. Am 18. August 1960 telegrafiert CIA-Stationschef Devlin an sein Hauptquartier: »Botschafter und Büro glauben an klassischen kommunistischen Regierungswechsel. Ob Lumumba nun wirklich Kommunist ist oder den Kommunisten nur spielt, um seine sich stabilisierende Macht zu festigen – antiwestliche Kräfte vergrößern jedenfalls rapide ihre Macht im Kongo, und es bleibt vielleicht nicht mehr viel Zeit übrig, in Aktion zu treten und ein zweites Kuba zu verhindern.« Bei einem Treffen des Nationalen Sicherheitsrats am selben Tag in Washington konstatiert Unterstaatssekretär Douglas Dillon: »Wenn die UNO gezwungen wäre, sich zurückzuziehen, könnten wir einer Situation gegenüberstehen, in der die Sowjetunion auf Einladung des Kongos interveniert.« Für die US-Regierung ist klar: »Lumumba arbeitet für die Ziele der Sowjets.«
Präsident Eisenhower zeigt sich sehr besorgt, daß die UNO-Operationen durch »einen Mann, der von den Sowjets unterstützt wird«, gefährdet werden könnten. Der verdeckte Krieg wird verstärkt: Das CIA-Hauptquartier autorisiert am nächsten Tag das CIA-Büro in Léopoldville, die Operationen weiterzuführen, die zum Zweck haben, Lumumba durch eine prowestliche Gruppe zu ersetzen. Entsprechende Aktionen stehen am 25. August auf der Tagesordnung

eines Treffens der mit dem Sturz Lumumbas befaßten Sonderabteilung des Nationalen Sicherheitsrats.
Das CIA-Büro organisiert sofort »verdeckte Operationen durch bestimmte Arbeitsgruppen«, die das Mißtrauen gegen Lumumba im kongolesischen Senat schüren sollen. Die Sonderabteilung Eisenhowers befürwortet eine Anordnung, wonach eine Serie von Mordanschlägen angeregt, entwickelt und ausgeführt werden soll. Wäre irgendein zusätzlicher Antrieb nötig gewesen, so hätte er sich am 26. August eingestellt, als die Nachricht eintrifft, daß zu den schätzungsweise hundert Technikern aus den Staaten des Warschauer Pakts in Kürze zehn Transportflugzeuge vom Typ IL-18 hinzukommen würden, die bei dem geplanten Angriff der Zentralregierung gegen die Separatisten in Katanga benutzt werden sollen. Daraufhin greift die US-Regierung zum äußersten Mittel: Sie beschließt die Ermordung Lumumbas.
Eine vom US-Außenministerium veröffentlichte Chronologie der Kongokrise belegt die Vielzahl von geheimen Operationen, die durchgeführt wurden, um Lumumba zu stürzen: »Die Planung beschäftigte sich mit verdeckten Aktionen, um den Sturz Lumumbas zuwege zu bringen und eine prowestliche Regierung zu installieren. Operationen im Rahmen dieses Planes wurden nach und nach von der CIA ausgeführt.«[7] Dazu zählt auch, daß kurz vor dem Sturz Lumumbas Geld an Staatspräsident Kasavubu überwiesen wird. Einige amerikanische und ausländische Diplomaten stimmen überein, daß Colonel Joseph Mobutu und seine »Binza-Gruppe« aus verbündeten Politikern (inbegriffen Außenminister Bomboko, Finanzbeauftragter Ndele und die Sicherheitschefs Nendaka und Kandolo) an diesen und anderen finanziellen Transaktionen beteiligt waren und sich auch mit CIA-Vertretern berieten.
In einem Bericht des amerikanischen Außenministeriums heißt es: »Die Sowjetunion und Ghana waren nicht die einzigen, die Gelder (in diesem Fall für die Anhänger Lumumbas) in die politische Szene pumpten. Bis Mitte November hatte die US-Aktivität in der politischen Szene von Léopoldville eine ansehnliche Größe erreicht. Botschafter Timberlake und Vertreter einer anderen Agentur führten intensive Diskussionen mit Kasavubu, Mobutu, Ileo, Bomboko, Adoula, Bolikango und anderen.«

Timberlake telegrafierte an seine Regierung: »Ich hoffe, daß das Außenministerium auf Grund der bescheidenen Erfolge nicht annimmt, daß die Botschaft Kasavubu, Mobutu oder irgendeinen anderen Kongolesen ›in der Tasche hat‹. Während wir uns konsequent bemüht haben, gemäßigte Elemente durch Beratung auf einen vernünftigen Weg zu führen, so konsultieren sie uns doch kaum freiwillig, was ihre in Aussicht stehenden Schritte betrifft... UNO-Vertreter Rajeshar Dayal hat in einem Interview mit einem Korrespondenten der ›New York Times‹ (das nicht gedruckt wurde) durchblicken lassen, er wisse, daß die USA Mobutu finanzierten.«[8]

Am 14. September 1960 stürzt Mobutu den populären Ministerpräsidenten Lumumba. Einen Tag, nachdem der Armeechef die Macht übernommen hat, wendet sich ein Kongolese an die CIA und erklärt, daß er bereit sei, Lumumbas Ermordung zu finanzieren. Er fügt jedoch hinzu, daß die Schwierigkeit »des Jobs« darin liege, einen Afrikaner zu finden, der keine Verbindung zum »weißen Mann« habe. In dieser Zeit steht der gestürzte Lumumba unter dem Schutz der UNO-Friedenstruppe. Das CIA-Hauptquartier schickt einen Experten in den Kongo, der diverse Giftstoffe mitbringt, mit denen Lumumba getötet werden soll. Zwei CIA-Agenten, mit den Codenamen QJ/WIN und WI/Rogue, versuchen den ersten Mordanschlag. Beim Versuch bleibt es. Ende November verläßt Lumumba die Obhut der UNO und versucht sich zu seiner politischen Basis in Stanleyville durchzuschlagen. Die CIA und die Putschisten haben Angst, daß der angesehene Lumumba ihnen einen Strich durch die Rechnung macht. Die Mobutu-Regierung sperrt die Straßen und versetzt die Truppen in Alarmbereitschaft. Alle denkbaren Fluchtwege werden überwacht, und tatsächlich gelingt es, Lumumba zu verhaften. Nach seiner Gefangennahme hat es den Anschein, daß die Truppen, die ihn bewachen sollen, meutern und ihn wieder an die Macht bringen könnten. Lumumba wird nach Katanga verlegt. Die Diplomatie leistet in dieser Periode einen großen Beitrag zum Erfolg der verdeckten Operationen. Die Vereinten Nationen haben zwar die Kontrolle über entscheidende militärische und finanzielle Mittel in Léopoldville. Aber Anfang der sechziger Jahre ist die UNO weitgehend abhängig von den USA. Das mindeste, was die Regierung in Washington in den Vereinten Nationen durchsetzen kann, ist eine sehr wohlwollende Neutralität. So rät der UNO-Vertreter im Kongo Andrew Cordier dem dortigen Staatspräsidenten Kasavubu nicht von einer Beteiligung am Putsch gegen seinen Ministerpräsidenten Lumumba ab, und vor allem schließt er Flughäfen und Radiostationen, als die Aktion anläuft: Lumumba hat keine Chance, seine Anhänger zu mobilisieren. Als die UNO Lumumba ihren Schutz gewährt, hat sie vorher massiv dazu beigetragen, daß er aus dem Amt gejagt und von seinen Anhängern getrennt worden ist.

Obwohl er jetzt ein Gefangener ist, sehen die CIA und die US-Botschaft in Léopoldville Lumumba immer noch als politische Gefahr an. Ein Telegramm des CIA-Residenten im Kongo an das Hauptquartier vom 13. Januar 1961 formuliert die staatsmännische Sorge so: »Die Kombination von Lumumbas Macht als Demagoge, sein möglicher Einsatz von Propaganda und sein Einfluß, der immer noch besteht, können dazu führen, daß Lumumbas Geist im Parlament siegt. Das würde die US-Politik erheblich beeinträchtigen.«[9] Vier Tage später ist Lumumba tot, erschossen von Mobutus Soldaten.

Die meisten Erkenntnisse über die Kongokrise, wie sie in diesem Buch dargestellt wird, stammen aus einem Bericht des US-Senats über »angebliche Mordanschläge« amerikanischer Geheimdienste gegen ausländische Politiker aus dem Jahr 1975. Über den Mord an Lumumba heißt es dort: »Außer der Tatsache, daß Devlin, zu einem Zeitpunkt, als die CIA der Überzeugung war, daß nur noch ›drastische Schritte‹ Lumumbas Rückkehr an die Macht verhindern konnten, von einem Plan der Regierung wußte, Lumumba seinen Feinden auszuliefern, gibt es keine Erkenntnisse über eine CIA-Verwicklung in diesen Plan oder in die Ermordung Lumumbas in Katanga.« Was immer das bedeuten mag.

Fest steht jedenfalls, daß ein »kongolesischer Regierungsführer« Devlin von dem Mordplan berichtete. Die CIA hat mit ihren Protegés – darunter einige Kongolesen und ein Europäer – von August bis November 1960 an dem Plan gearbeitet, Lumumba zu ermorden oder zu entführen. Ihrer Empfehlung zur »andauernden Verfügung über Lumumba« folgten dessen Verhaftung und der Beschluß der Regierung, ihn Mobutus Soldaten zu überlassen.

Die USA unterstützen geballt die von ihnen an die Macht gebrachte

neue Regierung im Kongo. Dahinter stecken auch wirtschaftliche Motive: Amerikanische Firmen besitzen Anteile an der skandinavischen Minengesellschaft »Grangesberg Oxelu Sund«, die in Katanga arbeitet. Dort beschäftigen sich auch eine belgische Minengesellschaft und Moise Tschombé mit der Ausbeutung von Bodenschätzen. Die Interessen liegen auf der Hand, die »Neue Züricher Zeitung« beschreibt sie am 14. April 1966 so: »Die Wiedereingliederung des Katanga wurde zum Hauptziel der Vereinten Nationen erklärt; vor allem forderten die kommunistischen Staaten und die afrikanischen Progressisten die Beendigung der Sezession aus antikapitalistischen Motiven; die Vereinigten Staaten schlossen sich ihnen an, aus Gründen einer ›hinterlistigen‹ Kupferpolitik, wie die Belgier vermuteten – vor allem aber wohl, weil der Zuschuß des Katanga die Last der Dollarhilfe an den übrigen Kongo erheblich zu erleichtern versprach ... Amerika konnte keinen Gefallen daran finden, den Kongo zu finanzieren und den Löwenanteil der Kosten der UN-Operationen zu tragen, während gleichzeitig die Belgier den reichen Katanga melkten.«
Aber Moise Tschombé denkt nicht im Traum daran, sich seine Geschäfte in Katanga vermasseln zu lassen; nicht einmal teilen will er. Das ist die Stunde der Söldner. Sie werden in Europa und Südafrika angeworben, um die Gendarmerie in Katanga zu unterstützen. Sie bauen Einheiten auf, alle bestens ausgerüstet. An ihrer Spitze stehen Bob Denard sowie die Belgier Jean Schramme und Christian Tavernier. Auf Anordnung von Tschombé teilen sie die militärisch wichtigen Zonen des Landes unter sich auf, und im Herbst 1961 beginnen sie ihren Angriff auf die Einheiten der kongolesischen Armee, die Katanga zurückzuerobern versuchen.
Die Streitkräfte der UNO halten sich zunächst zurück, bis zum Dezember 1961. Dann zwingen 25 000 »Blauhelme« die Söldner, sich zurückzuziehen. Tschombés Söldner verteidigen sich durch Guerillaaktionen. Krieg überzieht das Land, er wird mit unvorstellbarer Grausamkeit geführt. »Jeder tote Afrikaner ist ein guter Mensch«, so lautet der Wahlspruch der Söldner. Aber Ende 1962 ist der Kampf zu Ende. Tschombé kapituliert, die Söldner fliehen nach Angola. Dort werden sie von den Portugiesen entwaffnet. Die Schlacht um die politische Macht steht noch aus.

Es dauert nicht lange, und Kongos Zentralregierung ist mit neuen Rebellionen im Westen und Osten des Landes konfrontiert. Anhänger Lumumbas, unterstützt von sowjetischen und chinesischen Diplomaten, kontrollieren fast die Hälfte des Staatsgebiets. Als die UNO-Truppen am 30. Juni 1964 den Kongo verlassen, beginnen die USA direkt zu intervenieren. CIA-Piloten, alle Exilkubaner, werden in den Kongo gebracht, sie fliegen Bombenangriffe gegen die Rebellen. 9. Juli 1964: Der bisherige Ministerpräsident Cyrill Adoula, Lumumbas Nachfolger, tritt zurück. Retter in der Not wird jetzt der Verfemte, der Mann, der Katanga vom Kongo abtrennte, Moise Tschombé. Unterstützt wird Tschombé sowohl von den USA und Südafrika wie auch von jenen Staaten, die Afrika früher als Kolonialmächte beherrscht hatten: Belgien, Portugal und Frankreich. Allein Tschombé und seiner Regierung der »nationalen Einheit« trauen sie es zu, die immer wieder aufflammenden Rebellionen niederzuschlagen.
Die Söldner, die einst für die Sezession gekämpft haben, sind wieder gefragt. Im August 1964 melden die Medien: »Bei den dreitägigen Kämpfen um Bukavu, die Hauptstadt der Kongoprovinz Kivu, seien 600 prokommunistische Rebellen getötet worden, erklärte am Sonntag der amerikanische Oberst Dodds in Léopoldville. Dodds und einer seiner Mitarbeiter, Oberstleutnant Rattan, wurden als ›Fachleute zur Bekämpfung von Aufständen‹ bezeichnet.«
In der Tat gehört es zu den ersten Maßnahmen des neuen Staatschefs, eine Kampfeinheit aus kriegserprobten weißen Söldnern aufzubauen, um den Aufstand der Anhänger Lumumbas niederzuschlagen. Die Brigade besteht aus 500 weißen Söldnern, sie stammen aus Rhodesien, Südafrika und Großbritannien. Kommandeur der Brigade wird der ehemalige britische Panzeroffizier Major Michael Hoare. Er versammelt Söldner, die einst in Kenia gegen die Mau-Mau-Krieger gekämpft haben, ausnahmslos erfahrene Dschungelkämpfer. Mike Hoare: »Meine Leute sind Kommandotruppen. Mao Tse-tung hat das Guerilla-Handbuch für China geschrieben; ich werde es für Zentralafrika neu schreiben.« Und: »Wer hier nicht fit ist und keine Disziplin hat, muß es später im Dschungel bezahlen. Meine Soldaten sind die bestbezahlten der Welt, und sie werden beweisen müssen, daß sie es wert sind.«

Hoare, Veteran des Guerillakriegs in Britisch-Malaysia, steht unter dem Befehl eines belgischen Koordinators. Der neue Mann im Kongo setzt auf noch mehr Söldner, es sind meist Angehörige der alten Katanga-Brigade, die nichts mit dem Briten Hoare zu tun haben wollen. Tschombé hat sie eineinhalb Jahre lang in der benachbarten portugiesischen Kolonie Angola auf Eis gelegt. Die »Frankfurter Rundschau« schrieb damals: »Jeder weiß heute, daß die Kongoarmee ohne weiße Söldner nichts ausrichten kann. Tschombé macht sich nicht allzuviel Kopfschmerzen darüber, was die anderen Afrikaner von ihm denken. Am besorgtesten um ihr afrikanisches Prestige sind noch die Amerikaner. Aber um sich nicht noch mehr im Dschungel der Kongopolitik zu verstricken, als sie es ohnehin schon sind, drücken sie lieber beide Augen zu und geben ihr Plazet und ihre Dollars zum Aufbau einer weißen Söldnertruppe, die nach ihrer Meinung heute die letzte Chance ist, das Herzstück Afrikas nicht unter kommunistischen Einfluß abgleiten zu lassen.«
»Das ist kein Krieg, das ist eine Kaninchen-Treibjagd«, klagt sogar ein junger englisch-südafrikanischer Leutnant über das Treiben der Söldner. Mit Gefangenen wird meist kurzer Prozeß gemacht. Die Lumumba-Rebellen aber dringen weiter vor und bedrohen schon die Hauptstadt. Massiver als je zuvor intervenieren die USA. Sie kümmern sich umfassend um Waffen und andere Ausrüstungsgegenstände, sie beschaffen exilkubanische Piloten, die mit bewaffneten Schulflugzeugen des Typs T 6 Angriffe gegen aufständische »Mulelisten« in der westlichen Provinz Kwilu fliegen. Im Frühling 1964 führen Fortschritte der Rebellen im Osten zu einer weiteren Lieferung des US-Verteidigungsministeriums: sechs mit Raketen und MGs bestückte Abwehrjäger vom Typ T-28, zehn Militärtransporter vom Typ C 47, sechs große Hubschrauber vom Typ H-21, dazu Ersatzteile und hundert »Militärtechniker«, um den Kongolesen beizubringen, mit der neuen Ausrüstung umzugehen, und einige Guerillakampf-Experten für kongolesische Kommandeure.
Die Ausrufung einer revolutionären Regierung unter dem Politiker Gbenye durch Lumumba-Anhänger in Stanleyville, der Hauptstadt der Provinz Oberzaire, verschärft den Krieg weiter. Eine sozialistische Rebellenregierung muß von den USA gnadenlos niedergeschlagen werden.

Auch die Söldner genießen eine massive Unterstützung durch die USA. Da gibt es die US-Transportmaschinen mit US-Air-Force-Piloten, bewacht von US-Fallschirmjägern, die der US-Militärmission unterstehen. Sie liefern den Legionären Nahrung, Waffen und Munition. Charterflugzeuge der Kongoarmee aus US-Beständen fliegen die Söldner zu ihren Einsatzgebieten. Hinzu kommen von den USA ausgeliehene Jagdbomber, die von Exilkubanern geflogen werden, die für die Anti-Castro-Invasion in der Schweinebucht ausgebildet worden waren und nun im Kongo ihre Befehle von Söldnern bekommen.

Deutsche im Busch

Im September 1964 hören Journalisten in Léopoldville, auf der Rollbahn des kongolesischen Stützpunktes Kamine, deutsche Befehle. Ein Frankfurter Hauptmann läßt gerade das »53er Kommando« antreten und eine DC-4-Maschine besteigen. Das »53er Kommando« ist die Kerntruppe der Söldner, die für durchschnittlich 1600 Mark im Monat unter der Flagge des Kongos kämpfen. Viele von ihnen sind Deutsche. Der Hauptmann, der die Befehle brüllt, heißt Müller, Siegfried Müller. Auf seiner belgischen Uniform trägt er das Eiserne Kreuz Erster Klasse. Kongo-Major Müller blickt auf einschlägige Erfahrungen zurück. Der Sproß einer alten Soldatenfamilie begann seine kriegerische Karriere auf den Schlachtfeldern der Erde sofort nach Schulabschluß 1943 bei der Wehrmacht, er kämpfte in Rußland. Nach Kriegsende tritt er zunächst in amerikanische Dienste und bildet dann Soldaten in Kambodscha aus. Später entschärft er für die Franzosen Tellerminen in der Sahara, mit einer Lebensversicherung in Höhe von 240 000 Mark. Ende der fünfziger Jahre zieht es ihn nach Südafrika, und dort hört er vom Kongo.

Eigentlich wollte er für Tschombé in Katanga kämpfen. Aber es war zu spät für ihn. Müller erhielt die Auskunft: »Warten Sie ein Jahr, dann geht's im Kongo wieder los.« Kongo-Müller, der Mann mit dem EK 1 auf der Uniform und dem Hakenkreuz im Herz, sieht sich als Retter des abendländischen Gedankens in Afrika. »Wir müssen die kommunistische Infiltration bekämpfen«, erklärt er in einem Interview. Dazu sind ihm alle Mittel recht. Siegfried Müller kämpft nicht nur, er denkt und schreibt, etwa, daß die Schwarzen wie

Kinder seien, völlig unfähig, ein Land zu regieren. Folgerichtig schlägt er als künftige Regierungsform für den Kongo eine Militärdiktatur vor.
Auszüge aus seinem Tagebuch, die den damaligen »Kampfgeist« widerspiegeln: »Die Veteranen des Ersten und Zweiten Weltkriegs sowie Bundeswehrsoldaten werden etwas anderes erwarten, wenn ich über Kämpfe im Kongo berichte. Kameraden beiderseits der Front in Südvietnam aber werden verständnisvoll grinsen ... Pazifisten wie Berufssoldaten sind einer Meinung: Krieg ist ein Wahnsinn. Beide aber sind nicht in der Lage, ihn zu verhindern. Im August 1964 war der Höhepunkt der Kämpfe im Kongo erreicht. Da erschienen Tschombés Söldner. Der erste Schrecken wurde den Rebellen bei Albertville eingejagt, wo Major Hoare und der damalige Hauptmann Siegfried Müller mit einer Handvoll Söldner dem Feind eine Lehre gaben. Dann kam die Operation Tschuapo, die zunächst zur Rettung Quocilhatvilles und damit des gesamten Nordens führte. Hauptmann Müller hatte hier erstmals aggressiv gewirkt und vor Boende in anscheinend ›aussichtsloser Lage‹ (so Radio Moskau) dem Feind derartige Verluste zugefügt, daß der Name Siegfried Müller ein Nimbus auf der Feindseite wurde. Abwechselnd im Rommel- und Montgomery-Stil wurde in kurzer Zeit die Rebellenherrschaft in der Provinz Äquatorial gebrochen ...
13. Februar: Halt etwa 30 Kilometer vor Paulis. Die Sonne kam hoch, und man aß etwas. Erstmals kamen Menschen an die Straße und grüßten. Nach all den vielen Kilometern in feindlichem Gebiet war das ein Lichtblick. Dann schlängelt sich die übermüdete Kolonne weiter. Schließlich Halt. Bekannte Gesichter, Umarmung. Unsere Kameraden vom Stab der Brigade aus Stanleyville, die mit dem Flugzeug kamen, erwarten uns. Schnell rast die Kolonne in die Stadt. Ein paar frische Tote liegen auf der Straße. In der Stadt steht eine Kapelle und schmettert flotte Marschmusik. Kinder kommen aus der Schule und winken. Ein unbeschreiblicher Jubel. 600 Kilometer feindliches Land liegen hinter uns. Nun sind wir da, es ist erreicht. Gewiß, Paulis ist kein sicheres Plätzchen Erde, aber wir sind bei Freunden. Wir hatten eine Anzahl Toter; 12 Kameraden sind gestorben, 25 Schwerverwundete hatten wir und über 45 Leichtverletzte. Immerhin, es hätte noch schlimmer kommen kön-

nen. Nun bereitet sich die Kolonne auf neue Taten vor. In Léopoldville lebt man wie in Brüssel oder Darmstadt. Irgendwo im Dschungel kämpfen Soldaten mit schwarzer und weißer Hautfarbe, um wieder das herzustellen, was die imperialistische Kolonialmacht Belgien jahrelang garantierte: Frieden und Ordnung. Wie uns Europäern, langt dieser Zustand den Kongolesen durchaus, wenn man ihn nicht hat. Die staatliche Ordnung ist in die Hände des Premiers Tschombé gelegt. Ihm dient die Armée Nationale Congolaise, vereint mit Europäern, unter ihnen der deutsche Major Siegfried Müller.«

Im Januar 1965 fordert eine UNO-Resolution die »Registrierkasse« Tschombé auf, die weißen Söldner nach Hause zu schicken. Er verschwendet keine Minute auf diesen Gedanken und bemüht sich um weitere Söldner. Der Kommandeur der weißen Legionäre im Kongo, der britische Major Hoare, heuert in Südafrika 300 neue Rekruten an. 200 Söldner sind erst kürzlich wieder aus Europa im Kongo eingetroffen. Eine andere Abteilung von 200 Söldnern befindet sich noch in der Ausbildung. Die Söldner aus Südafrika kommen Anfang März auf dem kongolesischen Militärstützpunkt Kamina an. Stolz berichtet ein Major Gordon vor der Weltpresse über die Anwerbung. Gordon hat im achten Stockwerk eines Hochhauses in Kapstadt ein Rekrutierungsbüro eröffnet. Nach seinen Angaben wird den Söldnern ein monatlicher Grundsold von umgerechnet 1680 Mark bezahlt. Familienväter erhalten zusätzlich eine »Gefahrenzulage«. An alles ist gedacht. Im Todesfall erhält die Ehefrau eines Söldners eine Entschädigung von umgerechnet 78 400 Mark. Auch ehemalige »Blauhelme« beteiligen sich an den Kämpfen. So zum Beispiel ein schwedischer Offizier: 1961 diente er dem Frieden, als UNO-Offizier im Kongo, gegen Tschombé. Jetzt ist er Kompaniechef einer Einheit von Tschombés Söldnertruppen. Nicht im Frieden, im Krieg stimmt die Kasse. Er verdient, wie die anderen Söldneroffiziere, gutes Geld: 1800 Dollar monatlich werden auf eine belgische Bank überwiesen, und für seinen Unterhalt erhält er dazu 38 000 kongolesische Francs im Monat, rund 1000 Mark.

Die überlegene Kraft der Söldner und der vom Westen ausgehaltenen Zentralregierung führen im Sommer 1965 zum Ziel. »Das Rückgrat der Kongo-Rebellion ist gebrochen«, meldet am 6. Mai 1965 die

»Frankfurter Rundschau«. Mike Hoares 270 südafrikanische, englische und deutsche Söldner und 800 Kongo-Soldaten haben die Lebenslinien der Rebellen durchschnitten: die Grenzübergänge zum Sudan und nach Uganda. Von dort hatten die Aufständischen ihre Waffen bezogen.
Christian Tavernier ist heute in Brüssel ein angesehener Journalist, damals war er einer der wichtigen Söldnerführer. Er erinnert sich: »Keine Massenhinrichtungen von Verdächtigen mehr wie damals in Stanleyville. Die Aktivisten sollen vor Gericht gestellt werden, nur die Mörder müssen über die Klinge springen. Die Bevölkerung würde gar nicht verstehen, wenn wir die am Leben lassen würden.«
Die Geständnisse waren schnell fertig. Die Legionäre drücken den Gefangenen brennende Zigaretten ins Gesicht, schneiden ihnen Körperteile ab: Söldnerjustiz.
Eine Million Menschen, vor allem Zivilisten, sind während der knapp fünf Jahre dauernden Kämpfe getötet worden, eine Million, um die Interessen einiger Industriekonzerne durchzusetzen.
Im Spätherbst 1965 geht es in der Republik Kongo um eine neue Verfassung, eine nach amerikanischem Vorbild. Premierminister Tschombé will die damit einhergehende Stärkung der Position des Präsidenten, zur Zeit Kasavubu, nicht anerkennen und zeigt sich widerborstig. Während Tschombé die Beziehungen zu seinen westlichen Sponsoren ausbaut, orientiert sich der bislang eher farblose Staatspräsident Kasavubu an der OAU. Er versöhnt sich sogar mit »dem kommunistischen Regime des ehemals französischen Kongo in Brazzaville, obwohl dieses den Rebellenführern Unterschlupf und Unterstützung gewährt hatte und noch immer Beziehungen mit diesen unterhielt«, berichtet die »Neue Züricher Zeitung« am 16. April 1966. Im Oktober setzt Kasavubu seinen Rivalen Tschombé ab.
Er hat aber die Rechnung ohne den Wirt gemacht: Der Wirt sind und bleiben im Kongo Belgien und die USA. Die angekündigten Wahlen finden nicht mehr statt, und am 25. November 1965 übernimmt General Mobutu die Macht, setzt seinerseits Kasavubu ab und erklärt sich zum Präsidenten der Republik für die nächsten fünf Jahre.
Es herrscht neue Unruhe im Kongo. Anfang August 1966 dringen

Gerüchte an die Öffentlichkeit, daß die weißen Söldner, die bislang loyal gedient haben, Katanga mit Waffengewalt vom Zentralstaat abtrennen wollen. Der ehemalige Separatistenchef dieser Provinz, Moise Tschombé, will sich mit seinem Schicksal nicht zufriedengeben. Das stört natürlich die Regierungen in Washington und Brüssel, die ja ihre wichtigsten Ziele durchgesetzt haben: Die kommunistischen Rebellen sind geschlagen, eine prowestliche Militärdiktatur in Léopoldville ist installiert – die Legionäre haben ihre Schuldigkeit getan, sie werden nicht mehr gebraucht.
Tschombé sieht das anders und wirbt unterdessen im Pariser Exil erneut Söldner der alten Garde. »In Léopoldville herrscht die Anarchie«, erzählt er den Söldnerführern, die ihn aufsuchen. »Niemand kann sich zum Regieren entschließen. General Mobutu ist entschlossen, mit Hilfe der Armee die Macht endgültig an sich zu reißen. Wenn sie möchten«, verspricht er den Söldnern, »bleibt alles beim alten für Sie.« Zu Bob Denard, dem Söldnerführer, der in Paris nach neuen Kriegsschauplätzen Ausschau hält, sagt Tschombé: »Ich ernenne Sie zum militärischen und zivilen Verantwortlichen der Militärzone in Katanga, die sie zuvor schon kontrollierten.«
Während Tschombé mal wieder Separatistenpläne schmiedet, geht das Verwirrspiel in Léopoldville weiter: General Mobutu will bei den Staatsmännern der OAU als seriöser Politiker anerkannt werden. Daß er von der CIA und anderen westlichen Geheimdiensten ausgehalten wird, ist glücklicherweise weniger gut sichtbar als die Präsenz europäischer Söldner; sie werden lästig.
Nur durch die Söldner konnte sich Mobutu zum Herrscher über eines der größten und reichsten Länder in Afrika machen. Einst kämpften und plünderten sie für ihn, ihre Greueltaten hatten ihnen den Namen »die Schrecklichen« eingebracht. Sie waren ihrem Herren treu, solange der ihren Sold, rund 4000 Mark monatlich, garantierte. Die Söldnertreue endet, als Gerüchte laut werden, daß sich Mobutu seiner ausländischen Hilfstruppen entledigen will. Die Söldner rebellieren. Am 25. September 1966 brechen in Katanga heftige Kämpfe zwischen regierungstreuen Truppen und Polizeieinheiten und Söldnern aus. Die Meuterer stehen gegen die Zentralregierung auf, sie wollen ihr Geld, und zwar sofort. Bob Denard gelingt es, die Meuterei beizulegen.

Angesichts der neuen Unruhen wächst in Léopoldville die Angst vor dem Separatisten im Pariser Exil. Tschombé muß weg, Mobutu und seine westlichen Sponsoren sind sich einig. Die Show geht perfekt über die Bühne: Zuerst wird Tschombé in Abwesenheit zum Tode verurteilt. Die »Registrierkasse« hat sich inzwischen aus dem für ihn unsicheren Paris nach Madrid abgesetzt – Spanien mischt nicht mit im Kongo, im Gegensatz zu Frankreich. In Madrid stellen ihm Anfang Juli 1967 französische und belgische Agenten eine Falle: Sie behaupten, ihm auf der Insel Ibiza billigen Grundbesitz vermitteln zu können. Der geldgierige Tschombé willigt sofort ein, er weiß nicht, daß François Bodenan, der ihn begleiten will, sein Gehalt vom SDECE bezieht. Als das Flugzeug in der Luft ist, hält Bodenan dem Kapitän eine Pistole an den Kopf und zwingt ihn, den Kurs zu ändern. Er landet auf dem französischen Militärflugplatz Bouafrik, 27 Kilometer von Algier entfernt. Tschombé wird Algerien nicht mehr verlassen.
Tschombé ist ausgeschaltet, aber der Separatismus nicht geschlagen: Gestützt auf 150 weiße Söldner und 1000 Gendarmen aus Katanga, ruft Oberst Monga, ein Anhänger der »Registrierkasse«, eine Gegenregierung aus. Bob Denard führt die Aufständischen an, sein Stellvertreter ist Jean Schramme, 36 Jahre alt, die Achselstücke eines Majors auf dem Buschhemd. Sie sind in Kisangani, dem früheren Stanleyville, stationiert und versuchen der 38 000-Mann-Armee der Zentralregierung Paroli zu bieten. Denard wird verwundet und nach Rhodesien ausgeflogen, Jean Schramme führt die Söldner auf ihrem tausend Kilometer langen Marsch nach Bukavu, der Stadt am Kivusee, im äußersten Osten des Kongos gelegen. Dort entsteht das Zentrum des Widerstands. »Seit wir Kisangani am 12. Juli verlassen haben«, berichtet er, »haben wir mehr als tausend Mobutu-Soldaten geschlagen und getötet.« Es ist das letzte Aufbegehren der Legionäre, und Schrammes Motive sind nicht uneigennützig: Er besitzt in der Nähe von Bukavu größere Plantagen.
Schramme und der von ihm eingesetzte Regierungschef, Oberst Monga, Tschombés Generalstabschef im Exil, fordern die Freilassung des ehemaligen Regierungschefs und gleich einen Ministersessel für ihn dazu in Kinshasa, früher Léopoldville.
Präsident Mobutu lehnt die Forderung ab. »Ich werde mich nie so

weit herablassen, mit ausländischen Gangstern Gespräche zu führen, die einem souveränen Staat, der nicht der ihre ist, ihre eigenen Gesetze aufzuzwingen versuchen«, verkündet er in seiner Hauptstadt. Er vergißt hinzuzufügen, daß es dieselben Gangster sind, die er dereinst in den Kongo gerufen hat, als seine Nationalarmee den Krieg gegen die kommunistischen Rebellen schon fast verloren hatte. Werner Holzer, heute Chefredakteur der »Frankfurter Rundschau«, schrieb am 14. August 1967 in der »Süddeutschen Zeitung« über die Söldner: »Jean Schrammes Streitmacht ist nicht groß. Doch die Möglichkeiten, ihn mit Gewalt zu vertreiben, sind noch kleiner. Bukavu, die Perle des Kongos, liegt fast wie eine Festung auf den Höhen über dem Kivusee. Der einzige Flughafen der Stadt gehört schon zu einem anderen Land, zur Nachbarrepublik Ruanda, die alles tut, um nicht in die kongolesischen Händel hineingezogen zu werden ... Sollten Mobutus Soldaten versuchen, über diesen Flugplatz nach Bukavu zurückzukehren, so müßten sie noch ein tiefes Tal durchqueren. Auf der schmalen Brücke, die gleichzeitig die Grenze ist, könnten selbst 15 Söldner ihnen den Weg beliebig versperren.« Ein paar Tage später bietet der Führer der Söldnertruppen, Major Schramme, der kongolesischen Regierung einen 48stündigen Waffenstillstand an und erklärt sich bereit, mit seinen Söldnern in das benachbarte Ruanda abzuziehen, falls Präsident Mobutu schriftlich auf jedes spätere Auslieferungsbegehren gegen die Söldner verzichtet. Die Regierung in Kinshasa will jedoch die bedingungslose Kapitulation, und die Kämpfe gehen weiter.
Hans Germani, ein Reporter der »Welt am Sonntag«, besucht die Legionäre in dieser Zeit und verfaßt eine rührende, von Pathos triefende Geschichte über die Vorkämpfer des Westens. Sein Blatt weiß noch heute, wo es steht. Damals, am 17. September 1967, steht dieses darin: »›Man born of woman‹ – ›Mann vom Weibe geboren‹ ... Der südafrikanische Söldneroffizier liest aus dem Buch Hiob. Auf dem Rasen des Sportklubs von Bukavu haben rhodesische und südafrikanische Söldner ein Grab ausgehoben. In einer der paradiesischsten Landschaften Afrikas, im Glanz der untergehenden Sonne, wird der erste gefallene Weiße im Kampf um Bukavu begraben: Colin Taylor, ›White hunter‹ (Berufsjäger). Der Söldneroffizier spricht mit erhobener Stimme: ›Taylor ist nicht in einem Aben-

teuer gefallen. Er ist hier an der vordersten Front im Kampf um das weiße Afrika, um unsere Vaterländer Südafrika und Rhodesien, gefallen!«

Und Germani hofft: »Der erfolgreiche Widerstand Bukavus gibt allen Kräften Auftrieb, die mit der Militärdiktatur Mobutus unzufrieden sind. Bukavu ist die glimmende Lunte am Pulverfaß Kongo. Es kann schnell explodieren.«

Die Lage der Söldner wird schlechter, je nachhaltiger der Westen Mobutu unterstützt. Am 5. November 1967 meldet die kongolesische Regierung den »vollen Erfolg« ihrer militärischen Operation. Die Söldner müssen sich in Bukavu verschanzen, sie sind eingekreist und stehen auf verlorenem Posten. Sie kämpfen weiter. Jean Schramme schätzt später die Zahl der getöteten Kongolesen auf 7000, während nur knapp 100 Söldner gefallen seien: 20 Europäer und 80 Katangesen. Aber Schramme braucht Waffen, Munition und Lebensmittel, und die bleiben aus.

In der Brüsseler Zeitung »La Dernière Heure« meldet sich Denard zu Wort. Er sei jetzt wiederhergestellt, erklärt er, und wolle sich in nächster Zeit zu seinen Männern in den Kongo begeben.

Er kündigt verstärkte Hilfe für die Truppen aus dem Ausland an. Aber er kann sein Versprechen nicht einlösen. Verzweifelt schickt Schramme ein Telegramm an seinen Freund, der sich in Angola aufhält: »Hier ist Schramme persönlich-stop-wir haben keine Munition mehr-stop-wir wissen nicht, wie es weitergeht-stop-regeln Bezahlung später-stop-ihr seid die Mörder-stop und ende.« Der Hilferuf nützt nichts.

Denard kann nicht genug Geld auftreiben, um wahr zu machen, was er angekündigt hatte. Schramme wirft es ihm heute noch bitter vor.

Nach dreimonatigem Widerstand gegen eine zehnfach überlegene Armee setzen sich die Söldner in der Nacht vom 4. zum 5. November 1968 nach Ruanda ab, unter Aufsicht des Internationalen Roten Kreuzes. Dort werden sie entwaffnet und in ein Lager eingesperrt. Für Schramme, der seit seinem 18. Lebensjahr in Afrika gelebt hat, und für seine belgischen Kameraden, »Die Schrecklichen«, ist das Kongo-Abenteuer beendet.

Mike Hoare hat ein Buch geschrieben. Darin stellt er fest, seine »Boys« seien größtenteils Trinker, Rauschgiftsüchtige und Homo-

sexuelle gewesen. An den Tresen der Söldnerkneipen ist dagegen von Heldentum die Rede, von den Kreuzzügen gegen den Kommunismus und gegen die »Baumaffen«. Einer erinnert sich wehmütig: »...als wir noch einen Kaffer pro Tag in den Himmel schickten.« Sie suchen neue Auftraggeber.
Kongo-Müller hat sich zurückgezogen. Auch er schreibt – fanatische Erinnerungsbücher an seine Killerzeit, die durch schwülstige Schlachtenschilderungen glorifiziert wird.
Tschombé stirbt im algerischen Gefängnis an einem Herzinfarkt, wie die einen sagen, oder an einer »bösartigen Grippe«, wie andere berichten.
Und wie ging es im Kongo weiter? Auf dem ersten Kongreß der neugegründeten »Volksbewegung der Revolution« wird Mobutu im Mai 1970 zum einzigen Präsidentschaftskandidaten bestimmt. Im November 1970 finden Wahlen statt, und Mobutu avanciert vom Putschgeneral zum »gewählten« Staatschef. Am 27. Oktober 1971 wird die Demokratische Republik Kongo in Republik Zaire umbenannt, sie ist jetzt fest in den Händen des Westens. Mobutu ist Alleinherrscher, Staats- und Regierungschef, Armeeoberbefehlshaber und Vorsitzender der Einheitspartei »Mouvement Populaire pour la Révolution«. Bei den Feiern zum fünften Gründungstag seiner Einheitspartei ertönt, von Fanfaren begleitet, eine Hymne ihm zu Ehren. Sie endet mit dem Refrain: »Möge Mobutu fünf Jahre Präsident sein, und nochmals fünf Jahre, und auf immer.«
Zwar kommt es in den siebziger Jahren zu einigen Aufständen, aber sie werden schnell niedergeschlagen. Joseph-Désiré Mobutu hat alles im Griff. Er betrachtet Zaire als seinen Selbstbedienungsladen und hat im Westen viele Freunde. Die Hanns-Seidel-Stiftung zum Beispiel engagiert sich in Zaire, während Mobutu das Volk ausplündert. Ein Symbol dieser Ausplünderung ist die Geisterstadt Badotilite, Mobutus Heimatort, in der ein hochmodernes Krankenhaus gebaut worden ist, auch mit Hilfe der Hanns-Seidel-Stiftung. Die Operationssäle und Behandlungsräume sind ausschließlich für den Diktator und seinen Clan gedacht. Nur wenn sie sich in Badotilite aufhalten, wird in der Stadt die Elektrizität angestellt. In den Kaufhäusern sind die Regale leer, die Tiefkühltruhen ausgeschaltet. Nur wenn Mobutu anreist mit seinen Getreuen, kommt Leben in die

Geisterstadt: Fleisch wird eingeflogen, Lebensmittel werden in die Regale gestellt, in den Häusern wohnen plötzlich Menschen. Mobutu kommt, heißt es dann.

Der Bürgerkrieg um Biafra

Auf dem Staatsgebiet Nigerias, des »Riesen Afrikas«, zweimal so groß wie Frankreich, leben fast neunzig Millionen Menschen, zersplittert in 250 verschiedene ethnische Gruppen. Die Grenzen haben die einstigen Kolonialmächte nach ihrem Gutdünken gezogen, wie üblich. Im Norden Nigerias leben die Haussa- und Fulani-Völker, sie hängen dem islamischen Glauben an. Die britischen Kolonialherren haben daran nichts geändert, auch nicht an den Feudalstrukturen, die das Leben dieser Völker bis in die sechziger Jahre hinein bestimmen. Im Süden liegen die Häfen des Landes, dort konnte sich die »westliche Lebensart« viel leichter durchsetzen. Hier sind die Ibos und Yorubas ansässig.

Nigeria wird 1960 unabhängig, die Republik Nigeria am 1. Oktober 1963 gegründet. Bald darauf brechen Rivalitäten zwischen den einzelnen Stämmen aus. Die Haussas und Fulanis im Norden haben Angst, daß die besser ausgebildete Elite aus dem Süden nun ihr politisch rückständiges System verändern will. Ibos und Yorubas im Südosten und Südwesten beobachten mit Mißtrauen das Bestreben des großen und starken Nordens, den anderen Regionen seinen Willen aufzuzwingen. Der Kessel droht zu explodieren, als bekannt wird, daß im Ibo-Land riesige Erdölvorkommen unter der Erde auf ihre Förderung warten. Neid, Konkurrenz und die Gier ausländischer Mächte zerstören die mühsam zusammengezimmerte Einheit der Republik.

Im Januar 1966 organisiert eine Gruppe von Armeeoffizieren, meist Ibos, unter General Aguiyi Ironsi einen Putsch. Sie reden von der Bildung eines Einheitsstaats und verkünden die Auflösung der

Stämme. Dies führt im Sommer zu Unruhen im Norden, am 29. August 1966 eskalieren sie zum Gegenputsch: Oberstleutnant Yakubo Gowon und seine Anhänger begraben das Einheitsstaatsprojekt und stellen die Föderation wieder her.
Nur wenige Tage später entladen sich die ethnischen Spannungen in ein mehrtägiges Gemetzel, 25 000 Menschen finden den Tod, zum größten Teil Ibos. Über eineinhalb Millionen Menschen ergreifen panisch die Flucht, ziehen sich in den Südosten Nigerias zurück; der Bruch zwischen dem Präsidenten der Föderation Nigeria und seinem Militärgouverneur in der Ostregion, Oberst Ojukwu, einem Ibo, ist die Folge: Ojukwu proklamiert am 30. Mai 1967 die unabhängige Republik Biafra, der Präsident Nigerias antwortet am 7. Juli 1967 mit einer Polizeiaktion gegen die Aufständischen. Der Bürgerkrieg überzieht das Land mit unvorstellbarer Grausamkeit.
Von Anfang an ist der Krieg zwischen Nigeria und Biafra ein ungleiches Gemetzel. Der Zentralstaat setzt auf seine Armee, Biafra hat nichts dagegen aufzubieten. Deshalb ist es keine Überraschung, daß ausländische Söldner nach Biafra kommen: Sie haben die Marktlücke erkannt. Ebensowenig überraschend ist es, daß die belagerten Biafraner ihre Dienste annehmen, obwohl sie wissen, daß Söldner die Afrikaner abgrundtief verachten.
Die Löhne der Söldner beginnen bei 1700 US-Dollar pro Monat, doch in Biafra ist der Zahltag bestenfalls eine sporadische Angelegenheit. Trotzdem bleiben viele Legionäre dort: Sie sind »Lobos«, Aussteiger, die jeden Tag kämpfen, um die Erregung zu genießen, die man spürt, wenn man nahe am gewaltsamen Tod lebt. Falls sie Biafra überleben, werden sie weitertreiben, auf der Suche nach einem anderen Krieg.
Viele Söldner erscheinen auf der Bildfläche, und viele reisen wieder ab. In einem Bericht über den Biafrakrieg heißt es: »Biafra investiert enorme Summen in die Luftversorgung für den Waffennachschub. Es heuert Piloten und Soldaten an, unter ihnen auch den bekannten französischen Söldner René Faulques. Aber Faulques und seine Kameraden treten bald zurück. Sie behaupten, Biafra ermangele es an der notwendigen Ausrüstung, um seine Truppen auszubilden und zu bewaffnen. Eigentlich aber waren die Söldner von Anfang an skeptisch über die politischen Erfolgsaussichten für Biafra. Denn

nach anfänglichen Siegen werden die Biafraner in ein immer weiter zusammenschrumpfendes Gebiet zurückgedrängt. Söldner aber bevorzugen es, auf der Seite der Sieger zu sein.«[10]

Dann betritt Rolf Steiner den Kriegsschauplatz, ein Experte für schwierige Fälle. Oberst Steiner, 38 Jahre alt, war die meiste Zeit seines Lebens Soldat. Gegen Ende des Zweiten Weltkriegs kämpfte er als 15jähriger Hitlerjunge in Deutschlands »Endkampf« gegen die voranrückende US-Armee. Nach der Niederlage trat er in die französische Fremdenlegion ein und verbrachte sieben Jahre in Indochina, ein »Enfant terrible«, das von seinen Vorgesetzten zumindest zweimal »in den Ruhestand versetzt wurde«. Er kämpfte mit in der Schlacht von Dien Bien Phu 1954, in der General Giap mit seinen vietnamesischen Guerillas die Franzosen entscheidend schlug. Er wurde verwundet und verlor eine Lungenhälfte. 1961 war er einer der Legionäre, die sich in Algerien der erfolglosen Rebellion der Generäle gegen den französischen Präsidenten Charles de Gaulle anschlossen. Er diente fünf Jahre in Algerien und machte mit in der OAS. Nach seiner Entlassung lebte er in Paris. Dann hört er von Biafra und beginnt für den Separatisten Oberstleutnant Ojukwu zu arbeiten, zuerst als technischer Berater.

Nach 16 Monaten haben die Truppen der Zentralregierung Biafra auf ein Zehntel seiner ursprünglichen Größe reduziert. Jetzt wollen sie Umuahia einnehmen, Biafras letzte größere Stadt und Sitz von Ojukwus Regierung. Umuahia wäre schon lange gefallen, wäre da nicht die beste Einheit in Biafras kleiner Armee, die 4. Brigade. Zunächst von neun weißen Söldnern kommandiert, kämpft die »4.« die ersten drei Monate des Jahres hinter den nigerianischen Linien. Später verteidigt sie Abschnitte der Westfront, muß sich aber, durch schweren Beschuß dezimiert, zurückziehen. Bis Anfang September ist die »4.« auf weniger als 1000 Mann zusammengeschrumpft, nach einem unglücklichen Versuch, mit nur fünf Streifen Munition pro Mann und Tag, Aba zu verteidigen. Von den ursprünglich 3000 Mann sind über 300 tot und 2200 verletzt, viele werden vermißt.

In diesem Zustand übernimmt Rolf Steiner die 4. Brigade als deren neuer Kommandeur. Er meint, der Krieg sei noch lange nicht verloren, und ignoriert die territorialen Gewinne der starkbewaffneten Truppen der Zentralgewalt. Für sie hat er nur Spott übrig: »Wenn ein unter meinem Kommando stehender Corporal länger als eine Woche braucht, um mit deren Ausrüstung gegen Westafrika anzukämpfen, würde ich ihn wegen unterlassener Pflichterfüllung erschießen lassen.« Biafras Staatspräsident Ojukwu stimmt zu, daß die »4.« auf zwei Brigaden mit je 360 Mann vergrößert wird. Die neuen Soldaten erhalten Waffen, die durch Kredite bei europäischen Banken finanziert und über das benachbarte Gabun und die portugiesische Insel São Tomé nach Biafra einschleust werden. Angeblich rollen jede Nacht bis zu vierzig Tonnen Nachschub ins Land – mehr als je zuvor in diesem Krieg.

Aus dem Transistorradio, das Steiner fast immer mit dabei hat, plärrt Marschmusik, und die Fahne der 4. Brigade trägt das Rot und Grün der französischen Fremdenlegion. Bei Inspektionen ballert er oft mit seiner Browning-Pistole und beobachtet die Reaktion seiner Söldner darauf. »Ihr seid keine Legionäre«, schreit er sie an, wenn sie kein gutes Bild abgeben, »ihr seid keine Männer!« Steiner hat einmal einen Offizier zum einfachen Soldaten degradiert, und er ist bekannt dafür, daß er gute Soldaten mit niedrigem Rang zu Offizieren macht. Als er einen Rekruten zum 2. Leutnant macht, beschwert sich einer seiner Offiziere: »Jemanden, der mit den Fingern ißt, können wir in der Offiziersmesse nicht gebrauchen.« Steiner, der französisch und deutsch spricht, antwortet, das sei ihm egal, der Mann könne auch mit seinen Füßen essen, solange er ein guter Soldat sei. Außer Bier, Benson & Hedges-Zigaretten und Gewalt gibt es kaum etwas, an dem Steiner Gefallen findet. Und er hat einen Sauberkeitstick, selbst leicht angestaubte Teller schmeißt er nach den Bediensteten in der Offiziersmesse und tritt sie, um seine Kritik zu bekräftigen. Er ist grob und – sentimental: Er adoptiert einen zweieinhalbjährigen Ibojungen, den er neben seinen getöteten Eltern gefunden hat, und gibt ihm den Namen Felix Chukwuemeka Steiner. Chukwuemeka – so heißt der von dem Deutschen bewunderte Ojukwu mit Vornamen.

Den Truppen scheint der rauhe Stil nichts auszumachen, sie gehorchen Steiner, weil sie glauben, er sei ein Sieger, und weil er »juju«, Glück, hat. Steiner hat in dieser späten Phase des Kriegs keine Schwierigkeiten, die gelichteten Reihen der »4.« wieder zu füllen. Guerillakrieg ist die Lösung, glaubt er, wie man ihn gewinnt, hat er am eigenen Leib erfahren. »Wir könnten es schaffen«, sagt er, »aber wir brauchen Waffen. Wir brauchen keine Panzerfahrzeuge, aber wir brauchen Lastwagen, wir brauchen nicht viel Luftwaffe, aber ein paar ›Spotter‹-Flugzeuge wären nützlich.« Als Ojukwu Oberst Steiner wieder entläßt, weil »dieser Freiheitskampf unsere eigene Sache ist«, hat Steiner eine ganz besondere Kommandotruppe in Biafra aufgestellt, die am Ärmel der Uniform nicht nur das Biafra-Emblem, eine aufgehende Sonne, trug, sondern auch einen Totenkopf.

Steiners Offiziere sind gleichfalls Fälle für sich. Major Taffy zum Beispiel, 34, Waliser und Kongo-Veteran, hält sich für kugelfest. Das glauben irgendwann auch die Truppen der Zentralregierung, die ihn mindestens fünfmal für tot erklärt haben. Taffy entkommt nur haarscharf der Widerlegung dieser Legende, als eine MG-Salve sein Fernglas zerschmettert. Er ist unbeherrscht, verflucht ständig seine Untergebenen, droht, sie zu erschießen, wenn sie die Befehle nicht ausführen. »Ihr miesen Bastarde«, brüllt er, wenn etwas schiefgeht, »ihr blöden, unzuverlässigen Schwachköpfe!«

Captain Paddy, ein Ire, der 22 seiner 45 Jahre in Afrika verbracht hat, ist der Chefmechaniker der Einheit. Kurz bevor der Feind in Port Harcourt eindringt, schnappt er einen ganzen Lkw-Konvoi und rettet – unter Beschuß – eine komplette Werkstatt der Shell-BP-Raffinerie. Dann fällt auch die Stadt Aba, weil ihren Verteidigern die Munition ausgeht – Paddy ist einer der letzten, die sich in Sicherheit bringen, eine Maschinenpistole in der einen Hand, eine Halbliterflasche Wein in der anderen.

Captain Alec, ein ehemaliger britischer Fallschirmspringer, pflegt mit einer Madsen-Maschinenpistole und einem FN-Gewehr herumzulaufen, »nur für den Fall, daß ich mir den Weg hier herausschießen muß«. Er glaubt an »kleine Leute«, die, so sagte er mit vollem Ernst, »deine MGs kaputtmachen und bewirken, daß deine Raketen danebenschießen«. Bevor er Biafra verläßt, wird er innerhalb von zehn Tagen viermal verletzt.

Biafra hat keine Piloten, Söldner steuern seine Flugzeuge und Hubschrauber. Am Anfang liefern internationale Waffenhändler die benötigten Maschinen: zwei B-26-Bomber, einen B-25-Bomber, zwölf T-6-Texans – bewaffnete einmotorige Propellermaschinen –

und acht Alouette-Hubschrauber. Um einen der B-26-Bomber zu fliegen, heuern die Rebellen Johnny »Kamikaze« Brown an. Sein richtiger Name ist Jean Zumbach; er ist Pole und war beteiligt am kurzen Widerstand der polnischen gegen die deutsche Luftwaffe zu Beginn des Zweiten Weltkriegs. Nach der Niederlage seines Landes diente er in der Royal Air Force und schoß 17 deutsche Kampfflugzeuge ab. Nach dem Krieg nahm er den Namen Johnny Brown an und flog für private Auftraggeber in Frankreich und Nordafrika. Er kämpfte als Pilot für Tschombé im Kongokrieg und ging dann nach Biafra.

Der Pilot der B 25 war ein früherer Pilot der Nazi-Luftwaffe: Friedrich Herz. Auszüge aus seinem Tagebuch, das er in seiner Wohnung in Bottrop verwahrt: »Durch einen Flugzeugunfall im Jahr 1965, der 80 km südöstlich von Casablanca in der Wüste stattgefunden hatte, war ich einige Wochen in Casablanca zur Klärung des Unfalls aufgehalten worden. Dort hatte ich mit einem Botschaftsangehörigen Freundschaft geschlossen. Beim gemeinsamen Essen berichtete er mir über die Lage in Biafra. Er schilderte die verzweifelte Lage der Ibos so überzeugend, daß ich mein Interesse nicht verbergen konnte.«

Major Herz geht nach Biafra und ist maßgeblich am Aufbau einer kleinen Bomberflotte beteiligt. Er lernt zu improvisieren:

»Man nehme ein Stück Rohr, Durchmesser 30 bis 60 cm, Länge 1,20 m. In dieses Rohr bringe man durch eingeschweißte Bleche durchlaufende Kammern an. Auf die Spitze bringe man eben eine ›Spitze‹ an. Als Abschlußdeckel eine Platte. In diese Abschlußplatte bohre man 3 Löcher, und in diese Löcher kommen ganz gewöhnliche Schrotpatronen. Als Abschluß wird ein Drahtgestell über die Patronen montiert. An diesem hängen Stahlstifte mit einer leichten Feder, genau über den Zündhütchen. Die Bombe ist fertig und scharf. Mit solchem primitiven, aber wirkungsvollen ›Kriegsmaterial‹ ausgerüstet, haben wir versucht, den aller Wahrscheinlichkeit nach letzten großen, alle Welt in Atem haltenden Befreiungskrieg zu gewinnen. Und fast wäre es uns sogar gelungen. Denn die Ibos hatten ›offiziell‹ keinen Partner, der sie offen mit Waffen versorgte. Alle Waffen und Munition mußten auf dem schwarzen Markt in der

Welt gefunden und für teures Geld, gegen Vorauskasse meistens gekauft werden. Was da nicht alles auftauchte: französische Raketen ›Matra‹, tschechische Waffen, russische Waffen, amerikanische Waffen. Alte deutsche Karabiner, 1940, dazu Munition, ebenfalls Jahrgang 1940. Amerikanische ›Oldtimer‹, wie B 25, B 26, DC 3, alles Flugzeuge aus und vor dem Zweiten Weltkrieg. Ich habe 1969 im 2. Halbjahr eine Staffel übernommen. Und habe in 6 Monaten laufenden Einsatz gehabt. Die Ölproduktion der anderen Seite habe ich teilweise auf 35 Prozent heruntergebracht. Diese Zahlen habe ich in Schweden aus einer Statistik der Shell-BP zu Gesicht bekommen.«

Major Herz kennt Bob Denard, er hat allerdings nur schlechte Erinnerungen an das Söldnermythos:

»In der Bucht vor dem Nigerdelta und dem Eingang nach Port Harcourt lag der Stolz der nigerianischen Flotte, die ›Nigeria‹, das Flaggschiff. Was hatten wir nicht schon alles angestellt und versucht, um ihn einmal vor die Rohre zu bekommen. Der biafranische Stabschef hatte eine komplette Kampfschwimmergruppe, bestehend aus französischen Froschmännern mit voller Ausrüstung, angeworben und nur für diese Nigeria vorgesehen und auf Lauerstellung in Port Harcourt bereitstehen. Bob Denard war ihr Anführer. Aber nie konnten die Spezialisten zum Einsatz kommen, weil das Schiff immer 20 bis 25 Seemeilen vor der Küste lag. Monatelang machten die Froschmänner nur Jagd auf schwarze Mädchen und pflegten einen gut, sogar sehr gut bezahlten Urlaub. Zwei oder drei Mann waren zwar immer an der Küste, um die Bewegungen der ›Nigeria‹ zu studieren. Aber alle vier Tage wurden sie abgelöst. Die anderen lebten in klimatisierten Bungalows und spielten Tennis oder waren im Swimmingpool. Also ein Leben wie im Film. Immer wieder hieß es: zu weit vom Ufer entfernt, so weit können wir nicht schwimmen. O. k. Also weiter warten. Warum auch nicht? Wie gesagt, die Ausrüstung der Kampfschwimmer war auf dem modernsten Stand. Selbst Magnetminen gehörten dazu. Bringt uns das Schiff in greifbare Nähe, und wir blasen es in die Luft, so sagten sie. Nun, bei unserem Rückflug zum Heimathafen sahen wir die ›Nige-

ria‹ in der Bucht liegen. Nicht mehr als 800 Meter vor der Küste. Es hatte den Anschein, als wenn man bei einer Reparatur sei. Und so war es auch. Die Meldung lag auch schon im Hauptquartier vor. Aber wo waren die Froschmänner? Ein sofortiger Einsatz wäre jetzt fällig gewesen. Nur konnten sich die Spezialisten nicht so rasch entschließen. Diese Nacht wäre die Chance gewesen. Für Nachtangriffe war die Air-Force Nigerias nicht ausgerüstet. Also konnten wir frühestens im Morgengrauen den ersten Angriff fliegen. Wenn sie noch vor Anker lag. Das war die Frage. Denn die wollten bestimmt so schnell wie möglich wieder auf Distanz. Denn diese ›Nigeria‹ sperrte den gesamten Zugang nach Biafra von See aus. Ohne dieses Schiff hätte der Nachschub per Schiff wesentlich besser geklappt. Dieses Schiff war ein Dorn im Fleisch Biafras. Das Ding mußte ausgeschaltet werden. Daher die kostspieligen Kampfschwimmer. Jetzt war der günstige Augenblick da. Aber die Herren Froschmänner brauchten, wie sie sagten, 10 Stunden zur Vorbereitung. Da aber ein Angriff in der Nacht durchgeführt werden mußte, hätte das 24 Stunden Zeit für die ›Nigeria‹ bedeutet.
Bei der sofort angesetzten Lagebesprechung haben einige biafranische Offiziere vor Wut geheult. Als Alternative mußte also die Air-Force versuchen, das Schiff zum Verlassen der Bucht zu ködern. Zu diesem Zeitpunkt hatten wir vier einsatzbereite Flugzeuge. Eine B 25, eine B 26 und zwei DC 3. Zum Lachen, wenn es nicht so traurig wäre. In der Nacht wurden die vier Vögel klargemacht. Die DC 3 flog mit ausgehängter Ladetür. Ohne Bordwaffen. Nur mit Bomben. Keine Lebensversicherung. Die Bomben wiederum wurden von Hand rausgerollt. Der Bombenschütze hatte einen Strick am Koppel befestigt, welcher ihm gestattete, bis zur offenen Ladetür zu gehen, ohne sofort herauszufallen. Primitiv, aber es hat geklappt.
Dann haben wir noch einen Freiwilligen an die Tür gebunden, der mit einem Schnellfeuergewehr nach unten schießen sollte. Es war zwar reine Munitionsverschwendung. Aber es gab denen ein Gefühl, nicht ganz unbewaffnet zu sein. Verloren haben wir bei den abenteuerlichen Raids keinen einzigen Mann.
Die B 25 und B 26 hatten da schon etwas bessere Möglichkeiten. Die B 26 wurde von einem Kubaner geflogen, die B 25 von mir. Im

ersten Morgengrauen waren wir in der Bucht. Da unsere beiden Maschinen wesentlich schneller fliegen als die DC 3, sollte die DC 3 nach unserem Abflug den Kontakt halten, über Funk bekamen wir mit, was die Nigerianer taten.
Unsere ersten Angriffe hatten schon einen kleinen Erfolg. Da das Schiff über eine gute Flak verfügte, konnten wir natürlich nicht zu dicht heranfliegen. Aber die Raketen unter unseren Flächen haben auch eine gute Reichweite. Bei 1500 Meter noch eine Treffsicherheit von 75 Prozent.
Die ersten Bomben lagen ganz gut. Aus 3500 Meter geworfen. Einige lagen im Schiff, andere knapp daneben. Sofort nach Abwurf ging es zurück zum Auftanken. Noch vor der Landung zum Auftanken bekam ich die Nachricht, daß die ›Nigeria‹ auslaufen wollte. Aber dann hieß es, sie drehe im Kreise. Hoppla, Ruderschaden. Das war eine gute Meldung. 65 Minuten waren wir zurück. Der zweite Angriff wurde in der gleichen Art wie der erste, also aus 3500 bis 4000 Meter, geflogen. Wieder kleine Erfolge und einige Treffer. Dann kam der dritte Angriff.
Ich hatte mit dem Kubaner abgesprochen, daß wir einen Tiefangriff fliegen wollten. Von zwei Seiten gleichzeitig und stur in zehn Metern. Jetzt zeigten meine Raketen Wirkung. Ganze Salven lagen voll im Ziel. Die ersten Brände kamen auf. Als ich merkte und sah, daß die Leuchtspur der leichten Flak über meinem Vogel lag, drückte ich tiefer. Damit habe ich den Schußwinkel unterflogen. Die Geschosse gingen über uns hinweg. Sie richteten keinen Schaden an. Der Steuerdruck war so groß, daß nur mit Mühe die Bombenklappen geschlossen werden konnten. Aber dieser dritte Angriff hat die ›Nigeria‹ so krank gemacht, daß an ein Auslaufen nicht zu denken war.
Jetzt hatten die Froschmänner eine neue Chance. In der Nacht zogen sie in Position, um den Einsatz durchzuführen. In Port Harcourt haben wir schon den Sieg auf Vorschuß gefeiert. Denn wir von der Luftwaffe hatten ja wohl unseren Teil dazu beigetragen. Und es gab auch für uns keine Diskussion über die Vernichtung der ›Nigeria‹.
Gegen 4 Uhr rechneten wir mit der Himmelfahrt oder, besser gesagt, mit der Höllenreise des Blockadeschiffes ›Nigeria‹. Keine

Meldung. Nicht um 4 Uhr, auch nicht um 6 Uhr. Um 6 Uhr 15 lasse ich eine Alouette klarmachen, um selbst nachzusehen, was da wieder los war. Von der ›Nigeria‹ keine Spur. Na also, dachte ich. Vielleicht ist der Funk nicht durchgekommen. Wir flogen zum Einsatzort. Verlassen und leer. Ich gab Order, auf 2000 Meter zu gehen, um den alten Ankerplatz der ›Nigeria‹ in Augenschein zu nehmen, nach Trümmern oder Menschen zu schauen.
Keine Trümmer oder Wrackteile weit und breit. Da stimmte doch was nicht. Mit dem Glas hatte ich aus dieser Höhe dann weit draußen plötzlich ein großes und zwei kleinere Schiffe in Sicht. So etwa 15 Seemeilen Südwest. Nach einem vorsichtigen Blick durch den Luftraum Nachfrage beim Tower, ob MIGs in der Luft sind – keine Einflüge waren gemeldet. Noch zu früh. Die Herren kommen immer erst nach dem Frühstück.
Ich ließ den Hubschrauberpiloten auf Sicherheitsabstand ranfliegen. Es war die ›Nigeria‹ im Schlepp. Prost Mahlzeit! Ich war bedient. Über Funk wollte ich diese Hiobsbotschaft nicht durchgeben. Mit einer Wut im Bauch, die mich fast platzen ließ, flog ich zum Einsatzhafen zurück.«

Staffelflieger Friedrich Herz blieb bis zum Kriegsende Leiter des taktischen Luftkommandos der abtrünnigen nigerianischen Ostregion Biafra. Heute lebt er mit seinen Erinnerungen als Krüppel in Bottrop.
Für Biafra flogen außer ihm noch vier weitere weiße Söldner, die während einer mysteriösen Aktion ihr Ende fanden. Glaubt man der Geschichte, dann beschlossen die Söldner in den frühen Morgenstunden des 7. Oktober 1967, nach einer durchzechten Nacht, den Biafrakrieg mit einem Überraschungsschlag zu beenden: Sie wollen das Hauptquartier des nigerianischen Oberkommandos in der Hauptstadt Lagos bombardieren. Sie tanken und vergessen auch nicht, sich selbst für den langen Flug einzudecken – es wird sogar behauptet, daß sie vier kichernde Mädchen in die Fokker F 27 geschafft haben; die Maschine war übrigens den Nigerianern weggeschnappt worden. Sie laden auch einige selbstgebastelte Bomben ein, mit Eisensplittern und Schießpulver gefüllte Fässer. Dann starten sie in Richtung Lagos. Ihr Plan war wohl, über einigen diploma-

tischen Einrichtungen, die sich auf der Route zum Hauptquartier befinden, ein paar von diesen Bomben aus der offenen Luke zu werfen. Wie dem auch sei, als sie gerade über den Dachspitzen der bestverteidigten diplomatischen Gebiete der Hauptstadt fliegen, setzt das Luftabwehrfeuer ein. Die Fokker explodiert in der Luft, alle Insassen werden getötet. Einer der Söldner fällt durch das Dach der tschechoslowakischen Botschaft und landet im Wartezimmer des Botschafters.

Mit diesem unglücklichen Streich verliert Biafra über ein Fünftel seiner Söldnerpiloten. Die verbliebenen Flieger, eingeschlossen Herz und Brown, werden bald darauf arbeitslos: Nigerianische Truppen überrennen die Städte Port Harcourt und Enugu, wo ihnen die B-26- und B-25-Bomber in tadellosem Zustand in die Hände fallen. Jetzt beherrschen die Nigerianer den Luftraum, auf Krankenhäuser, Schulen und überfüllte Märkte werden Bomben geworden, Pardon wird nicht gegeben. Die Nigerianer sind gut ausgerüstet, mit Hubschraubern, zwei Provosts und zwanzig Dornier-27-Übungsmaschinen, die ohne Schwierigkeiten für den militärischen Gebrauch umgerüstet wurden. Die Tschechoslowakei hat zwei Devlin L 29 – bewaffnete Übungsmaschinen – geliefert, und die Sowjetunion hat die Zentralregierung mit einigen Transportmaschinen, Mig-17-Kampfflugzeugen und Iljuschin 11–28, doppeldüsigen Bombern, versorgt. Eine der Iljuschins wurde von einem südafrikanischen Söldner geflogen, der unter dem Namen »Völkermörder« bekannt war. Er pflegte sich per Bordfunk mit »Hallo, hallo, hier ist der Völkermörder« zu melden.

Einer der legendären Söldnerpiloten ist Hank Warton. Er kam über den Waffenschmuggel in die Söldnerszene, in den turbulenten sechziger Jahren, als der illegale Handel mit Gewehren, Kanonen und Panzern südlich der Sahara ein großes Geschäft war. In ihren Anstrengungen, die Geschehnisse in Afrika zu beeinflussen, waren sowohl kommunistische wie auch westliche Regierungen in geheime Waffengeschäfte verwickelt, die von privaten Unternehmern durchgeführt wurden. Der finanzielle Einsatz war hoch und das Risiko haarsträubend: Einer der zwielichtigen europäischen Waffenschieber kam durch eine Bombe in seinem Auto um, ein anderer wurde in der Halle eines Genfer Hotels durch einen vergifteten Pfeil getötet.

Einige Piloten waren bereit, ihre Chance zu nutzen und mit der Luftfracht, die sie kauften, Geschäfte zu machen. Für ein paar Flugstunden mit einer Ladung MGs konnte ein Pilot mit eigener Maschine ungefähr 20 000 US-Dollar verdienen. Hank Warton war ein typischer Fall für dieses Abenteurermilieu, ein sechs Fuß großer US-Amerikaner, als Wohnort gab er Miami, Florida, an. Seinen alten Freunden war er unter dem Namen Heinrich Wartski bekannt: ein deutscher Immigrant, geboren in Gratz, das später polnisch wurde. 1930 kam Warton mit seiner verwitweten Mutter nach Amerika, nach dem Wehrdienst arbeitete er als Kuchenbäcker, 1947 erhielt er die Lizenz als Berufspilot. Nach einigen Anstellungen bei Ostküsten-Fluggesellschaften, die Touristen nach Florida brachten, ging Warton Mitte der fünfziger Jahre zurück nach Europa. Er nahm jeden Pilotenjob an, der sich ihm bot: Für eine internationale Hilfsorganisation mit Sitz in Genf beförderte er Flüchtlinge, und für die Schweizer Chartergesellschaft Balair transportierte er Frachtgut in den Kongo. Dort beobachtete er Kollegen, die ihren Lebensunterhalt damit verdienten, geheime Frachten an Scheinfirmen in Krisengebieten zu liefern. Der Waffenhandel florierte, und Piloten konnten viele Dollar machen, wenn sie eine eigene Maschine besaßen und nicht zu viele Fragen stellten. Anfang der sechziger Jahre schaffte sich Warton die erste von zwei alten DC 4 an, auf Leasingbasis mit Vorkaufsrecht.
Die Welt des Waffenschmuggels ist nicht von vorne, durch die Haustür, in Wartons Leben gepoltert, sie hat sich durch den Hintereingang hineingeschlichen: Warton ist gerade dabei, eine Luftlinie einzurichten – Blumen nach Düsseldorf und Küken aus Holland. Bei einem Aufenthalt in Rotterdam trifft er einen afrikanischen Dichter, Christopher Okigko, der weckt Wartons Interesse für Biafra.
Fast ein Jahr, bevor sie ihre Abspaltung verkünden, fangen die Biafraner an, sich Waffen zu beschaffen. Die Waffen zu finden ist kein Problem, nur die Anlieferung bereitet Schwierigkeiten. Biafras Unabhängigkeit und der Zugang zu seinen Ölvorkommen sind für Frankreich und Israel von großem Interesse. Israelische Agenten vermitteln den Biafranern Kontakte zu Paul Favier, einem früheren Offizier der französischen Sûreté Nationale, der nationalen Sicher-

heitspolizei. Paul Favier verfügt über riesige Waffenbestände, in einem Lagerhaus in Holland stapeln sich 3600 Maschinengewehre und so viel 9-mm-Munition, wie man sich nur wünschen kann. Der Dichter Okigko schließt den Handel im Auftrag der Separatisten ab. Er ist ein überzeugter Biafraner und hat sich als Verleger des westafrikanischen Kunstmagazins »Transition« einen Namen gemacht. Okigko sucht nach einem Piloten, der die Waffen für Geld nach Biafra fliegt: Hank Warton ist sein Mann. Er ist ohne Zögern sofort dazu bereit, die Waffen von Favier nach Port Harcourt im Südosten Nigerias zu fliegen, dem wichtigsten Flughafen Biafras. Die niederländische Regierung will aber keine Exportlizenz für Nigeria erteilen. Favier, der Verkäufer, umgeht das Problem geschickt, indem er die Waffen nach England exportiert; dort sollen sie angeblich aufgearbeitet werden, in einer Firma in Birmingham, die dem international bekannten Waffenhändler Samuel Cummings gehört.
Hank Warton gibt im Oktober 1966 sein Hühner- und Blumenprojekt auf und fliegt zum Rotterdamer Zestienhoven-Flughafen, um seinen ersten Waffentransport abzuwickeln. Seine Papiere sind in Ordnung, und die holländischen Zollbeamten stellen keine Fragen, als er die nur leicht verpackten MGs in seine Maschine lädt. Dann steigt die verbeulte alte DC 4 auf und nimmt Kurs auf Birmingham. Aber dort kommt sie nie an, statt dessen steuert Warton das Flugzeug auf die spanische Mittelmeerinsel Mallorca. Dort tankt er auf, und die Reise geht, mit weiteren Zwischenstopps in Algerien und Fort Lamy im Tschad, weiter in Richtung Nigeria. Unglücklicherweise hat sich niemand darum gekümmert, Wartons Maschine mit Karten des Gebietes um Fort Lamy auszurüsten. Er kommt vom Kurs ab, die Benzinuhr sinkt auf Null, und er muß seine Maschine mit MGs und Munition in Kamerun notlanden. Die alte DC 4 zerbricht in vier Teile, ihre Ladung ist in der Landschaft verstreut. Warton und sein Kopilot werden von örtlichen Beamten verhaftet und ins Gefängnis gesteckt, wo sie einige Monate auf ihre Verhandlung wegen illegalen Waffenimports warten müssen. Sie werden schließlich verurteilt und des Landes verwiesen.
Aber Wartons Unglücksflug ist nur der Anfang. Biafra bricht im Mai 1967 mit Nigeria, und beide Seiten organisieren geheime Waffengeschäfte mit anderen Regierungen. England und die Sowjet-

union beliefern Nigeria mit Waffen, Frankreich, Südafrika, Rhodesien und Israel versorgen Biafra. Portugal liefert zwar keine Waffen, aber es erlaubt, daß die Waffentransporte über die Flughäfen in Lissabon sowie in Bissau in Portugiesisch-Guinea und auf der Insel São Tomé, etwa 300 Meilen vor Nigerias Küste, abgewickelt werden. Beide Kriegsparteien sind auf Privatpiloten angewiesen, die fliegen Gewehre und Granaten nach Afrika. Trotz seines erfolglosen Einstiegs ins Geschäft wird Hank Warton einer der prominenten Schmugglerpiloten, er ist von Anfang an dabei.

In Lissabon stationierte biafranische Agenten fangen an, eine Luftverbindung zum Transport von Waffen zu organisieren, wozu sie eine Flotte von älteren Super-Constellations anschaffen. Zuerst kaufen sie zwölf Maschinen, von den Söldnern »Connies« genannt, sowie zwei DC 6 und DC 4 bei europäischen Fluggesellschaften, weitere elf »Connies« beziehen sie von der spanischen Iberia und von der TAP, der portugiesischen Fluggesellschaft. Die Super-Constellation ist eine ideale Maschine für den Waffenschmuggel, sie kann viel tragen, sie ist aus der Mode und deshalb relativ billig. Die Piloten sind sehr diskret, was ihre Auftraggeber und ihre Frachten angeht, obwohl Gerüchte besagen, daß sie Waffen transportieren, die aus Frankreich kommen.

Ebenso zurückhaltend sind die Angestellten einer kuriosen Chartergesellschaft mit Sitz in London, die oft mit Wartons wachsendem Unternehmen konkurriert. Ein Partner des Londoner Unternehmens ist der frühere Besitzer der DC 4, die Warton in Kamerun notgelandet hat. Bevor Warton die Maschine kaufte, hatte sie einmal für einige Monate auf dem Amsterdamer Flughafen Shipol gestanden. Die holländischen Beamten hatten mit wachsendem Amüsement beobachtet, wie der Regen nach und nach eine Schicht Farbe abwusch und dabei kanadische Embleme freilegte. Der Vizepräsident des Londoner Konzerns war niemand anders als Otto Skorzeny, der ehemalige SS-Obersturmbannführer, Hitlers Mann für Kommandounternehmen. Skorzeny, den die alliierten Oberbefehlshaber dereinst als den gefährlichsten Mann Europas bezeichnet hatten, lebte bis zu seinem Tod in Madrid. Er spielte eine wichtige Rolle in der internationalen Neonaziszene und war vermutlich in Munitionsgeschäfte, Anschläge und Verschwörungen verstrickt,

unter anderem in einer Geheimorganisation, die sich »Die Spinne« nannte.
Hank Warton und seine Schmuggelkollegen berechnen 20 000 US-Dollar und mehr für eine Flugzeugladung mit Ausrüstung von Lissabon nach Biafra. Aber selbst für diesen hohen Preis können sie für nichts garantieren, zu viele Gefahren lauern auf dem Weg: Einmal, als Biafra zwei französische Fouga-Magister-Schulmaschinen gekauft hatte, wurden die Flugzeugrümpfe und die Flügel separat transportiert. Als die Super-Constellation, die die Flügel geladen hatte, in Guinea-Bissau zwischenlandete, um aufzutanken, wurde sie von Saboteuren gesprengt – die Fougas sind nie geflogen, weder für Biafra noch für sonst jemanden.
Die nigerianische Seeblockade hat die Nahrungsmittelversorgung für Biafra über das Meer abgeschnitten. Internationale Hilfsorganisationen versuchen daher, Nahrungsmittel und Medikamente auf dem Luftweg ins Land zu bringen, sie haben dabei aber wenig Erfolg. Die Nigerianer bieten daraufhin an, die Hilfsgüter durch ihr Gebiet durchzulassen. Aber die Biafraner sind überzeugt, daß die Lebensmittel dann vergiftet werden. So muß jedes Gramm, ob Milchpulver, Margarine oder Fleisch, von Hank Warton und seinen Kollegen eingeflogen werden. Dafür verlangen sie den gleichen Preis wie für Waffentransporte: 20 000 US-Dollar pro Flug, Bezahlung im voraus. Warton befördert einmal Waffen und Munition, ein andermal Nahrungsmittel – die Vertreter der Hilfsorganisationen können nur achselzuckend wegsehen, manche loben ihn sogar für sein »humanitäres Unternehmen«. Ihnen bleibt auch keine andere Wahl, denn nur Warton und seine Partner kennen die Flugroute durch die nigerianischen Verteidigungslinien, und nur sie haben Zugang zu den geheimen Landungskodes, die jeden Tag geändert werden, um das Eindringen der feindlichen Luftwaffe zu verhindern. Die Kodes ermöglichen es einem Flugzeug, sicher auf einer verstecken Landebahn im Dschungel zu landen, ohne von der biafranischen Luftabwehr beschossen zu werden.
Das Geschäft lief glänzend, Hank Warton und Kollegen hatten alles im Griff – bis Graf Carl Gustav von Rosen kam.

Rosens Plan

Der Schwede Carl Gustav von Rosen, 59, ist ein Flugzeugnarr und hat eine »Vorliebe für unterdrückte Menschen«. »Wenn ich mal im Flugzeug sitze«, sagt er, »habe ich das Gefühl, ich kann alles machen, solange ich nur daran glaube.« Als junger Mann flog er im Abessinienkrieg ein Heinkel-Ambulanzflugzeug und half den Opfern der italienischen Aggression. Als im November 1939 die Rote Armee Finnland angriff, ging er als Leutnant zur finnischen Luftwaffe. 1960 unternahm er Versorgungsflüge für die schwedischen Einheiten der UNO-Friedenstruppen im Kongo. Dann kehrte Carl Gustav von Rosen nach Schweden zurück und arbeitete als Chefpilot bei der Transair; er versprach, sich nie wieder in die Streitereien der afrikanischen Staaten verwickeln zu lassen.
Aber er kann die Wut über die Morde und den Hunger in Biafra nicht unterdrücken, auch nicht über die Schmuggelpiloten, die aus der Notlage der Menschen Profit schlagen. Anfang August 1968 bietet sich die Möglichkeit, die Wut in Taten umzusetzen: Der deutsche Zweig der Caritas, der internationalen katholischen Hilfsorganisation, wendet sich an die Fluggesellschaft Transair. Die Caritas chartert eine DC 7, um Nahrungsmittel und Medikamente in das belagerte Biafra zu fliegen. Rosen setzt sich selbst hinter den Steuerknüppel und fliegt die Hilfsgüter auf die portugiesische Insel São Tomé. Dort erfährt er, daß die nigerianische Luftabwehr so stark geworden ist, daß selbst die mutigsten Schmuggler es nicht mehr wagen, nach Biafra zu fliegen – tatsächlich sind seit einer Woche keine Versorgungsmaschinen mehr von São Tomé gestartet. Die Caritas bittet den Schweden, die Fracht trotz der Gefahren ans

Ziel zu bringen. Von Rosen und seine handverlesene Crew – die meisten von ihnen sind Kongo-Veteranen – können der Herausforderung nicht widerstehen, obwohl sie wissen, daß Beschuß nicht nur von den Nigerianern droht, sondern ebenso von den mißtrauischen Biafranern, wenn sie versuchen zu landen. Den Schmuggelpiloten paßt die Konkurrenz aus dem Norden ganz und gar nicht: Die versauen die Preise, denn die Schweden fliegen für ihre regulären Transair-Gehälter. »Es war in ihrem Geschäftsinteresse, daß wir nicht flogen», erklärte Rosen später, »und mindestens eine ihrer Landeplatzbeschreibungen war vollkommen falsch. Wenn wir uns darauf verlassen hätten, hätte es in einer Katastrophe geendet.« Die Schmuggler wollen Rosen nicht die Kodes geben, die er für die Landung in der Nacht braucht. Und da er das Gebiet, das er überfliegen muß, überhaupt nicht kennt, bleibt ihm nichts anderes übrig, als es bei Tageslicht zu versuchen. So wird die DC 7 zu einem leichten Ziel für die Flak und auch für die MIGs der nigerianischen Armee.

Am 13. August 1968 startet Rosen in São Tomé und steuert die vollbeladene DC 7 nur wenige Meter über dem Ozean. Er will das nigerianische Radar unterfliegen und von Kriegsschiffen, wenn überhaupt, möglichst spät entdeckt werden. Als die Maschine die flache Regenwaldküste erreicht, weiß die Crew, daß die nigerianische Luftabwehr sie nicht bemerkt hat. Fast hätten sie ihr Ziel, die Stadt Uli, nicht erkannt, Rosen sieht die Landebahn im letzten Moment und reißt die Maschine scharf nach oben: Die Verteidiger sollen sehen, daß die anfliegende Maschine eine DC 7 und kein Bomber ist. »Nach ungefähr drei Sekunden, in denen sie nicht schossen«, erzählt Rosen später, »wußte ich, daß alles klar war, und wir gingen runter, um zu landen.«

Die abgehärteten biafranischen Soldaten brechen in Tränen aus, als sie die Hilfsgüter an Bord des Flugzeugs sehen. Während Rosen mit den Gütern in Uli bleibt, fliegt der Rest der Crew auf demselben Weg, auf dem er gekommen ist, nach São Tomé zurück, um die nächste Ladung zu holen. Diesmal haben sie die Landekodes, als sie beladen nach Uli zurückkommen. Von nun an fliegen sie und die anderen Hilfsgüterpiloten die Route durch den Luftkorridor, den Rosen gefunden hat. Die Schmuggler können nichts dage-

gen unternehmen, und die Zahl der Hilfsgütertransporte wächst drastisch.
Rosen hat zwar die Blockade durchbrochen, aber er erkennt schnell, daß das nur eine vorübergehende Lösung ist. Ein umfassender Plan entsteht in seinem Kopf, der viel weiter reicht als die Versorgung mit Lebensmitteln und Arznei: Er will Biafras Kinder retten. »Ich erkannte bald«, berichtet der schwedische Idealist später, »daß jeder Priester, jeder Arzt, jeder schwarze und weiße Mensch in Biafra mehr für Waffen und Munition betet als für Nahrungsmittel, denn es macht keinen Sinn, die Kinder nur zu ernähren, um sie dann von Saladin-Panzerwagen oder MIGs massakrieren zu lassen.« Seine Absicht, erklärt Rosen, »war nicht, den Krieg zu schüren, aber die hochmoderne Kriegsmaschinerie der Nigerianer von den Kindern fernzuhalten«.
Bevor er seinen Plan in die Tat umsetzt, vergewissert sich der schwedische Graf, daß es keinen anderen Ausweg gibt. Zuerst fliegt er nach Äthiopien, um mit seinem alten Freund, Kaiser Haile Selassie, die Lage in Biafra zu besprechen. Dann reist er nach New York und versucht vergeblich, den Generalsekretär der Vereinten Nationen, U Thant, zu sprechen. Inzwischen läuft der Hilfsgütertransport nach Biafra auf vollen Touren, Mitte September kommen jede Nacht etwa 300 Tonnen Nahrungsmittel und Medikamente an.
In seinem Lissabonner Hauptquartier im Hotel Tivoli stellt Hank Warton unterdessen fest, daß er ziemlich aus dem Geschäft raus ist. Warton stellt seine Flüge fast ein und behauptet, die Biafraner schuldeten ihm eine Million Dollar. Die Biafraner kontern, indem sie Warton beschuldigen, daß dessen Dienste ziemlich unregelmäßig und unzuverlässig gewesen seien, und erklären, Warton sei in ihren Augen nichts anderes als ein feindlicher Agent. Auf dem Lissabonner Flughafen gibt es eine Bombendrohung, die Bombe soll sich in der Nähe von Wartons Flugzeugen befinden, und die portugiesische Regierung »entdeckt« plötzlich, daß seine Papiere nicht in Ordnung sind. Eines Nachts, Anfang Oktober, verläßt er das Hotel Tivoli und entschlüpft nach Madrid. Es sieht nicht so aus, als wollte er wiederkommen.
Nach seinem erfolglosen Versuch, massive humanitäre Hilfe für

Biafra zu mobilisieren, kehrt Carl Gustav von Rosen kurz vor Weihnachten 1968 in die geschüttelte »Möchtegern-Nation« zurück. Dort stellt er fest, daß die nigerianischen Belagerer versuchen, den Waffenfluß nach Biafra zu unterbinden: Sie zerstören die Landebahnen von Uli, des wichtigsten Flughafens des Landes. Wenn er irgend etwas für Biafra tun kann, beschließt von Rosen, muß er es selbst tun; und er glaubt fest an seine Mission und bietet seine Dienste unentgeltlich an. Er informiert die biafranischen Verantwortlichen über seinen gewagten Plan und fährt zurück nach Schweden, um mit den Vorbereitungen anzufangen.

In Malmö arbeitet Rosens Sohn Eric bei der »Malmö Flygindustri«, einem Flugzeugbaukonzern, der zum schwedischen Industriekombinat Saab gehört. Der Sohn hat den Vater früher einmal darum gebeten, ihm beizubringen, ein kleines zweisitziges Propeller-Sportflugzeug zu fliegen, das von der Firma produziert wird. Rosen war von der kleinen Maschine mit der Typbezeichnung MFI-9B beeindruckt, die Skizzen einer Militärversion hatten ihn begeistert. Die ungewöhnlich starke Flügelkonstruktion ermöglicht es der Maschine, Raketen zu tragen, und feindliches Abwehrfeuer oder Radar kann sie nur schwer erfassen, da sie auch bei niedriger Flughöhe einfach zu manövrieren ist. Es ist genau das Flugzeug, das Rosen für seinen Plan sucht.

Vertreter der tansanischen Botschaft in Stockholm bestellen Anfang 1969 fünf MFI-9B, für eine neue Flugschule in ihrem Land, wie sie sagen. Tansania ist einer der wenigen Staaten, die Biafra anerkannt haben. Eine obskure Firma in Paris – in Wahrheit ein Organ der biafranischen Regierung – bezahlt die Maschinen, und schwedische Piloten bringen sie zu einem Flughafen außerhalb von Paris, wo sie zu ihrer Überraschung feststellen, daß sie in einer militärischen Hochsicherheitszone gelandet sind. Dort vermessen dann Waffenexperten der französischen Luftwaffe die Flügel der Flugzeuge für Raketenhalterungen: Jeder Flügel kann sechs französische 76-mm-Raketen tragen. Die fünf Maschinen werden auseinandergebaut, verpackt und in zwei Super-Constellations geladen. Alle Schweden fahren zurück, außer Per Hazelius, der die Flugzeuge in Tansania wieder zusammenbauen soll. Er besteigt eine der Super-Constellations und will in Daressalam wieder aussteigen, aber als die Maschine landet, ist er auf der anderen Seite von Afrika, in Libreville, Gabun. Dort wartet zu seiner Begrüßung Graf von Rosen, begleitet von zwei weiteren schwedischen Piloten und zwei Mitgliedern der Bodencrew: Die Piloten sind Martin Lang, ein 31jähriger Fluglehrer, und Gunnar Haglund, ein 27jähriger Pilot einer Stahlfirma, die Bodentechniker sind Torsten Nilsson, 58, ein pensionierter Pilot der schwedischen Luftwaffe, und Bengt Weithz, ein junger Ingenieur, der mit der MFI-9B vertraut ist. Wie Rosen arbeiten sie aus Idealismus, und ihre Bezahlung entspricht ihren Gehältern. Außerdem sind noch zwei Biafraner dabei – der Pilot Willie Bruce und Augustin Opke, der mit 27 Jahren schon Chef der biafranischen Luftwaffe ist. Da alle mit anpacken, hat Hazelius die fünf Flugzeuge recht schnell ausgepackt und zusammengebaut. Dann fliegen sie die Maschinen zu einem geheimen Flugplatz im Busch, außerhalb von Libreville. Hier werden die zuvor angepaßten Raketenhalterungen und Waffen an die MFI-9B angebracht. Von Rosen nennt die Flugzeuge »Minicoins«, ein Name, der auf ihren niedrigen Preis wie auf ihre gute Eignung als kleine, leichte Angriffsflugzeuge anspielt. Später wird der Name oft zu »Minicon« verfälscht. Hazelius ist begeistert von der Verwandlung der harmlosen MFI-Sportflugzeuge in Angriffsmaschinen, jede gespickt mit zwölf tödlichen Raketen. Schließlich übermalen die Bodentechniker die schwedischen Kennzeichen und streichen Tarnfarbe auf Rumpf und Flügel.

Der erste Angriff beginnt am 22. Mai 1969, zur Mittagszeit. »Wir wollten sie erwischen, wenn sie nach dem Mittagessen gerade müde waren«, erklärt Rosen. Ihr Ziel war Port Harcourt, der ehemalige biafranische Stützpunkt, wo inzwischen die Nigerianer eine Radarbasis unterhalten, um ihre Flugzeuge zu leiten, und dort stehen auch einige MIGs und Iljuschin-Bomber. Es ist ein trockener, heißer Tag, Rosen trägt eine gelbe Baseballmütze über seinen schütter werdenden Haaren, um sich vor der Sonne zu schützen. Er ist jetzt 59 Jahre alt.

Als die Schwadron der »Minicoins« die Küste erreicht, entdeckt einer der Piloten einige große Öltanker. Die Vorstellung, sie versenken zu können, erregt ihn dermaßen, daß er die Funkstille unterbricht. Jetzt wissen die Nigerianer, daß sie kommen. Sie fliegen im Tiefflug über Port Harcourt und treiben einige nigerianische Soldaten auseinander, die hastig versuchen, die Landebahn mit Blättern abzudecken. Alle Abwehrgeschütze werden in Richtung der sich nähernden Flugzeuge gerichtet und fangen an zu feuern, als sie in Sicht kommen. Eine Granate explodiert in der Nähe von Rosens Maschine und wirbelt sie herum – eine Flugabwehrkanone des schwedischen Rüstungsunternehmens »Bofor« hat sie abgeschossen. Die Piloten feuern die ersten Raketen ab, und die Flak verstummt. Die Raketen treffen zwei MIGs und schleudern Teile der russischen Kampfmaschinen durch die Luft. Danach beschießen die Angreifer die Iljuschins, beschädigen zwei davon schwer und kehren zu ihrem geheimen Flugplatz zurück.

Die Angreifer heben so bald wie möglich wieder ab, greifen Benin an und zerstören die Iljuschin des hier bereits vorgestellten »Völkermörders« und eine weitere, bekannt als der »Intruder« – »Eindringling« –, der den Flughafen in Uli bombardiert hat. Drei Tage später greifen sie Enugu an. »Sie wußten, daß wir kamen, und hatten jede verfügbare Waffe an den Flughafen geschafft«, berichtet Rosen später. Aber die Angriffsgruppe umgeht das nigerianische Abwehrfeuer und trifft zwei Bomber. »Eine MIG versucht zu starten, aber sie wurde abgeschossen, als sie abheben wollte.«

Martin Lang gerät in die Bredouille, als seine Maschine an Höhe verliert und er gezwungen ist, aufzusetzen, um wieder Fluggeschwindigkeit zu erreichen – doch während er über den Boden rast, feuert er Raketen auf zwei abgestellte Flugzeuge ab – eine davon ist eine MIG.

Mit drei schnellen Schlägen hatten Rosen und seine Schwadron Chaos in der nigerianischen Luftwaffe verbreitet und dem belagerten Biafra einen – bitter nötigen – Vorteil verschafft. Die Reaktionen in der Welt waren unterschiedlich. Sobald Rosens Identität festgestellt worden war, beschwerte sich die nigerianische Regierung in Stockholm. Die schwedische Regierung leitete eine Untersuchung ein, Malmö Flygindustri äußerte Überraschung, Transair wußte nur, daß Rosen Urlaub genommen hatte. Während Rosen nach Schweden reiste, um Fragen seiner Regierung zu beantworten, setzte seine Schwadron die Angriffe fort. Zu Hause überzeugte Rosen die Politiker, daß er in den Ankauf und den Transport der Flugzeuge nicht verwickelt war und daß er gegen kein Gesetz verstoßen hat. Transair begnügte sich mit einer Rüge, und diese auch nur dafür, daß er während seines Urlaubs für jemand anderen geflogen war. Nach Rosens Auffassung wäre die Hälfte der schwedischen Bevölkerung freiwillig nach Biafra gegangen, wenn man sie dazu aufgefordert hätte.

Seine Mission ist beendet, Rosen kehrt nach Malmö zurück und nimmt sein gewohntes Leben wieder auf. Während der nächsten Monate gehen Gerüchte um, daß er wieder in Biafra sei und »Minicoin«-Angriffe fliege, als ein moderner Abenteurer, der für die Unterdrückten kämpfe. In der schmutzigen Welt der Waffenschmuggler und Söldner, die den Ausgang so vieler Geschehnisse in Afrika beeinflußt haben, hat er gezeigt, daß es möglich ist, für andere Ziele als den persönlichen Vorteil zu kämpfen. Er hat alles getan, was er für Biafra tun konnte, obwohl er wußte, daß dessen Sache zum Scheitern verurteilt war.

Er hatte recht: Als Reaktion auf seine ersten Angriffe hatten die Nigerianer kurzerhand alle ihre kleinen Flugzeuge am Boden gehalten, so daß die ungenügend ausgebildeten nigerianischen Luftabwehrschützen jedes auftauchende Flugzeug leicht als Feind erkennen konnten. »Die Nigerianer wissen jetzt, daß sie verwundbar sind«, stellte Rosen stolz fest und fügte hinzu, daß sich auch die Ölgesellschaften über die Sicherheit ihrer Anlagen in Nigeria Sorgen machten. »Sie wissen jetzt«, sagt er, »daß jeden Tag ein Blitz vom Himmel kommen und ihre kleine Welt in Flammen setzen kann.«

Aber Biafras provisorische Luftwaffe ist nicht fähig, genug Blitze zu erzeugen, um die kleine Nation zu schützen. Obwohl die »Minicoins« einige nigerianische Kampfflugzeuge zerstört haben, besitzt Nigeria immer noch ausreichend Flugzeuge, um fast jede Nacht wichtige biafranische Stützpunkte anzugreifen, auch die Landebahn von Uli. Im Juni, Rosen ist schon wieder in Schweden, schlüpfen »Minicoins« durch die immer dichter werdende nigerianische Luftabwehr und bombardieren Ölanlagen, aber ohne größere Wirkung. Dann ersetzen die Nigerianer ihre schlecht ausgebildeten, ängstlichen MIG-17-Piloten durch DDR-Fliegercracks, die keine Angst vor Nachteinsätzen haben. Nun sind weder der Tag- noch der Nachthimmel mehr sicher. Am 29. November entdecken patrouillierende MIGs ein paar »Minicoins« auf dem Rückflug zu ihrer

Dschungelbasis, sie stoßen herab und zerstören sie am Boden. Im Januar 1970, sechs Monate, nachdem Rosen Biafra neuen Mut gegeben hatte, zerschlägt die nigerianische Armee den letzten Widerstand, und der Biafrakrieg ist zu Ende.
Rosen, in Schweden, schweigt, nach und nach entzieht er sich dem öffentlichen Interesse. 1974 ist er wieder in Äthiopien, seiner zweiten Heimat, und fliegt Nahrungsmittel in Hungergebiete. 1977, als ein Grenzkrieg mit dem benachbarten Somalia im Gange ist, bittet der Gouverneur der Provinz Harar darum, von einem Vertreter der Hilfsorganisation in die Stadt Gode geflogen zu werden, die von somalischen Truppen angegriffen wird. Rosen ist einverstanden und landet ohne Zwischenfälle. Aber in dieser Nacht fangen die Somalis an, die Stadt mit Artillerie zu beschießen. In der Villa, in der sich der Gouverneur mit seinen Leuten befindet, beschließen einige zu fliegen, andere, auch Rosen, bleiben. Kurze Zeit später stürmen die Somalis die Villa, aus dem Haus hört man das Bellen der Schnellfeuergewehre. Noch vor dem Morgengrauen erobern die Äthiopier die Villa zurück: Dort finden sie Rosens durchlöcherten Körper. Das war am 13. Juli 1977, Graf Carl Gustav von Rosen stand zwei Jahre vor seinem 70. Geburtstag. Das Ende eines ganz anderen Söldners.

Der Krieg, bei dem es vordergründig um Stammeskonflikte, in Wirklichkeit aber um die reichen Erdölvorkommen Biafras geht, endet mit etwa 1,5 Millionen Toten und der Verwüstung der Wirtschaft der Provinz, Hunger bricht aus.
Frankreich und England wollten ihren Einfluß auf die ehemalige Kolonie behaupten und stärken. Der Staatschef von Nigeria, General Gowon, wurde am 29. Juli 1975 durch einen Militärputsch gestürzt, er zog sich als Privatmann nach England zurück. Sein Nachfolger, General Mohammed, wurde am 13. Februar 1976 ermordet. Dessen Nachfolger, General Obasanjo, verkündet am 21. September 1978 eine neue Verfassung, der Ausnahmezustand wird beendet, und politische Parteien werden zugelassen. Aus den Wahlen gehen als Präsident ein Mann des Nordens und als Vizepräsident ein Ibo hervor, Angehörige der Stämme, die das Volk Biafras bildeten, besetzen wichtige Posten in Verwaltung, Wirtschaft und Armee. 1979 wird Alhaji Shehu Shagaris zum Staatspräsidenten gewählt,

aber am 31. Dezember 1983 putschen wieder die Militärs: General M. Buhari wird Präsident eines Obersten Militärrats. Auch seine Regierung hält nicht lange, am 28. August 1985 stürzt ihn Armeechef Ibrahim Babangida.
General Ojukwu, Staatschef von Biafra und Führer von dessen Bürgerkriegsarmee, betätigte sich nach der Niederlage als Geschäftsmann in Elfenbeinküste.

Der Seychellen-Coup

Die Seychellen sind eine kleine Inselrepublik inmitten des Indischen Ozeans. Im November 1981 fallen Söldner über das Archipel her, geschickt hat sie das Regime Südafrikas. Geradezu prototypisch für Söldneraktionen läuft das Szenario der Vorbereitung und Durchführung des Staatsstreichs ab, genauer gesagt, des Putschversuchs, denn der Angriff schlägt fehl. Aber gehen wir zurück zum Beginn des Lehrstücks.

High-Tech hat natürlich schon längst die Söldnerszene ergriffen, ja, es beginnt sie grundlegend zu verändern. In Südafrika dient bereits ein Teil der erfahrenen Legionäre in sogenannten Sicherheitsagenturen, die ihr blutiges Geschäft auf modernste Weise betreiben. Aber noch ist der Söldner alten Typs gefragt, noch werden die Kämpfer aus dem Kongo und aus Biafra gebraucht – sie sind geradezu unersetzlich, wenn eine Regierung die Regierung eines anderen Landes stürzen, aber die Verantwortung dafür nicht übernehmen will. Wenn der Plan scheitert oder öffentlich bekannt wird, können die Drahtzieher verkünden, sie hätten mit den »Abenteurern« nichts zu tun. Läßt sich die Komplizenschaft von staatlichen Stellen nicht leugnen, weil dummerweise Beweise zurückgelassen wurden, so sind die Schuldigen irgendwelche »nachgeordneten Dienststellen« oder »nichtautorisierte Personen«, die »natürlich zur Rechenschaft gezogen werden«. Ein primitives, aber wirksames Legitimationsschema. Es wurde auch nach dem Putschversuch auf den Seychellen angewendet: »Weder die südafrikanische Regierung, das Kabinett noch der Staatssicherheitsrat sind über den Coup unterrichtet worden. Daher wurde keinerlei Genehmigung für irgendeine Aktion gegeben. Es wurde keinerlei Geld für diese Zwecke bereitgestellt. Der gescheiterte Coup wurde ohne Wissen oder die Zustimmung irgendeiner offiziellen Stelle oder Behörde durchgeführt.« So Südafrikas Premierminister Pieter Botha am 29. Juli 1982 in einer öffentlichen Stellungnahme. Mit der Wahrheit hat Bothas Aussage nichts zu tun – was bei Erklärungen südafrikanischer Regierungsstellen ohnehin nicht zu erwarten ist.

Wie hat die Sache begonnen? Mai 1981: Das Söldnermagazin »Gung Ho«, das in enger Verbindung zur gleichgesinnten US-Zeitschrift »Soldier of Fortune« steht, veröffentlicht einen Artikel: »Möglichkeiten für Söldner, östlich von Suez«. Beschrieben werden die »Möglichkeiten« einer Invasion auf den Seychellen und in Mauritius durch »dogs of war«, »Hunde des Krieges«. Und: Die Unterstützung des ehemaligen Premierministers der Seychellen, James R. Mancham, für eine solche Aktion sei sicher. James Mancham war 1977 gestürzt worden und lebte seitdem als reicher Playboy im Londoner Exil.

Glaubt man der in Johannesburg erschienenen Zeitung »Sunday Times« vom 29. November 1981, so hat Jim Graves, Herausgeber von »Soldier of Fortune«, ihrem Reporter folgendes zu Protokoll gegeben: »Ich hörte schon vor vier Monaten von einer französischen Quelle, daß irgendwas Großes in Afrika abgehen soll.« Die Zeitung berichtet, daß die Rekrutierung der Söldner vor 18 Monaten in Südafrika begonnen habe und daß »seit langem eine große Sache in den Bars von Durban diskutiert werde«. Robin Moore, Autor des Buches »The Green Berets« und beliebter Artikelschreiber für Söldnermagazine, teilt der »Sunday Times« mit, daß Anteile der fünf Millionen Dollar teuren »Operation Seychellen« in den USA seit Monaten zum Kauf angeboten werden. »Ich versuchte Leute zu finden, die in den Putsch investierten«, erzählt er.

Andere Nachrichtenquellen besagten, daß der Putschplan auch in Frankreich diskutiert wurde. Es versteht sich, daß dort Bob Denard rege interessiert war: Er hatte sich an einem früheren Versuch beteiligt, die Seychellen zu erobern, im Jahr 1979. Deren Regierung unter Staatspräsident René hatte den Coup aufgedeckt, bevor die Söldner Durban in Südafrika verlassen hatten.

September 1981: Die Zeitschrift »American Relations«, ein Nachrichtenorgan des rechtsradikalen »Institute of American Relations«, publiziert einen Artikel »Coup auf den Seychellen?«. Mit prophetischem Wissen wird die tiefe Besorgnis der US-Regierung gegenüber der »marxistisch orientierten« Regierung auf den Seychellen wiedergegeben: »Die Vereinigten Staaten wollen keine feindlich orientierte Macht entlang einer so lebensnotwendigen Schiffahrtslinie«, heißt es. »Schaut zu den Unruhen auf den Seychellen in den kommenden Monaten«, schließt das Magazin seinen Beitrag ab. Das Institut ist eine kleine Denkfabrik, die aufgebaut wurde von Senator Jesse Helms, dem Führer der neuen Rechten im US-amerikanischen Kongreß.

Im selben Monat behaupten komorische Exilpolitiker in Paris, Südafrika stehe hinter der Vorbereitung einer Militärinvasion entweder gegen die Seychellen oder gegen Madagaskar. Da die Anschuldigungen sehr vage sind, werden sie nicht beachtet.

Oktober 1981: Die französische Polizei verhaftet Olivier Danet in Paris. Danet, ein ehemaliger französischer Freiwilliger in der rhodesischen Armee, war zusammen mit Bob Denard am ersten Putsch auf den Komoren beteiligt. Später brachte er es sogar zum Leibwächter des französischen Staatspräsidenten Valéry Giscard d'Estaing. Danet wurde von italienischen Gerichten wegen des Terroranschlags auf den Bahnhof von Bologna gesucht und ließ sich beim Schmuggel von schweren Waffen von Belgien nach Frankreich erwischen. »Waffen, die für eine rechtsradikale Organisation bestimmt waren«, meldet die südafrikanische Zeitung »Rand Daily Mail« am 13. Oktober 1981.

Warum gerät eine kleine Inselrepublik in das Fadenkreuz von Söldnern und Geheimdiensten? Auf der nördlich von Madagaskar gelegenen Inselgruppe leben 1980 65 000 Einwohner, meist Kreolen. Die Inseln, deren Wahrzeichen die Seychellennußpalme ist, wurden 1743 von Frankreich in Besitz genommen, 1814 kamen sie zu Großbritannien und erhielten am 1. Oktober 1975 eine Interimsverfassung. Am 28. Juni 1976 wird die Republik unabhängig. France-Albert René stürzt 1977 den korrupten Staatspräsidenten Mancham. René ist ein sozialistischer Politiker, der eine Politik der Blockfreiheit verfolgt, und das bedeutet nicht nur für die USA oder Südafrika: Marxismus-Leninismus und gottloser Kommunismus. Präsident René und seine Politik der Blockfreiheit sind den USA von Anfang an ein Dorn im Auge, weniger wegen innenpolitischer Machtverschiebungen auf den Seychellen als wegen eigener Interessen: Auf den Seychellen überwacht eine Radar-Nachrichtenstation der US-Luftwaffe die gesamte Region des Indischen Ozeans. Außerdem gibt es da noch den amerikanischen Stützpunkt Diego Garcia, die größte US-Überseebasis in Afrika – als »Nachbarn« der Seychellen: Die Superbasis der USA liegt zwar über 1800 Kilometer von den Küsten der Inselgruppe entfernt, das ändert aber nichts an der »großen Besorgnis« der US-Regierung über sozialistische Regierungen im Umfeld ihres Stützpunktes. Vielleicht nähern sich ja nachts Fischerboote der Seychellen, um im Auftrag der Russen die Militäranlagen von Diego Garcia zu fotografieren oder gar Sabotageaktionen durchzuführen?

Der Organisator des Putsches ist Thomas Michael Bernard Hoare, kurz Mike Hoare. »Mad Mike«, »verrückter Mike«, wurde er im Kongo auch genannt. Er gehörte zu denjenigen, die im Auftrag der CIA Patrice Lumumba stürzten und Mobutu an die Macht brachten. Danach ging er als Farmer wieder seinen zivilen Geschäften in Südafrika nach, schrieb ein Buch: »Congo Mercenaries« und suchte nach neuer Befriedigung im antikommunistischen Kreuzzug. Er sollte sie bald finden.
Zu seinen Gründen, den Putsch gegen die Regierung der Seychellen zu organisieren, sagt der alt gewordene Hoare durch seinen fast zahnlosen Mund: »Meine Motivation als ein Söldner kann im allgemeinen als mein persönlicher Beitrag zum Kampf gegen den Kommunismus verstanden werden. Ich habe jedoch auch als Söldner gekämpft, weil es um Ideale ging. Ich sehe nichts Falsches oder Amoralisches daran, ein totalitäres System zu stürzen, und noch weniger, ein marxistisches, dessen Staatschef selbst durch den Einsatz von Gewalt an die Macht kam und dabei eine demokratisch gewählte Regierung stürzte.«
Schon im September 1977 beginnen die ersten Vorbereitungen, besser gesagt: Hirngespinste verdichten sich zur Verschwörung. Damals spricht ihn Gonzalves d'Offay, ein Ex-Minister der Man-

cham-Regierung, an, die gerade durch France-Albert René gestürzt worden ist. »Seine Absicht war, daß Präsident James Mancham wieder an die Macht gebracht werden soll. Nach einer kurzen Zeit würde James Mancham freie und faire Wahlen durchführen lassen. Meine sofortige Antwort«, so Mike Hoare: »Die Angelegenheit ist durchführbar.«

Ein paar Tage nach diesem Gespräch fliegt Hoare für sechs Tage auf die Insel, deren Regierung er stürzen will. Ein solch kurzer Aufenthalt würde keinem einigermaßen seriösen Journalisten ausreichen, um sich ein Bild von einem Staat und seiner Regierung zu machen. Hoare aber hält sechs Tage für genug, er stellt fest, daß der Putsch sich lohnt. Also geht »Mad Mike« daran, einen »Operationsplan« auszuarbeiten und die Kosten auszurechnen: Fünf Millionen Dollar, schätzt er, ist der Preis für den Putsch.

Ende 1978 fährt Hoare nach London, er will James Mancham, den Ex-Präsidenten der Seychellen, aufsuchen. Doch der kommt nicht zu dem vereinbarten Treffen. Erst Monate später, wir schreiben schon 1979, findet das Treffen endlich statt: Mancham stimmt Mike Hoares Plänen zu, und er bringt Hoare mit Paul Chow zusammen, einem der Verantwortlichen des »Mouvement pour la Réstistance«. Die »Widerstandsorganisation« setzt sich überwiegend aus gutverdienenden Geschäftsleuten der Seychellen zusammen und wurde 1980 gegründet. Der Preis von fünf Millionen Dollar ist selbst ihr zuviel. Daraufhin erarbeitet Hoare neue Pläne, von denen »jeder deshalb abgelehnt wurde, weil er zu teuer war. Ich hatte zum Beispiel den Plan, ein Schiff in Durban zu kaufen und auf ihm die für den Einsatz benötigten Waffen auf die Seychellen zu transportieren. Letztendlich blieb nur eine einzige Möglichkeit übrig: Die Söldner mußten die Waffen selbst mit ins Land bringen, bei sich tragen.« All das wird hin und her überlegt mit dem Ziel, den Preis für den Putsch zu drücken. Der muß runter, sonst kriegt »Mad Mike« den Auftrag nicht: Putsch ist eine Handelsware.

400 000 Dollar wollen die Widerständler für Freiheit und Demokratie aufbringen, und Hoare erhält den Zuschlag, obwohl sich inzwischen andere Söldnergruppen um den Coup beworben haben.

Warum wird Hoare auf einmal so billig? Er kann sich den Dumpingpreis leisten, hat er doch potente Helfer gefunden: Schon in einem

Brief vom 12. Mai 1978, den Hoare an die Repräsentanten der »Widerstandsbewegung« richtet, rühmt er sich seines Kontakts zum südafrikanischen Geheimdienst, der damals noch BOSS hieß: South African Bureau of State Security. Kurze Zeit später wird er in »National Intelligence Service« (NIS) umgetauft.
»Ich habe einige Kontakte zum BOSS in Südafrika«, schreibt »Mad Mike«, sein Verbindungsmann dort ist ein Martin Dolinschek.
»Über die Jahre hinweg habe ich sehr eng mit ihm und dem National Intelligence Service zusammengearbeitet«, berichtet Hoare später. »1979 begann ich mit ihm über die Möglichkeiten für eine Aktion gegen die Seychellen zu reden. Als ein Ergebnis unserer bisherigen Treffen fragte ich Dolinschek, ob er ein Treffen zwischen dem Vorsitzenden des Büros für Staatssicherheit, Mr. Alec Van Wyk, und mir arrangieren könne.«
Die brisante Zusammenkunft findet statt. »Van Wyk war ein sympathischer Mann und sagte mir, daß er das Kabinett über die geplante Aktion unterrichten und mich über das Ergebnis informieren würde.« Irgendwann klingelt tatsächlich das Telefon, und Alec Van Wyk meldet sich – mit einer betrüblichen Nachricht: »Das Kabinett sieht keine Möglichkeit, irgend etwas zu tun.«
Hoare läßt sich nicht entmutigen. Er setzt den Kontakt zu Dolinschek fort, um Geheimdienst und Regierung im Sinne seines Plans zu bearbeiten. Und siehe da: Schließlich verspricht der NIS ihm die ersehnte Unterstützung.
Jetzt braucht Hoare vor allem Söldner: Sein Plan setzt den Einsatz von »extrem hochtrainierten und erfahrenen Soldaten« vor. Gegen Anfang 1980 diskutiert Hoare konkrete Details der Rekrutierung mit Vertretern des National Intelligence Service, so die Frage des »Make-up«, der Tarnung, der Söldner und auch: Welche Nationalitäten sollen die Legionäre haben? Hoare schlägt vor, daß »wir 73 südafrikanische Soldaten nehmen. Denn nach meiner Meinung sind sie am besten motiviert.« Das wiederum paßt aber nicht ins Konzept des Nachrichtendienstes, er will die Zahl der südafrikanischen Söldner auf 15 Mann beschränken. »Sie bevorzugten, daß die Mehrheit der Söldner ausländische Paßbesitzer« seien, erzählt Hoare. Der Grund dafür liegt auf der Hand: Dadurch wird die Verwicklung Südafrikas weniger deutlich.

Zwischen Juni und Juli 1981 schaut sich Hoare die bislang ausgesiebten Söldner an. Die ersten Zahlungen für die Operation sind erfolgt. Über deren wahres Ziel erfährt keiner etwas. »Mad Mike« will herausfinden, ob die Söldner, die da vor ihm hocken, überhaupt geeignete Kandidaten sind. »Ich hielt ein Treffen in Johannesburg und ein anderes in Durban ab, bei denen ich die Männer traf und im allgemeinen mit ihnen über die Operation diskutierte, bevor ich mit der Rekrutierung begann.«
Ende August 1981 trifft sich Mike Hoare mit einem Vertreter des südafrikanischen Geheimdienstes. Hoare: »Ich hatte von ihnen den Eindruck, daß ich, wenn die Zeit reif wäre, mit vierzig Mann aus Südafrika rechnen könnte« – die »Johannesburg-Gruppe«.«
Gleichzeitig wirbt der Hotelbesitzer Kenneth H. Dalgliesh, der »die Verbindung für Ex-Rhodesische und Kommando-Gruppen der südafrikanischen Armee« unterhält, ebenfalls Männer für die Aktion an. Es handelt sich um die spätere »Durban-Gruppe«, die meisten Söldner, mit denen Dalgliesh in Kontakt steht, wohnen in Durban.
Hoare hat inzwischen 45 Söldner ausgewählt, sie sollen die Ehre haben, an der Operation teilzunehmen.
Zum Beispiel der 25jährige Amerikaner Charles Dukes. Er war Mitglied zunächst der rhodesischen Armee, später einer südafrikanischen Antiguerillaeinheit; Vernon A. Prinsloo, 31 Jahre alt, diente als Major in der rhodesischen Armee; Patrick J. Eurelle, 32 Jahre alt, Besitzer einer Reklamegesellschaft, war in der südafrikanischen Armee; Bernhard de Vos, 27 Jahre alt, Lehrer von Beruf, kämpfte in der südafrikanischen Spezialeinheit RECCE; Sven H. Forsell, 38 Jahre alt, Österreicher, arbeitet als Fernsehelektriker; Jan Sydow, 41 Jahre alt, Besitzer einer Sicherheitsfirma, stand beim schwedischen Nachrichtendienst auf der Gehaltsliste. Die anderen Auserwählten haben ähnliche Biographien: Sie sind zwischen 23 und 41 Jahren alt, verdienen ihr Geld als Händler, Unternehmer oder Angestellte und leben meistens in Südafrika. Alle sammelten ihre militärischen Erfahrungen entweder zusammen mit Hoare im Kongo, in der ehemaligen Armee Rhodesiens oder in Spezialkommandos der südafrikanischen Armee.
Unter ihnen ist Tulillo Moneta. Er kämpfte 1965 und 1966 unter

Hoare als Leutnant im Kongo. Das macht ihn zu einer Vertrauensperson, er wird früher als andere in die Planung eingeweiht: »Colonel Hoare sah ich zuerst zwischen Juli und August 1981. Er erzählte mir von den Möglichkeiten für den Staatsstreich auf den Seychellen. Nach seiner Meinung mußte man die Insel schnell infiltrieren, um dann von innen heraus anzugreifen.« Hoare war, so erinnert sich Moneta, fest davon überzeugt, daß alles klappen würde. Immerhin habe er lange Zeit an der Operation gearbeitet. »Ich sagte ihm: ›Schau, ich bin an der Sache interessiert, weil das eine Sache ist, die mir Freude macht, und weil du Rückendeckung durch die südafrikanische Regierung hast.‹ Er erzählte mir, daß er in allen Vorbereitungsstadien mit verschiedenen Offiziellen vom NIS gesprochen habe. Und einer der Sicherheitsoffiziere rief mich auch von Zeit zu Zeit an, nannte sich Anton und sagte, daß verschiedene Leute, die für die Aktion von mir vorgeschlagen worden waren, nicht vertrauenswürdig seien. Also mußte ich neue aussuchen.«
Die Vorbereitungen kommen gut voran, inzwischen helfen südafrikanische Offiziere Hoare, seine Söldner auf die Aktion einzustimmen. Vor dem offenen Putschbeginn will »Mad Mike« eine Gruppe von Söldnern auf den Seychellen einschleusen, sie sollen den Staatsstreich von innen heraus vorbereiten: Kommunikationssysteme aufbauen, »sichere Häuser« finden, Waffen deponieren.
Inzwischen hat Südafrikas Militär Waffen geliefert. Moneta trifft seinen Chef Hoare erneut in dessen Haus; er erinnert sich: »Der Keller war voller Waffen und Munition, einschließlich AKs ungarischer und rumänischer Herkunft, und es lagen da RPG 7, propellerangetriebene Raketen.« Stolz weist Hoare darauf hin, »daß alle Waffen von der südafrikanischen Armee geliefert wurden«.
Ein anderer Mitstreiter beim Putsch ist Robert Sims, Mike Hoares Schwager. Dessen Motive, sich als Söldner anwerben zu lassen, entsprechen nicht ganz den hohen Zielen, für die »Mad Mike« & Co. zu kämpfen vorgeben: »Ich bekam einen Monat Ferien bezahlt, samt allen Ausgaben. Politisch war ich nicht involviert, obwohl ich von anderen Freunden hörte, daß sie den Ex-Präsidenten an die Macht bringen wollten.« Robert Sims soll die Unterkünfte für die Hauptgruppe der Putschisten auf den Seychellen organisieren.
Mike Hoare äußert sich gegenüber Sims nie konkret über seine

Motive für den Putsch. Der Schwager berichtet später: »Einmal fragte ich Mike: ›Wer soll Präsident nach dem Coup werden?‹ Seine Antwort war kurz und bündig: ›Das gehört nicht zu deinem Geschäft. Geh auf die Seychellen und erledige ordentlich deinen Job.‹« »Ich würde aber gerne mehr wissen«, bohrt Robert Sims nach. Die Antwort: »Was macht das für einen Unterschied aus?« Sims denkt: »Na, ist ja wunderbar. Da kann ich wenigstens Ferien auf den Seychellen machen, während ich den Auftrag erledige.«
Peter Bruce Gay Duffy, freischaffender Pressefotograf in Südafrika, gehört ebenfalls zur Gruppe derjenigen, die einst mit Hoare im Kongo für die »Freiheit« mordeten. Sein Motiv, den ehemaligen Kampfgefährten zu unterstützen, ist profan: »Colonel Hoare versprach mir, 10 000 Rand zu bezahlen, und gab mir einen Vorschuß von 1000 Rand bar auf die Hand.« Duffy wird von Hoare aufgefordert, »den ›moralischen Implikationen‹« zuzustimmen. »Ich wußte ja schon aus der Zusammenarbeit in der Vergangenheit, daß es eine ›antimarxistische Operation‹ sein würde.« Weil das so ist, wundert sich Duffy nicht, als Hoare ihm sagt: »Die Regierung von Südafrika ist hundertprozentig hinter uns, die Regierung von Kenia ist hinter uns. Die amerikanische Regierung weiß, was vorbereitet wird, und wird die neue Regierung sofort anerkennen, wenn sie von uns an die Macht gebracht worden ist.«
Der Hotelier Dalgliesh macht den Job als Anwerber aus Überzeugung. Er diente im ehemaligen Rhodesien in der »Special Branch« und kam 1980 nach Südafrika, um sein Blutgeld anzulegen. »Ist es kriminell, nach Angola einzumarschieren?« fragt er. »Ist es etwa kriminell, wenn südafrikanische Militäreinheiten nach Zimbabwe gehen? Ist es kriminell, in Tansania einzumarschieren? Das sind doch alles kommunistische Länder, oder sie glauben an den Marxismus. Bei den Seychellen ist das genauso. Ich sehe das nicht als kriminelle Tat an.«

25. September 1981: noch zwei Monate bis zur Aktion. Im Elangeni-Hotel in Durban trifft sich Hoare mit verschiedenen führenden Offizieren des NIS. Die Stimmung sei ausgesprochen »optimistisch« gewesen, erinnert sich Hoare, »der jetzt abgestimmte Plan soll dem Kabinett vorgelegt werden«. Denn ohne höchste politische

Zustimmung haben selbst die abgebrühten südafrikanischen Geheimdienstler Angst, sich die Finger zu verbrennen. Mike Hoare: »Sie sagten, daß die bisherige Entwicklung am nächsten Dienstag dem Kabinett vorgetragen werde. Sie waren neunzigprozentig sicher, daß es eine Zustimmung zum Operationsplan geben würde.«
26. September, früher Vormittag: Bei Hoare, in der Stadt Hilton, meldet sich ein Mr. Claasen, die Nummer 2 im NIS, der »Erleuchtete« genannt. Er gilt als einer der engsten Mitarbeiter von Premierminister Botha und ist berüchtigt für seine Politik der Infiltration und Zerschlagung oppositioneller schwarzer Bewegungen. »Kommen Sie nach Pretoria«, fordert er den nervösen Hoare auf. Die Nervosität ist unbegründet: »Das Kabinett hat seine prinzipielle Zustimmung für die Aktion gegeben. Sie möchten nun die Einzelheiten diskutieren.«
Hoare jubiliert innerlich, fährt sofort nach Pretoria und präsentiert dem Verantwortlichen des Geheimdienstes die Liste der Waffen und Munition, die er für die nun mit höchsten politischen Weihen versehene Operation benötigen würde. Am nächsten Tag meldet sich Claasen erneut bei Hoare und informiert ihn darüber, »daß der Premierminister die Order gegeben habe, daß die gesamte Angelegenheit dem Militär zu übergeben sei«. Zusammen mit Hoare geht Geheimdienstler Claasen am folgenden Tag zu den zuständigen Militärs in das Zansa-Gebäude in Pretoria.
Sachwalter derartiger Aktionen sind die Brigadiers Hammon und Martin Knoetze. Die beiden Offiziere sind anfangs zurückhaltend und stellen Fragen: Welche staatliche Autorität Claasen die Genehmigung für die Aktion gegeben habe? Als Claasen von der Zusage des Kabinetts spricht, fordern sie eine schriftliche Note aus dem Büro des Premierministers. Claasen verspricht, die schriftliche Genehmigung vorzulegen, aber angesichts der Dringlichkeit der Angelegenheit sollten sie doch jetzt schon den Plan für die Bewaffnung von Hoare überprüfen und eventuell korrigieren, falls aus ihrer Sicht noch zusätzliche Waffen notwendig seien. Danach verläßt Claasen das Büro. Hoare diskutiert mit den beiden Militärs weitere Einzelheiten des Putschplans. Hoare ist davon überzeugt, daß die »besten Waffen« für die Operation geliefert werden, vor allem das Schnellfeuergewehr AK 47 rumänischer und ungarischer Herkunft.

Ostblockwaffen werden ausgewählt, um zu vermeiden, daß eine südafrikanische Verwicklung nachgewiesen werden kann.
6. Oktober 1981: Vor Hoares Haus in Hilton hält am frühen Morgen ein ziviler Fünf-Tonnen-Lkw, der von Major Vander Merwe gefahren wird. Die Fracht wird abgeladen und in den Keller von Hoares Haus gebracht. Um neun Uhr kommt noch ein Lkw mit Kisten an, sie werden entladen, und Hoare bestätigt schriftlich den Empfang der Ware. Ordnung muß sein. Der Inhalt der Kisten: die gewünschten AK-47-Sturmgewehre, dazugehörige Munition und sogar propellerangetriebene Raketen. Mit denen kann Hoare jedoch nichts anfangen, er schickt sie später wieder zurück.
Die Regierung, das Militär und der Geheimdienst Südafrikas sind nicht die einzigen, die ihr Interesse für den Staatsstreich bekunden und ihn sogar unterstützen. Hoare: »Ich kann versichern, daß die CIA interessiert war und bereit war, uns in jeder Beziehung zu unterstützen.« Davon geht auch ein weiterer Putschbeteiligter aus: der Südafrikaner Pieter Dorrewaard, 28 Jahre alt, ehemaliges Mitglied der Militärpolizei. Seit 1977 ist er Angehöriger einer Spezialeinheit, der RECCE, die einen brutalen Kampf gegen die schwarze Befreiungsbewegung in Südafrika führt. Er berichtet: »Schon im Oktober 1981 traf ich Brian Walls, einen Sergeanten unseres Spezialeinsatzkommandos. Er teilte uns mit, daß der Staatsstreich unter der Leitung von Colonel Hoare geplant wird, daß der Coup aber auch von der südafrikanischen Regierung unterstützt wird.« Während der letzten Vorbesprechungen erklärt Hoare ihm gegenüber erneut, daß »sowohl der Premierminister von Südafrika wie auch das Verteidigungsministerium und der National Intelligence Service von der Operation wissen und sie unterstützen«. Würde jedoch irgend etwas mißlingen, so Hoare, dann würde die Regierung ableugnen, irgend etwas mit uns zu tun zu haben.
»Ihr Interesse lag in der strategischen Bedeutung der Seychellen für die USA, die durch die Regierung France-Albert René gefährdet war.« Oder wie es ein amerikanischer Diplomat scharfsinnig analysierte: »In einer Zeit, in der beide Supermächte nach Militärbasen im Indischen Ozean suchen«, »fishing« nennt er es, »will der Westen keinesfalls, daß die Seychellen in das andere Lager gehen.«
Später, am 23. November 1981, 48 Stunden vor der Abreise der

Söldner-Haupttruppe zu ihrem Einsatz auf den Seychellen, wird Hoare den knapp fünfzig Mann versprechen, daß »wir die Zustimmung für die Operation sowohl von der Regierung Kenias wie auch von der amerikanischen Regierung haben«. Alle sind beruhigt, jetzt kann überhaupt nichts mehr schiefgehen.
Die Erklärung Hoares beruht darauf, daß der CIA-Resident in Pretoria ihm die Unterstützung seines Geheimdienstes zugesagt hatte. Tulillo Moneta hat von Hoare schon Monate vorher erfahren, wer den Putsch unterstützt: »Hoare erzählte mir, daß die CIA den Coup unterstützen würde. Und während einer anderen Gelegenheit sagte er, daß die CIA sogar finanzielle Unterstützung zugesagt habe.«
21. Oktober 1981: Hoare trifft sich mit Bernard Stanley Carey im Hilton-Hotel in der südafrikanischen Stadt Hilton. »Können Sie eine Reise für uns auf die Seychellen organisieren?« fragt er ihn. »Natürlich«, entgegnet Carey bei einem Glas Gin Tonic und will weitere Einzelheiten wissen.
»Wir sind eine Gruppe von fünfzig Leuten, Mitglieder einer karitativen Organisation, die Weihnachtsgeschenke für behinderte Kinder auf die Seychellen bringen wollen.« Um die Wohltäter kenntlich zu machen, soll Carey noch entsprechende T-Shirts und Gepäcktaschen mit dem Aufdruck dieser Organisation anfertigen lassen.
Carey akzeptiert, gibt aber Hoare den Rat, die Flugtickets bei der »Budget-Tours Travel Agency« in Johannesburg zu kaufen.
Erst drei Tage später klärt ihn Hoare über die wahren Absichten der Operation auf. Er bittet Carey, auf die Seychellen zu fliegen, um zu testen, wie streng die Zollbehörden Einreisende kontrollieren. Außerdem soll er mit zwei weiteren Söldnern, unter ihnen Robert Sims, Unterkünfte für die Gruppe aussuchen. Das Manöver ist riskant. Denn um zu prüfen, wie streng die Zollkontrollen sind, solle er, in einer Tasche mit falschem Boden, ein Gewehr mitnehmen. Am folgenden Tag fliegen Carey und die beiden Söldner auf die Seychellen. Alle drei haben Gewehre in ihrem Gepäck versteckt, samt der dazugehörigen Munition.
31. Oktober 1981: Die drei Urlaubsreisenden treffen um acht Uhr morgens auf dem internationalen Flughafen der Seychellen ein. Ihr Gepäck wird nicht kontrolliert, und sie fahren sofort zu den vorbe-

reiteten Objekten. Carey sucht die angemietete Suite im Reed-Hotel auf, die beiden anderen begeben sich zum »sicheren Haus«.
Am übernächsten Tag eröffnen sie, wie von Hoare angeordnet, zwei Bankkonten. Darauf soll vor allem das Geld für die Söldner überwiesen werden, von einem Schweizer Bankkonto aus.
Die weitere Kommunikation zwischen Hoare in seinem Lagezentrum in Südafrika und Robert Sims auf den Seychellen läuft über das Telefon des »sicheren Hauses« ab. Keine Regierungsstelle der Seychellen ahnt auch nur etwas von der Existenz dieses Stützpunkts der »Widerstandskämpfer«. Carey sucht derweil in Mahé, der Hauptstadt der Seychellen, nach akzeptablen Hotels für die Gruppe der vierzig Mann aus Südafrika: Von dort aus soll die eigentliche Militäroperation starten. Das Reed-Hotel wird zum zentralen Treffpunkt. Am 7. November 1981 fliegt Carey wieder nach Südafrika zurück, die beiden anderen Söldner warten ab.
Anfang November 1981: Dolinschek vom südafrikanischen Nachrichtendienst trifft sich mit Hoare zum Mittagessen. »Wir brauchen zwei Turboprop-Maschinen«, sagt Hoare. Dolinschek glaubt zu wissen, wo er die Maschinen herbekommen kann. Aber er hat Pech, der Besitzer der ausgewählten Fluglinie hat inzwischen Pleite gemacht.
12. November 1981: Hoares internationale Kontakte funktionieren, die Regierung Kenias wird zwei Flugzeuge bereitstellen.
11. November 1981: Die Hauptgruppe der Söldner, vierzig Mann, die zusammen mit Mike Hoare auf die Seychellen fliegen wird, trifft sich in Durban zur endgültigen Einsatzbesprechung. Jetzt erst sagt Hoare allen, worum es geht: »Wir führen auf den Seychellen einen Staatsstreich durch und bringen Ex-Präsident James Mancham an die Macht.« Die Begründung formuliert Hoare mit staatsmännischer Attitüde: »Das Land hat über 75 Prozent seiner bisherigen Touristeneinnahmen verloren. 95 Prozent der Bevölkerung stimmen einem Regierungswechsel zu.«
Dann kommt »Mad Mike« zur Sache: »Fünfzig Freunde werden an der Operation teilnehmen.« An der Wand des Tagungszimmers ist eine Landkarte der Seychellen angeheftet. »Von der Stadt aus werden wir den Präsidentenpalast angreifen, und zwar am Tag nach der Ankunft.« Dann zeigt er Fotos vom Internationalen Flughafen, von

den Armeekasernen und von der Radiostation. So richtig befriedigt sind die Söldner aber erst, als ihnen Hoare den versprochenen Vorschuß von 1000 Rand in die Hand drückt. »Halleluja!« ruft einer, während die Bierdosen aufgerissen werden. Die anderen stimmen ein, als Hoare zusichert, daß die restlichen 9000 Rand nach erfolgreichem Abschluß der Aktion bezahlt würden. Ein Söldner bekommt zwei Tonbänder ins Reisegepäck, nach erfolgreicher Aktion sollen er und seine Gruppe dafür sorgen, daß sie über Radio Seychellen ausgestrahlt werden. Auf den Bändern kündigt Ex-Präsident Mancham dem Volk der Seychellen seine »heißersehnte« Rückkehr an.
Noch am selben Tag fliegt Agent Dolinschek von Durban aus auf die Seychellen. Er benutzt dazu einen gefälschten Paß, seinen »Berufspaß«, den er vom südafrikanischen Innenministerium erhalten hat. Jetzt heißt er »Anton Lubic«. Vor dem Abflug übergibt ihm Hoare eine der »Überraschungstaschen«, Gepäck mit doppeltem Boden und der Aufschrift der »Hilfsorganisation«. Darin befindet sich, so versichert Hoare, »Kommunikationsmaterial für Schiffahrtszwecke«. Das Gepäckstück wird ordnungsgemäß aufgegeben und kommt zusammen mit Dolinschek auf den Seychellen an. Mit bestem Gewissen erklärt Dolinschek den Zöllnern, daß er nichts zu deklarieren habe, und so wird das AK-47-Gewehr in der Tasche nicht entdeckt.
Zwei Tage später startet die nächste Gruppe, vier Söldner, von Durban aus in Richtung Seychellen. Jeder hat eine Sporttasche dabei, mit doppeltem Boden, in der ein AK-47-Gewehr und zwei volle Magazine Munition versteckt sind. Außerdem führen die Söldner noch drei Walkie-Talkies samt Batterien mit sich. Wieder kann der Zoll nichts entdecken.
Am folgenden Tag reisen die nächsten zwei Söldner auf die Inselgruppe, gleichfalls mit je einem AK-47-Gewehr und gleichfalls unbehindert und unkontrolliert. Auf diese Weise gelangen alle neun Mann der Vorausabteilung unerkannt auf die Seychellen: Sie treffen dort die letzten Vorbereitungen für die Ankunft der Hauptgruppe. Unter ihnen sind Robert Sims sowie die Gruppenführer Bernard Carey und Kenneth Dalgliesh.
25. November 1981: Die Hauptgruppe mit Mike Hoare und 44

weiteren Söldnern bricht auf. Sie starten auf dem südafrikanischen Flughafen Ermenli nach Manzini in Swaziland. Die 44 Passagiere haben keine Probleme, ihr Gepäck durchzuschleusen: weder bei der Abreise in Südafrika noch in Swaziland. Die Gruppe hat ihre Reisetaschen mit den doppelten Böden ordnungsgemäß aufgegeben. Auf dem Flughafen Matsapa in Manzini wartet bereits die gecharterte »Fokker Fellowship F 28«, sie soll die Reisegruppe, getarnt als Mitglieder einer Hilfsorganisation, auf die Seychellen bringen. Die letzten Befehle werden ausgegeben.
Der Flug von Swaziland zu den Seychellen verläuft »relaxed«, wie eine Mitreisende später notierte. Sie bekommt von der Reisegruppe lediglich mit, daß sie »Weihnachtsgeschenke für behinderte Kinder« auf das Archipel bringen will. Unterdessen fahren die auf den Seychellen bereits wartenden Söldner der Vorausabteilung zum Flughafen, mit gemieteten Fahrzeugen und Waffen.
Um 17 Uhr 40 Ortszeit landet das Flugzeug aus Swaziland auf dem Flugplatz der Seychellen. Zuvor hat es auf den Komoren einen ominösen Zwischenstopp gemacht und zwei weitere Passagiere an Bord genommen. Ein Teil der »harmlosen Touristen« schlendert unbeschwert durch die »grüne Zone« – nichts zu deklarieren. Tatsächlich bleiben ihre Waffen unentdeckt: Die arglosen Zöllner gehen davon aus, daß sich im Gepäck allenfalls Tauchgeräte finden ließen – wer rechnet auf dem paradiesischen Inselreich denn mit einer Invasion schwerbewaffneter Söldner? Vor dem Flughafen wartet bereits ein Hotel-Bus, auf dessen Dach die brisanten Taschen, die den Zoll bereits passiert haben, verstaut werden.
Das nicht Vorhersehbare, der Alptraum jedes Putschisten, bricht wenig später auf die restliche Söldnertruppe herein: Im Koffer eines der »Touristen«, die später den Zoll erreichen, stöbert zufällig ein Zöllner herum und entdeckt ein Gewehr. Sofort alarmiert er seine Vorgesetzten. Hoare, Sims und Carey stehen derweil beim Bus und plaudern nichtsahnend über das, was in den nächsten Tagen geschehen müsse. Auch NIS-Agent Dolinschek gesellt sich zu ihnen. »Wollen Sie die neuesten Nachrichten haben?« fragt er Hoare, aber der sagt, daß er ihn sowieso am Abend oder spätestens am nächsten Morgen treffen würde – dann soll planmäßig die Aktion beginnen.

Als der Flughafenpolizei der verdächtige Fund gemeldet wird, klingeln bei den Behörden endlich die Alarmglocken. Die vor dem Gebäude wartenden, mit Gepäck beladenen Busse aller Fluggäste dürfen nicht abfahren – das gesamte Gepäck der Reisenden soll durchsucht werden, also auch die Koffer der Söldnergruppe, die alle Kontrollen unbeanstandet passiert haben. Das ist der Zeitpunkt, an dem Mike Hoare registriert, daß der sorgfältig vorbereitete Plan scheitern könnte. So schnell wie möglich reißen sie ihre Waffen aus den Taschen und beginnen wild herumzufeuern, Chaos breitet sich aus. In panischer Angst rennen die Menschen im Flughafengebäude herum, sie suchen Deckung vor den Gewehrkugeln. Die Söldner spüren, daß ihre Lage schlechter wird, sie nehmen wahllos Unschuldige als Geiseln, schleppen sie in das Hauptgebäude des Flughafens und halten sie dort in Schach. Ein Söldnertrupp stürmt zum Flughafentower und bringt ihn in seine Gewalt, den Flughafenleiter nehmen sie gefangen. Plötzlich gehen die Lichter im Hauptgebäude aus, und im Schutz der Dunkelheit besetzen die Angreifer den gesamten Flughafen. Aber das ist kein militärischer Sieg, sondern eine Verzweiflungsaktion. Wie sollen sie den Flughafen verteidigen, wenn die Armee anrückt? Ein kleiner Trupp der Söldner flüchtet, unter ihnen Dolinschek. Sie rasen in einem Pkw vom Flughafen zu ihrem Hotel. Andere suchen im »sicheren Haus« Schutz.
Hoare hastet unterdessen mit vier Mann zum Militärcamp von Pointe Larue. Sie wollen verhindern, daß die Soldaten ausrücken, um am Flughafen einzugreifen. Als sie dort ankommen, drohen sie der Wache, sie solle sich ruhig verhalten, dann würde ihr nichts geschehen. Die Soldaten antworten mit massivem Gewehrfeuer, zwei Söldner werden verwundet. Die anderen drei, unter ihnen Hoare, flüchten zum Flughafen zurück.
Hier treffen sich fast alle wieder, um nach einem Ausweg aus ihrer Lage zu suchen. Noch haben die Söldner das Flughafenhauptgebäude unter ihrer Kontrolle, aber die Sicherheitskräfte kreisen das Objekt ein. Die Armee dringt vor, die Söldner zerstören ein gepanzertes Fahrzeug und töten einen Soldaten. Aber was nützt das, es ist nur eine Atempause – ohne fremde Hilfe sind sie verloren.
Vergeblich versucht Hoare, den Flugkapitän der Royal Air Swazi,

der sie wenige Stunden zuvor auf die Seychellen gebracht hat, telefonisch dazu zu bringen, daß er sie wieder abholt.
Die Rettung kommt gegen 22 Uhr 45, im letzten Augenblick, die Militärs haben die Söldner schon eingekreist und belegen sie mit Dauerfeuer. Die Rettung ist der Flug AI 224 der Air India.
Die Maschine kommt aus Zimbabwe und soll auf dem Weg nach Bombay nur einen Zwischenstopp auf den Seychellen einlegen. Die Flughafenbehörde will den Kapitän davon abhalten zu landen, sie läßt rote Rauchkerzen abfeuern und zwei gepanzerte Fahrzeuge auf die Landebahn rollen – der Kapitän landet trotzdem. Er bemerkt nämlich »keine augenfälligen Vorkehrungen bei seinem Anflug, um ihn von einer Landung abzuhalten«. Als er die zwei gepanzerten Fahrzeuge auf der Landebahn endlich sieht, ist es zum Durchstarten zu spät.
Nachdem das Flugzeug zu seinem Halteplatz gerollt ist, geht der Flughafenleiter, bewacht von Söldnern, zum Tower, um die weitere Entwicklung zu klären. Er hat keine andere Möglichkeit, er muß den Befehlen der Söldner Folge leisten. Denn die drohen, Geiseln zu erschießen. Die Söldner zwingen den Flugkapitän, nachdem das Flugzeug aufgetankt ist, die Kämpfer der geschlagenen Truppe aufzunehmen und nach Südafrika zu fliegen. Während der Vorbereitungen für das »Take Off« im Tower hört der Air India-Flugkapitän mit, wie Michael Hoare mit »irgend jemandem außerhalb des Towers telefoniert« und dabei ein Ultimatum stellt: »... daß die Maschine der Air India und ihre Passagiere nur dann die Seychellen verlassen dürfen, wenn die Sicherheitskräfte mit ihrem Trommelfeuer aufhören und die Startbahn frei machen.«
Es ist Mitternacht, Hoare handelt mit den Verantwortlichen der Regierung eine Feuerpause aus. »Mad Mike« hat jetzt auch die Passagiere und das Personal des indischen Flugzeugs in der Hand. Was sollen die Behörden der Seychellen tun? Air India, Flug Nummer 224, erhält die Starterlaubnis. Sie hebt um 1 Uhr 30, am frühen Morgen des 25. November 1981, wieder ab. 45 Söldner und 65 Passagiere sowie der Leichnam des einzigen getöteten Legionärs fliegen in Richtung Heimat, nach Südafrika.
Erst nach dem »Take Off« gelingt es dem Kapitän, die Behörden von Mauritius zu informieren, sie alarmieren sofort Johannesburg. Die

geschlagenen Männer denken an nichts Schlimmes, als die Maschine auf dem Louis-Botha-Flughafen in Durban aufsetzt. Während der Landung fordern sie zuerst einen Arzt und »top security personal«. »Was ist eigentlich los?« fragen sie überrascht, als sie sehen, daß ihr gerade gelandetes Flugzeug von bewaffneten Militäreinheiten umstellt ist: 44 der von den Seychellen geflohenen Söldner, die sich inzwischen zu Kidnappern weiterentwickelt haben, werden verhaftet. 39 von ihnen werden, zum großen Erstaunen der Öffentlichkeit, nach wenigen Tagen, am 8. Dezember, schon wieder freigelassen, ihr Führer Mike Hoare führt sie aus dem Gerichtsraum heraus. Die Invasion auf den Seychellen interessiert die südafrikanische Justiz nicht – wie denn auch, da doch der südafrikanische Staat selbst hinter dem Coup stand? Derweil zieht sich der schon designierte Staatspräsident James Mancham auf die Standardformel zurück: »Ich habe damit überhaupt nichts zu tun.« Obwohl seine Anhänger, die ihn schon an der Macht sahen, am 25. November in Manchams Privatwohnung in London angerufen haben, um ihm zu berichten, daß die »Operation laufen würde«. Von ihrem Erfolg war er fest überzeugt, noch im Spätherbst, wenige Wochen vor der Operation, hatte er in den Vereinigten Staaten eine Vortragsreise absolviert. Sein Thema: »Der Kampf um die Macht im Indischen Ozean«.

Bei den Aufräumarbeiten am Flughafen der Seychellen finden die Behörden unter dem zurückgelassenen Material der Söldner zwei Tonbänder: Manchams selbstherrliche Aufrufe an das Volk der Seychellen, er akzeptiere die »Einladung seines Volkes«, »die Präsidentschaft zu übernehmen und dem Volk bei der Wiederherstellung der Demokratie zu helfen«.

Auf diesen unwiderlegbaren Beweis angesprochen, findet Mancham eine bewundernswerte Ausrede: »Ich habe im September mit Dissidenten der Seychellen in London gesprochen. Sie baten mich, einige Worte auf Tonband zu sprechen für irgendeinen Putsch. Aber natürlich habe ich diesen Vorschlag abgelehnt, da ich weder an solchen Aktivitäten interessiert bin noch das Geld dazu habe.« Tatsache bleibt, daß er sich mehrmals mit Hoare getroffen hat und, Dementi hin – Dementi her, als künftiger Staatspräsident vorgesehen war.

Erst auf internationale Proteste hin wird gegen »Mad Mike« und fünf seiner führenden Söldner Anklage wegen Kidnappings erhoben, das Urteil fällt sehr freundlich aus. Mitte 1983 kehren die auf den Seychellen verhafteten Söldner wieder nach Südafrika zurück, darunter ist Bernard Carey. Seine erste Stellungnahme: »Ich würde es natürlich wieder tun. Geben Sie mir nur ein Ticket.«

Mike Hoare wird Ende 1985 aus südafrikanischer Haft entlassen – seine Mitstreiter ebenfalls. Knapp drei Jahre Haft für ein international geächtetes Verbrechen, und das in Südafrika, dessen Regierung so gerne und lautstark gegen den Terrorismus wettert. Staatsterrorismus hat eben eine andere Qualität.

Die Regierung der Seychellen klagt über die Invasion vor der UNO und trägt ihre Beschwerde dem Ende Januar 1982 in New York tagenden »Ad-hoc-Ausschuß über die Söldnerkonvention« vor. Damit ist die bislang harmonische Atmosphäre im UNO-Ausschuß etwas getrübt. In einem Fernschreiben der bundesdeutschen Delegation des Ausschusses an das Auswärtige Amt vom 20. Januar 1982 steht dazu folgendes:

»An der Debatte des 6. Ausschusses über den Bericht des Söldner-Ausschusses, die vor dem Seychellen-Überfall und damit in einer unbelasteten Arbeitsatmosphäre stattfand, nahmen insgesamt 66 Staaten teil. Die Seychellen ergriffen nach dem Überfall anläßlich der Verabschiedung der Resolution im Plenum das Wort, verurteilten den gegen ihre territoriale Integrität und nationale Unabhängigkeit gerichteten Söldner-Einsatz in Mahé, forderten die Auslieferung der nach Südafrika entkommenen Söldner, unterstrichen die auf eine Beteiligung Südafrikas weisenden Indizien und riefen für den Fall, daß Pretoria seinen Verpflichtungen zur Auslieferung, zumindest adäquater harter Bestrafung der Söldner, nicht nachkomme, zu internationalen Sanktionen gegen Südafrika auf.«[11]

Das zentralafrikanische Komplott

St. Ingbert in der Nähe von Saarbrücken, 15. September 1986. Ein- und zweigeschossige Häuser säumen die Hauptstraße, eine typische kleinbürgerliche Stadt. Hier will ich einen Waffenhändler treffen, den ich seit zwei Jahren kenne: Günther Leinhäuser, 54 Jahre. Bis vor einem Jahr konnte er es noch nicht wagen, sein Domizil in Paris zu verlassen, erst mußte seine Steuerschuld verjähren. Seitdem fährt der treue Familienvater fast an jedem Wochenende zu seiner Frau, die in St. Ingbert ein Zeitungsgeschäft unterhält. Von einer Telefonzelle rufe ich bei ihm an, und wir vereinbaren ein Treffen im Restaurant »Ziglatti«. Leinhäuser bestellt sich ein Bier. Während es an der Theke gezapft wird, berichtet er vom Fortgang eines Putschplans, den er seit Anfang 1986 mit einer Gruppe von Politikern und Unternehmern in Paris entwickelt. In der nächsten Woche ist Leinhäuser mit einem Vertreter des französischen Geheimdienstes verabredet. »Wird der Ihnen sagen, daß Sie mit den Putschvorbereitungen aufhören sollen?« frage ich. »Ganz sicher nicht«, antwortet er. »Das hätten sie sofort gesagt.« Leinhäuser trinkt sein Bier und berichtet weiter: Geputscht werden soll in der Zentralafrikanischen Republik, ein Land im Herzen des schwarzen Kontinents.

Über fünfzig Millionen Menschen leben in Zentralafrika: in Zaire, im Kongo, in Angola, in Kamerun, in Gabun und in der Zentralafrikanischen Republik – Staaten, die erst in den sechziger Jahren unabhängig geworden sind. Dieses Gebiet ist von großer strategischer Bedeutung, und der Einfluß außerafrikanischer Staaten, besonders Frankreichs, ist hier noch stärker als in anderen Regionen

des Kontinents. Zentralafrika liegt zwischen der arabisch-moslemischen Welt im Norden und dem rassistischen Regime von Südafrika im Süden, und einige seiner Staaten sitzen auf reichhaltigen Bodenschätzen: Neben den bisher kaum ausgebeuteten Ölvorkommen befinden sich dort zahlreiche wichtige Rohstoffe unter der Erde. Gabun ist zum Beispiel der viertgrößte Magnesiumproduzent der Welt, die Flugzeugindustrie braucht dieses Metall. Es gibt große Diamantenvorkommen in der Mitte Afrikas, außerdem werden in erheblichem Umfang Kobalt, Gold, Platin und Kupfer gefördert – und Uran, das es vor allem in Gabun und in der Zentralafrikanischen Republik gibt. 1974 hatten die USA das Ergebnis von Satellitenaufnahmen bekannt gemacht: Entlang der Grenze zwischen Zaire und der Zentralafrikanischen Republik erstreckt sich ein mehrere hundert Kilometer langer Streifen, unter dem der Rohstoff der Atomindustrie und der Atombombenbauer in großen Mengen liegt, und nicht nur er.
Die westlichen Industriestaaten sind in hohem Maß von Rohstoffeinfuhren abhängig, und sie versuchen, die Politik der Staaten im Herzen Afrikas in ihrem Sinne zu steuern. Frankreich hat von Beginn des neokolonialistischen Zeitalters an die Rolle des Gendarmen in Zentralafrika übernommen. Der damalige französische Außenminister Jean-François Poncet ließ 1979 über die Politik seines Staatspräsidenten verlauten: »Giscard d'Estaing betrachtet Afrika als eine europäische Enklave und unterstützt daher diejenigen afrikanischen Staatsoberhäupter, die seine Ideen teilen.«
Manche Europäer betrachten Afrika als ihren Vorratskeller, das gilt bis heute. Frankreich stützt korrupte, aber verbündete Diktatoren und setzt alles in Bewegung, auch Söldner und Soldaten, wenn ein schutzbefohlener Staat sich die Freiheit herausnimmt, dem westeuropäischen Vorbild den Rücken zu kehren. Unabhängigkeit und Selbstbestimmung – das sind Parolen für den Ostblock.
Die Zentralafrikanische Republik zählt zu den ärmsten Ländern der Welt. In ihr leben knapp 2,7 Millionen Menschen. Bekannt wurde das Land vor allem durch die Herrschaft seines Ex-Kaisers Jean Bedel Bokassa und dessen intime Freundschaft zu Frankreichs Staatspräsidenten Valéry Giscard d'Estaing und weniger durch Hunger und Elend. Fast 70 Prozent sind arbeitslos, die Analphabe-

tenrate liegt bei 65 Prozent, die Kindersterblichkeit bei 55 Prozent im ersten Lebensjahr, und die durchschnittliche Lebenserwartung beträgt 47,6 Jahre. Die Geschichte des Landes ist seit jeher durch Ausbeutung und Ausplünderung geprägt. Vom 17. bis zum Ende des 19. Jahrhunderts wurde die Bevölkerung Zentralafrikas durch den Sklavenhandel dramatisch verringert, und die ab 1890 ins Land kommenden französischen Kolonialherren raubten das Land weiter aus. Tausende von Afrikanern starben bei der Zwangsarbeit für die Gummikonzessionsgesellschaften und beim Bau der »Kongo-Ozean-Eisenbahn«. »Und sie starben schließlich auch noch im Zweiten Weltkrieg. Noch kürzlich erinnerte sich der französische Botschafter in Bangui – zum Lob der französisch-zentralafrikanischen Freundschaft und Fahnentreue – an die Schlacht von Bir-Hakeim, wo auch Zentralafrikaner der Ersten Brigade der France libre gegen Rommel kämpften.« So die »Neue Züricher Zeitung« am 20. Februar 1986. Die Kolonie Ubangi-Schari wurde erst 1960 von Frankreich in die »Unabhängigkeit« entlassen. Aber bis heute bestimmen französische Handelsgesellschaften über die Politik der Regierung in der Hauptstadt Bangui. Sie, rund 400 französische »coopérants« (»Berater«) und etwa 2000 französische Soldaten demonstrieren, wer der wahre Herr der jungen Republik ist.

Sie dient Paris auch als strategischer Stützpunkt. Die dort stationierten Militäreinheiten (Jaguar- und Mirage-Kampfbomber, Truppentransporter und Kampfhubschrauber) bilden eine Art »schnelle Einsatztruppe«, wie sie auch den USA als Instrument weltweiter Operationen vorschwebt. Frankreichs Soldaten können jederzeit an jedem Punkt in der Mitte des Kontinents eingesetzt werden. Frankreich läßt sich seine neokolonialistischen Bedürfnisse etwas kosten: Zirka siebzig Prozent des Staatshaushalts der Zentralafrikanischen Republik werden von Paris bezahlt. Das reicht für die staatlichen Bediensteten, für die Armee und die »innere Sicherheit« – für das Volk bleibt nichts übrig. Zementiert wird die Kooperation durch die Währungsunion in der Franc-Zone, ein äußerst wirksames Kontrollinstrument. Frankreich garantiert den festen Wechselkurs des CFA-Franc (CFA: Communauté Financière Africaine). Dafür müssen die Staaten der Währungsunion, also auch die Zentralafrika-

nische Republik, bis zu 65 Prozent ihrer Devisen auf Pariser Konten einzahlen und den gesamten Außenhandel darüber abwickeln.
Die geringen Erlöse aus dem Export von Edelhölzern, Kaffee oder Diamanten kommen ebenfalls nicht dem Volk zugute, sondern steigern nur die Profite der ausländischen Handelsgesellschaften. Zwar gibt es die Uran- und Ölvorkommen, doch es lohnt sich gegenwärtig nicht, sie auszubeuten. Der Weltmarktpreis für Uran ist gefallen, und der nächste Seehafen ist über 1800 Kilometer entfernt, was den Transport enorm erschwert und eine rentable Ausbeutung dieser Bodenschätze auf absehbare Zeit ausschließt.
Zur Zeit regiert André Kolingba die Präsidialdiktatur. Er wurde am 12. August 1936 geboren und trat 1954, nach Abschluß der Realschule, in die französische Armee ein. Schnell brachte er es zum Offizier, wobei er sich auf Elektronik spezialisierte. Zwischen 1975 und 1979 arbeitetete er dann als außerordentlicher Botschafter in Kanada, und 1979 kam er schließlich als Botschafter nach Bonn.
Im Spätherbst 1979 beginnen für die Diplomaten der zentralafrikanischen Botschaft ungemütliche Zeiten in der trüben Kälte der bundesdeutschen Hauptstadt. Exzellenz André Kolingba hadert mit seinem Schicksal. Der Vater von 16 Kindern hat es in der Tat nicht leicht: Die Geldüberweisungen aus Bangui kommen nur noch unregelmäßig – das Land, das er repräsentiert, ist praktisch pleite. Häufig können die Heizungskosten nicht bezahlt werden, oder die Botschaftskasse ist nicht in der Lage, die Telex- und Telefonkosten an die Bundespost zu überweisen. Die Miete wird so unregelmäßig bezahlt, daß der Vermieter den Vertrag für das Botschaftsgebäude fristlos gekündigt hat. Als die Fahrzeugversicherungen trotz vieler Mahnungen ebenfalls nicht beglichen werden können, müssen die drei Dienstwagen verkauft werden. Militärattaché an der Botschaft ist zu dieser Zeit Major Gérard Tebiro. Zuvor war er Sicherheitschef des Kaisers Jean Bedel Bokassa gewesen. »Ich kenne ihn gut«, schildert Tebiro heute seine Beziehungen zu General Kolingba. »Er ist ein sehr guter Mensch, sehr ruhig. Aber er ist süchtig nach Geld.«
Im tristen Bonn ist der Botschafter allerdings erst einmal ein armer Mann. Da will die zentralafrikanische Staatsbank sogar seine Villa in Bangui pfänden lassen, weil er seine Schulden in der Heimat nicht tilgt. Kolingba braucht Geld. Er geht zu einer Bonner Filiale der

Deutschen Bank, um sich einen Kredit von 25 000 Mark zu beschaffen. Der Ruf der Botschaft ist jedoch schlecht, und Sicherheiten hat der Diplomat auch nicht zu bieten, das Kreditersuchen wird abgelehnt. Erst durch Vermittlung von Tebiro bekommt er schließlich Geld: 12 500 Mark. Während sein Botschafter von Geldsorgen geplagt wird, häuft der Kaiser daheim unüberschaubare Reichtümer an.

Der Botschafter hatte »kein Auto, kein Geld«, erzählt mir Tebiro 1986 in seiner Fünfzimmerwohnung in Troisdorf. Er selbst lebt inzwischen, zusammen mit seiner deutschen Frau, als politisch Verfolgter von der Sozialhilfe – und hat sich den Putschisten angeschlossen.

Seinem ehemaligen Chef geht es wieder besser. Sein Vermögen wird auf drei Millionen französische Francs geschätzt. Was hat Kolingba soviel Glück gebracht? Ende 1979 wurde er zum Oberbefehlshaber der Streitkräfte der Zentralafrikanischen Republik berufen, und am 1. September 1981 putschte er dann mit Unterstützung der Franzosen. Kolingba ist seitdem Regierungschef und Vorsitzender des herrschenden »Militärausschusses für den nationalen Wiederaufbau«. Im November 1986 ließ er über eine neue Verfassung abstimmen und darüber, ob das Volk ihn für weitere sechs Jahre als Staatspräsidenten akzeptiert. Trotz einiger Wahlmanipulationen war der Vertrauensbeweis für Kolingba unübersehbar: 75 Prozent stimmten für ihn und die neue Verfassung.

André Kolingba soll gestürzt werden. Günther Leinhäuser ist einer der Hauptorganisatoren des geplanten Putsches. Eigentlich scheuen Leute seines Schlages die Öffentlichkeit beinahe ebensosehr wie die Vision vom »Frieden auf Erden«. Er gehört zu den wenigen aus der Waffenhändlerszene, die mit Journalisten reden. Einen Journalisten in die Vorbereitungen für einen Staatsstreich einzuweihen kann für ihn und seine Aktion gefährlich werden. Welcher Journalist, müßte er sich eigentlich fragen, kann es schon mit seinem Gewissen vereinbaren, eine völkerrechtswidrige Aktion, einen Putsch, in allen Phasen, bis zum Ende zu verfolgen, ohne Alarm zu schlagen? Vielleicht glauben Leinhäuser und seine Komplizen, daß auch manche Journalisten den Kitzel der Macht verspüren und moralische Bedenken der Sensationsgier opfern?

So zwielichtig Leinhäusers Geschäfte sind, so zwielichtig ist seine Persönlichkeit. Die französische Dunkelmänner-Schickeria – Geheimdienstangehörige, Ex-Offiziere, Söldner, Exilpolitiker und Geschäftemacher – sieht in ihm einen Guru mit weitreichendem politischen Einfluß. Der Prominentenanwalt Francis Szpinner beispielsweise erzählt mir im Frühjahr 1986 bei einem Mittagessen im Pariser Restaurant »Relais Saint Germain«: »Man muß ihm nur wirtschaftliche und politische Daten eines Landes nennen, und schon rechnet er ihnen aus, was ein Putsch kostet.« Damals wußte ich noch nicht, daß dieser Anwalt eine Schlüsselfigur bei den Vorbereitungen für den Staatsstreich in der Zentralafrikanischen Republik werden sollte. Ein ehemaliger Kommandeur der französischen Antiterroristenbrigade, Paul Barill, nennt Leinhäuser »einen Mann, der viele Leute beeindruckt, der auch viele unserer Dienste durch seine Kenntnisse beeindruckt hat«. Barill zählt ebenfalls zu den Putschisten. »Leinhäuser redet zuviel, deshalb macht er keine Geschäfte mehr«, sagen andererseits bekannte Waffenhändler und Leute, die einst mit Leinhäuser zusammengearbeitet haben.
Sicher ist, daß Günther Leinhäuser über ein geradezu krankhaftes Selbstdarstellungsbedürfnis verfügt, über eine schon neurotische Eitelkeit. Als er bei der Botschaft der ČSSR in Paris im Sommer 1986 Waffen für den Putsch bestellte, habe mein Buch »Makler des Todes«, in dem er eine wichtige Rolle spielt, auf dem Tisch des Militärattachés gelegen, erzählt er mir stolz. Und als im September desselben Jahres das Magazin »Lui« einen Artikel über ihn brachte, hat er mir den Artikel gleich zweimal gezeigt. Diese Eitelkeit und ein fast ungezügeltes Profilierungsbedürfnis waren ausschlaggebend dafür, daß er mich und später sogar ein Kamerateam in die Geheimnisse eines Putsches einweihte. Hinzu kommt: Er will sich zur Ruhe setzen und glaubt ernsthaft daran, daß man ihm noch ein publizistisches Denkmal setzen wird. Er, Günther Leinhäuser, stürzt eine in seinen Augen diktatorische Regierung und sorgt dafür, daß statt dessen die Demokratie eingeführt wird – so interpretiert er seinen Plan. Menschen sind für ihn wie Bauern auf dem Schachbrett. Sieht er auch Journalisten in dieser Rolle? Oder den als künftigen Staatspräsidenten Auserwählten? Welches Interesse kann ein Waffenhändler haben, Einblicke in ein Gewerbe zu geben, das nur im

geheimen erfolgreich blüht? Krankhafte Eitelkeit und absolutes Vertrauen mir gegenüber, weil ich bislang, soweit es um reine Waffengeschäfte ging, nichts ohne seine Zustimmung veröffentlicht habe – dies sind vermutlich die Hauptursachen dafür, daß er mir von seinen Plänen berichtete.

Die anderen Putschisten waren weitaus zurückhaltender. Leinhäuser hatte ihnen erklärt, daß ich absolut vertrauenswürdig sei, und außerdem könne man mich ja vielleicht auch benutzen. Als Leinhäuser das den anderen in meiner Anwesenheit so darlegte, klingeln bei mir die ersten Alarmglocken. Schon lange vorher, bei anderen Gesprächen, hat er mir stolz erzählt: »Es ist schon sehr wichtig, daß man naive Journalisten in ein Land schickt, die beispielsweise eine Parade filmen. Daraus kann man einiges über Ausbildung und Ausrüstung der Truppen erfahren.« Oder: »Touristen schicke ich in ein Land, harmlose Leute, die sollen nur herausbekommen, wo welche Stromleitungen verlaufen.«

Ende April 1986, zwei Wochen, nachdem Leinhäuser mich eingeladen hatte, den Putsch zu verfolgen, rufe ich ihn an, um Näheres über die Vorbereitungen zu erfahren. »Kommen Sie morgen nach Paris. Dort werden wir uns treffen«, schlägt er vor.

Auf den Champs-Élysées genießen Touristen und Einheimische die späte Frühlingssonne. Arabisch aussehende Männer und Jugendliche werden von schwarzgekleideten, mit Schnellfeuergewehren bewaffneten Sicherheitskräften kontrolliert. Rechts und links der Pariser Prachtavenue ragen Gewehrläufe aus der Menschenmenge. Niemand kümmert sich um sie, bis auf die Schwarz- und Nordafrikaner: Sie müssen damit rechnen, untersucht und schikaniert zu werden. Die Regierung des Ministerpräsidenten Jacques Chirac zeigt rassistische Flagge. Ich gehe in ein Bürogebäude in der Avenue Georges V Nr. 20 und fahre mit dem Aufzug in den sechsten Stock, wo mich eine Sekretärin zu Leinhäuser führt. Er begrüßt mich in einem feudalen Büro, ausgestattet mit allen technischen Raffinessen, Computer, Minitel.

Außer ihm sind noch sechs Männer anwesend. Einen kenne ich schon: Hubert Naurois, einer von Leinhäusers Geschäftspartnern und Sproß einer traditionsreichen französischen Diplomatenfamilie. Er studierte Jura in Argentinien und verbrachte dann einige

Jahre an afrikanischen Hochschulen. Später war Naurois persönlicher Berater der Präsidenten von Niger und Elfenbeinküste. Er soll, wenn der Putsch gelingt, auch den neuen Präsidenten der Zentralafrikanischen Republik beraten. Bis dahin arbeitet er als Justitiar des Unternehmens »Paricor« in der Pariser Rue de Boëtie 120, Waffengeschäfte sind sein Metier. Der Porschefahrer ist seit Jahren eng befreundet mit Leinhäuser, der ihn als seinen »Nachfolger« ansieht.
An einer kleinen Kaffeemaschine hantiert Wolfgang Meyer, ein österreichischer Geschäftsmann, der enge Verbindungen zum amerikanischen Geheimdienst CIA haben soll, wie mir Leinhäuser später anvertraute. Offiziell jedoch arbeitet er für den libanesischen Millionär Salim Zeidan, dem das Bürohochhaus gehört, in dem dieses und alle bisherigen Treffen stattgefunden haben.
Zeidan ist ebenfalls anwesend. Ihm gehört das Unternehmen »Plaza Test Limited and Services General Trading« mit Hauptsitz in der Avenue Georges V Nr. 20. Sowenig aussagekräftig wie der Name seines Unternehmens ist die Definition seiner Tätigkeit. Er hat eine Tochter aus dem saudischen Königshaus geheiratet, und neben vielem anderen handelt er auch mit Waffen. Er beteiligt sich aber ebenso an der Planung einer Eisenbahnlinie von Djedda nach Mekka, um die Pilger schneller und problemloser zur Heiligen Stadt zu transportieren. Zeidan hält sich im Hintergrund und läßt sich immer wieder von Leinhäuser referieren, wie der Stand der Diskussion ist. Zeidan spricht nicht französisch, er kann daher die Verhandlungen nur schlecht verfolgen. Der Libanese ist ein wichtiger Geldgeber, und natürlich will er kein unrentables Projekt finanzieren.
An seiner Seite hält sich immer ein großer, breitschultriger Mann auf, der während der gesamten Diskussion kein Wort sagt. Es ist, so Leinhäuser später, der Kommandant einer christlichen Miliz im Libanon, die Zeidan unterhält. Die Miliz war an dem Massaker im Palästinenserlager Sabra beteiligt, und über sie laufen große Waffengeschäfte, die von Zeidan und Leinhäuser gelenkt werden.
Zeidan, der Mann mit dem Geld im Hintergrund, Leinhäuser, der für die Aktion verantwortlich zeichnet, Naurois mit seinen intimen Verbindungen zu französischen Regierungsstellen und Meyer, der

eher aus Abenteuerlust mitmacht – sie bilden den harten Kern der Putschisten. Mit von der Partie sind zu diesem Zeitpunkt noch drei weitere Männer: Paul Barill, Ex-Kommandeur einer französischen Antiterroreinheit, gehört dazu, er ist bei dem Treffen allerdings nicht dabei. Anwesend sind dagegen Jean-Pierre Barillé, ein übergewichtiger Geschäftsmann, der sich um die Kontakte zu ausländischen Unternehmen kümmern soll, und Roger Delpey, 62 Jahre, ein kleinwüchsiger Mann mit großen politischen Ambitionen.

Delpey war von Anfang an dagegen, daß ein bundesdeutscher Journalist die Staatsstreichvorbereitungen verfolgt – sein Mißtrauen hat sich nie gelegt. Mit 18 Jahren, 1944, trat er in die französische Armee ein, er kämpfte in Deutschland und Indochina. Bald entdeckte er sein Talent zu schreiben. »Soldaten im Schlamm« war sein erstes Buch, es beschäftigt sich mit dem Indochinakrieg. 1950 kehrte er, auf Bitten des Generals de Lattre, als Kriegsreporter nach Indochina zurück und ging nach Tonkin. 1951 veröffentlichte er sein Buch »Glas et Tocsin«, in dem er die Unfähigkeit der französischen Regierung kritisiert, den Krieg zu gewinnen. Seine Anklage fand Gehör beim damaligen Staatspräsidenten Vincent Auriol, der ihn 1952 in den Élyséepalast einlud und ihn bat, für seine Indochinapolitik Propaganda zu machen. Seitdem mischt Delpey in der Politik mit, immer auf der Seite der nationalen Rechten.

Die Niederlage bei Dien Bien Phu im Mai 1954 war für Delpey die Bestätigung, daß die »Franzosen den Krieg verlieren mußten, weil sie keinen Willen zum Kämpfen hatten«. Er unterstützte daraufhin de Gaulle und dessen politische Bewegung, »denn sie hatten die Idee Indochina nicht verraten«, und trommelte später für den Kampf der französischen Regierung gegen die Unabhängigkeitsbewegung Algeriens.

Im Oktober 1955 erhielt er Besuch von Jean-Marie Le Pen, ebenfalls ein frustrierter Indochinakämpfer. Zu dieser Zeit war Delpey Präsident der »Association des Anciens d'Indochine«, des Verbandes der ehemaligen Indochinakämpfer. Delpey und Le Pen besprachen gemeinsame Aktionen, um Abgeordnete durchzusetzen, die ihre nationalistisch-rassistischen Ideale in der Nationalversammlung vertreten sollten. Seitdem verstehen sich beide ausgezeichnet. Im August 1957 organisierte Delpey, er war inzwischen Präsident der

»Front National des Combattants«, eine Demonstration für ein »französisches Algerien«, und wieder war Le Pen dabei, der ja heute unumstrittener Führer der erfolgreichen »Front National« ist. Zwischen den beiden Ultrarechten entwickelte sich eine Freundschaft, 25 Jahre später wird sie, bei den Putschvorbereitungen, Früchte tragen.

Jacques Foccart, erfolgreicher Geschäftsmann und Politiker und Afrikaberater von Premierminister Chirac, war einer der engsten Mitarbeiter de Gaulles. »Der General ist zufrieden mit Ihnen«, lobte Jacques Foccart den jungen Delpey und dessen Propagandaaktion gegen die algerische Unabhängigkeitsbewegung. Foccart setzte Delpey in verschiedenen politischen Aktionen ein, die das Ziel hatten, die algerischen Freiheitskämpfer zu diffamieren. Delpey erinnert sich gerne an diese stolzen Zeiten, aus ihnen schöpft er Kraft für die heutigen Kämpfe:

»Während des Indochinakriegs hatten wir als Verteidigungsminister René Pleven. Er war seit der Befreiung 1945 entweder Ministerpräsident oder Verteidigungsminister, also verantwortlich für den Indochinakrieg. Und wir, die Indochinaveteranen, haßten ihn. Etwas später, unter Ministerpräsident René Coty – es war die Zeit, als die Regierung alle Wochen wechselte –, beruft Coty diesen Pleven, um eine neue Regierung zu bilden. Foccart ruft mich gleich zu sich und sagt: ›Pleven wurde berufen. Aber de Gaulle will ihn nicht als Ministerpräsidenten. Haben Sie eine Idee?‹ Ich fahre nach Hause und komme an einer Druckerei vorbei, die ich sehr gut kenne, und sehe Todesanzeigen. Ich gehe rein und lasse eine Todesanzeige drucken. ›Wir bedauern, mitteilen zu müssen, daß der König von Dien Bien Phu, der wieder auf die politische Bühne zurückgekehrte René Pleven, gestorben ist.‹ Ich gebe dem Drucker den Text und sage: ›Drucken Sie 5000 Exemplare!‹ Dann rufe ich Indochinaveteranen an, wir nehmen große Umschläge und versenden die Anzeige an alle Abgeordneten, Senatoren und Präfekten. Weil Premierminister Coty glaubte, daß eine solche Negativpropaganda seiner Regierung schaden könnte, ließ er von Pleven ab. Also, wenn Sie im richtigen Moment die richtige Idee haben, können Sie Personen und ihre Aktionen disqualifizieren.«

Als sich de Gaulle von der Politik eines »französischen Algeriens« löste und 1962 die Kolonie in die Unabhängigkeit entließ, wandte sich Delpey enttäuscht von seinem einstigen Idol ab. Aufrechterhalten hat er dagegen die Freundschaft zu Jacques Foccart, ebenso zu jenen Männern, die im Geheimdienst für Frankreichs Sache in Algerien und Indochina gewirkt hatten – eine verschworene Gemeinschaft fanatischer Nationalisten. 1979, nach mehr als zehnjähriger politischer Pause, trat Delpey wieder auf die Bühne. »Ich ging auf eine neue Kreuzfahrt«, beschrieb er sein neues Engagement. Die Medien berichteten gerade über die von Bokassa an Schulkindern verübten Massaker: Im Frühjahr 1979 hatte der Kaiser über hundert Kinder und Jugendliche, die gegen seine Politik demonstrierten, erschießen lassen. Delpey schrieb vertrauensvoll an den Despoten: »Sie sind Offizier der französischen Armee und ein französischer Indochinaveteran. Sie müssen sich erklären, sich rechtfertigen.« Bokassa war froh, öffentlich Zuspruch zu bekommen, und lud den Briefschreiber nach Bangui ein. Delpey machte sich an die Aufklärung der Vorwürfe und kam zu dem »sensationellen« Ergebnis: »Bokassa ist unschuldig. Alles ist eine Manipulation.«
Warum hat Delpey versucht, den Massenmörder weißzuwaschen? Geld war wohl kaum der Grund. Sein Haus in der Nähe von Paris beeindruckt jedenfalls nur durch schnöde Biederkeit. Von Luxus ist da nichts zu spüren. Es liegt eher an der politischen Geistesverwandtschaft, die beide vereint, daß Delpey Bokassa verteidigt und unterstützt, wo immer und wie immer es geht. Es ist daher nicht erstaunlich, daß Bokassa sich Delpey anvertraute, als er es für ratsam hielt, Informationen über die Geschenke zu veröffentlichen, die der französische Staatspräsident Giscard d'Estaing vom Kaiser aus Afrika empfangen hatte. Die Diamantenaffäre entzündete heftige innenpolitische Auseinandersetzungen und hatte entscheidenden Anteil an Giscards Wahlniederlage gegen François Mitterrand im Jahr 1981.
Roger Delpey knüpfte den Kontakt der Putschisten zu Jacques Foccart, dies ist die wichtigste Verbindung der Putschisten zur französischen Regierung. Der Afrikaexperte des Premierministers blieb bei den Verhandlungen der Putschisten wohlweislich im Hintergrund. Der ehemalige Militärattaché der Zentralafrikanischen

Republik in Bonn, Gérard Tebiro, sagt über das Zusammenspiel von Foccart und Delpey: »Delpey ist ein guter Freund von Foccart. Er besucht Foccart in dessen Wohnung und umgekehrt. Über den Putschplan hat Delpey Foccart ebenfalls eingeweiht. Ja, Foccart ist mit allem einverstanden.« Tebiro organisiert von Troisdorf bei Bonn aus für die Putschisten die gesamte zentralafrikanische Oppositionsbewegung in Europa. Mit Delpey steht er in ständigem Kontakt, es herrscht reger Informationsaustausch.

Von Tebiro habe ich auch die Information erhalten, daß die französischen Geheimdienste von Foccart über die Putschvorbereitungen unterrichtet worden sind: »Die wissen alle Bescheid. Auch der Colonel Mansion, der Chef der Präsidentengarde in Bangui. Er weiß genau, was Capitaine Barill will. Barill redet nämlich zuviel. Barill mag die Regierung in Zentralafrika nicht, und er arbeitet auch für den Geheimdienst. Sie arbeiten zusammen in einem Geheimdienst. Aber zugleich gibt es einen internen Kampf.«

Tebiro ist ein politischer Idealist – mit dem Versprechen, daß sich die politischen Verhältnisse in der Zentralafrikanischen Republik zum Guten wenden werden, warb er um Unterstützung bei deutschen Unternehmern. Seine Erkenntnis aus diesen Gesprächen: »Zentralafrika ist eine französische Kolonie. Das wird von den Deutschen respektiert. Wir haben den Unternehmern jedenfalls gesagt, daß bei einem Regierungswechsel unser Land kein Monopol mehr für Frankreich sein wird.« Es dürfte aber nicht nur Idealismus sein, der Tebiro bewegt, die Putschisten mit seinen Erfahrungen zu unterstützen. Nach Leinhäuser zu urteilen, will er nach einem gelungenen Putsch Verteidigungsminister werden. Ich frage Tebiro danach, aber er weist die Überlegung entrüstet zurück. Was seine deutsche Ehefrau nicht daran hindert, sich darüber Gedanken zu machen, wie man sich als Ministergattin in Bangui zu verhalten habe, mit dem Hauspersonal und so. Tebiro sagt in der ihm eigenen Zurückhaltung, daß er zu Hause nur in Ruhe seinen Geschäften nachgehen wolle. »Wenn ich aber mit den politischen Verhältnissen danach (nach dem Putsch; Anm. d. Verf.) nicht zufrieden bin, werde ich mich einmischen.«

Im Frühstadium der Planungen für den Staatsstreich, Anfang 1986, haben sich die Putschisten schon mehrere Male getroffen. Leinhäu-

ser erzählt mir im April dieses Jahres: »Foccart war zweimal bei unseren Besprechungen anwesend.«
Ich schaue ihn zweifelnd an.
»Das hatte natürlich vollkommen inoffiziellen Charakter. Er hat keinerlei offizielle Erklärung abgegeben. Durch seine Anwesenheit hat er aber kundgetan, daß man auf dem laufenden ist.« Das bedeutet, so Leinhäuser, daß die Pariser Regierung den Putsch unterstützt. »Wenn heute eine so hochgestellte Persönlichkeit in einer solchen Sache nur stillschweigend anwesend ist und dann weggeht, so reicht das, daraus zu deuten, daß von dieser Richtung keine Gegnerschaft zu erwarten ist.« Auch andere Putschisten bestätigten mir später: »Ja, Foccart weiß über alles Bescheid und war bei den Treffen anwesend.«
Die Putschisten sind davon überzeugt, höchste staatliche Protektion für ihren Plan zu genießen. Foccart – der ist die zentrale Figur im Spiel um Afrika.
Angesichts solch klarer Verhältnisse ist es erstaunlich, wenn man hört, was Nebenakteure des Staatsstreichs über die Motive der Drahtzieher äußern. Tebiro etwa glaubt: »Sie haben Mitleid mit uns. Wir haben ihnen gesagt, was in unserem Land geschieht, und sie wollen uns helfen.«
Paul Barill, 38 Jahre alt, ein kleiner, lispelnder Mann, ist seit 15 Jahren mit einer deutschen Frau verheiratet, die er während seiner Dienstzeit in Berlin kennengelernt hat. Trotz seines biederen Äußeren ist er ein erfahrener Mann im Dienst Frankreichs. Bis August 1983 war er Kommandant der GIGN, der »Groupement d'Intervention de la Gendarmerie Nationale«, der Antiterrorbrigade der Polizei. Er kämpfte im Auftrag seiner Regierung nicht nur gegen die »Action Directe« und gegen korsische Autonomisten, sondern auch in El Salvador, in Somalia und in Mekka. Überall, wo seine Truppe eingesetzt wurde, konnte er Erfolge verbuchen. Seine Karriere nahm ein jähes Ende, als er am 28. August 1983 drei irische Nationalisten in Paris spektakulär verhaften ließ, ohne Beweise für die Behauptung zu haben, daß sie in terroristische Aktivitäten verwikkelt gewesen seien. Paul Barill wurde beurlaubt. Seitdem übernimmt er private Aufträge und organisiert verdeckte Aktionen des französischen Geheimdienstes. Staatsstreiche nennt Barill »Opera-

tionen des dritten Grades«. Man müsse »Gruppen manipulieren und dann eine Operation wie mit einem Skalpell durchführen. Mit dem technischen Aufwand, den wir zur Verfügung haben, ist das kein Problem.«

Er ist mit Roger Delpey befreundet. Delpey hat mir jedenfalls die gedruckten Memoiren Barills gezeigt, mit dem Titel »Missions très spéciales«, in die der Autor für seinen »Freund Delpey« die Widmung geschrieben hat: »Ich bin immer bereit, für Ihre Sache zu kämpfen, gerade in Afrika.«

Paul Barill war von Delpey dafür vorgesehen, den militärischen Teil des Putsches mitzuorganisieren. Barill kann auf Erfahrung mit zentralafrikanischen Politikern zurückgreifen: Im September 1979 erlebte er an vorderster Stelle den Sturz von Kaiser Bokassa mit. Die Rede ist von der »Operation Barracuda«. Sie war eine Putschaktion französischer Fallschirmjäger im September 1979, »die auf direkte Anweisung des damaligen Staatspräsidenten Valéry Giscard d'Estaing zurückging«, berichtet Barill. Und weiter: »Der Präsident hatte entschieden, den Kaiser von Zentralafrika, Jean Bedel Bokassa, zu entmachten. Er provozierte seinen Sturz, indem er einen Staatsstreich durch unsere lieben Freunde von der SDECE, dem Auslandsspionagedienst, organisieren ließ.« Barill erklärt: »Was man verstehen muß: Frankreich braucht Zentralafrika. Das ist ein wenig unser ›Flugzeugträger‹ für unser Militär, um mit unseren Flugzeugen schnell im Tschad eingreifen zu können.« Alexandre de Maranchers, inzwischen pensioniert, damals Chef des SDECE, sagt über die »Operation Barracuda«: »Das war ein feiner Schnitt mit dem Skalpell.«

Wer ist Jean Bedel Bokassa, der im September 1979 die selbstverliehene Kaiserwürde verlor? Er wurde am 22. Februar 1921 geboren und ist ein Neffe des ersten Regierungschefs der Zentralafrikanischen Republik Boganda, der im März 1959 unter ungeklärten Umständen tödlich verunglückte. Bokassa wurde an Missionsschulen ausgebildet und trat 1939 in die französischen Kolonialtruppen ein. Er nahm am Zweiten Weltkrieg in Afrika und in Frankreich teil, 1956 erhielt er das Offizierspatent. Seine politische Karriere begann, gestützt auf seine prominente Verwandtschaft, als Ende 1958 die Zentralafrikanische Republik gegründet wurde. Er beteiligte sich maßgeblich am Umbau der Kolonialtruppe in eine Armee des neuen Staats und wurde 1964 Chef des Generalstabs. Bokassa geriet dann in die Schlagzeilen, als er im Zuge einer Reihe von militärischen Umstürzen im Kongo, in Dahomey und in Obervolta in der Silvesternacht 1965/66 seinen Präsidenten, David Dacko, den Nachfolger Bogandas, absetzte und selbst die Macht übernahm.

Er ließ einige französische Diamantengesellschaften schließen und wollte später sogar eine eigene Währung einführen. Aber er gab dann doch nach, als Frankreich die Wirtschaftsbeihilfe erhöhte – bis er Anfang der siebziger Jahre den Verkauf französischer Zeitungen verbieten ließ, das französische Generalkonsulat auflöste und Nationalisierungsmaßnahmen verkündete. Wieder gab es Krach mit Paris. Das Verhältnis verbesserte sich erst 1974 wieder, als Giscard d'Estaing Staatspräsident wurde. Bokassa wurde ein festlicher Empfang in Paris bereitet, er legte am Grabmal des Unbekannten Soldaten einen Kranz nieder, fuhr im Triumphzug über die Champs-Élysées, und ihm zu Ehren zelebrierte die Regierung einen Galaabend im Theater. Ein prunkvolles Staatsdiner zum Abschluß krönte den Staatsbesuch.

Ob diese fast grenzenlose Gastfreundschaft Giscard d'Estaings und seiner Regierung mit der Tatsache zu tun hatte, daß die französische Atomenergiebehörde große Uranvorkommen in der Zentralafrikanischen Republik entdeckt hatte? Bokassa jedenfalls herrschte unangefochten und schaute sich bei seinen Kollegen in den Nachbarstaaten ab, wie man ein Land ausplündern kann. Im Dezember 1976 verkündete er das Ende der Republik und gründete das »Zentralafrikanische Kaiserreich«. Ein Jahr später, am 4. Dezember 1977, krönte er sich zum »Kaiser Bokassa I.«. Regierungen aus aller Welt sandten Grußbotschaften, und der Vatikan schickte sogar einen Abgesandten, Monsignore Domenico Enricci, der an der Krönungsfeier teilnahm. Der Despot wurde allmählich größenwahnsinnig: Zunächst bezeichnete er sich als »Retter der Republik«, dann als »Mann aus Stahl«, als »Führer Afrikas« oder als der »Mann, der Nationen aufbaut«.

In einem Gedicht, das ein französischer Verehrer ihm gewidmet hat, heißt es:

»Bokassa, Cäsar, Augustus, der Berühmteste der Franzosen.
Beugen wir uns vor seinem Denkmal,
Feiern wir überall seine Wohltaten.
Bokassa – neuer Bonaparte,
Bangui, seine illustre Stadt,
Verdunkelt Rom, Athen, Sparta durch ihre leuchtende Schönheit.
Napoleon rief die Geschichte.
Ihr Echo antwortete: Bokassa.
Dank Bokassa wich die schwarze Nacht
Dem großen Tag.
Bokassa, illustrer Kaiser, Bote des Friedens in der Welt.
Eure Siege sind friedlich
Und lassen kein Blut fließen auf die edle Erde Afrikas.
Dem Volk seid ihr der Vater,
Dem Freund der treue Hirte,
Der, auf den jeder hofft, durch den jede Trauer erleichtert wird.«

Korruption und gnadenlose Verfolgung jeglicher Opposition kennzeichneten seine Regierungszeit, in den Kerkern erlitten Tausende von politischen Gefangenen unzählige Qualen. Die zum Tode Verurteilten wurden Löwen und Krokodilen zum Fraß vorgeworfen, Bokassa und seine Kabinettsmitglieder schauten zu.
Das Verhältnis zu Paris trüben diese Exzesse keineswegs. Auch weiterhin geht Frankreichs Staatspräsident Giscard d'Estaing mit Bokassa auf Elefantenjagd. Während Hinrichtungen und Folter Angst und Schrecken im »Kaiserreich« verbreiten, die Wirtschaft dem Ruin entgegensteuert, Hunger und Elend unvorstellbare Ausmaße erreichen, schweigen Frankreichs Politiker beharrlich.
Als im April 1979 Studenten und Schüler auf die Straße gehen, um gegen die Diktatur zu protestieren, befiehlt Bokassa, auf die Demonstranten zu feuern. Nachdem bekannt wird, daß mehr als hundert Jugendliche erschossen worden sind, bricht ein internationaler Proteststurm los, er läßt auch Paris nicht unberührt. Dort stehen Präsidentschaftswahlen vor der Tür, Giscard muß handeln.
Am 21. September 1979, als Bokassa von einem Staatsbesuch in Libyen auf dem Weg nach Paris ist, wird sein Flugzeug auf den französischen Militärflughafen Evreux umgeleitet. Einheiten unter

Leitung von Paul Barill umstellen das Flugzeug und nehmen den Kaiser fest. Bokassa zu Barill, von Angesicht zu Angesicht: »Mon Capitaine, ich verstehe Sie. Erfüllen sie Ihre Pflicht als Offizier.«
Später freundet sich Barill sogar mit Bokassa an, als dieser, nach vierjähriger Verbannung in Elfenbeinküste, nach Frankreich kommt und dort Asyl erhält. Heute kritisiert Barill die von ihm vorgenommene Verhaftung als »illegalen Akt«, als ein »typisches Zeichen französischer Afrikapolitik«.
1982, so erzählt Delpey, habe er Staatspräsident Mitterrand auf die unhaltbaren Zustände in der Zentralafrikanischen Republik aufmerksam gemacht. Das Gespräch zwischen ihm und Mitterrand soll, so Delpey, am 6. März 1982, zwischen 11 Uhr 15 und 12 Uhr 40, stattgefunden haben. Dabei habe ihm Mitterrand erklärt, daß er Bokassa für weitaus fähiger halte als Dacko oder Kolingba. »Aber ich bin Regierungschef, Präsident der französischen Republik. General Kolingba ist Regierungschef und Präsident der Zentralafrikanischen Republik. Es ist ausgeschlossen, daß ich direkt oder indirekt in seine Destabilisierung involviert bin. Aber weil ich Ihre Aktivitäten und Absichten kenne, denke ich, es ist gut, daß Sie meine Gedanken kennen.«
Diese Auskunft ist sensationell, wenn der Tonbandmitschnitt des Gesprächs tatsächlich authentisch ist. Festgehalten ist dort auch, daß der sozialistische Staatspräsident Mitterrand der Rückkehr Bokassas in seine Heimat zustimmte: »Wenn die Armee und die Bevölkerung der Zentralafrikanischen Republik Bokassa rufen, haben wir nichts dagegen einzuwenden. In der Sekunde nach seiner Rückkehr wird er wieder Hilfe und Unterstützung von Frankreich erhalten. Aber, Achtung: Wenn Bokassa wieder an die Macht kommt, darf es nicht durch eine blutrünstige Aktion geschehen. Frankreich wird diese Rückkehr nicht akzeptieren, wenn sie von Blut befleckt ist.«
Delpey hat dieses Gespräch und die Aussagen von Staatspräsident Mitterrand nicht vergessen. Anders ist es nicht zu verstehen, daß er 1983 versuchte, Bokassa wieder zu inthronisieren. Der Ex-Kaiser lebte damals in Elfenbeinküste im Exil. Das Flugzeug, das Delpey in Paris gechartert hatte, um Bokassa nach Bangui zurückzubringen, wurde jedoch bereits auf dem Flughafen von Elfenbeinküste von Soldaten umstellt. »Scharfschützen, von mir ausgebildet und unter

dem Befehl eines meiner ehemaligen Taucher, erwarteten die Gäste aus Frankreich«, erinnert sich Barill.
Wegen des Putschversuchs muß Bokassa Elfenbeinküste verlassen, er geht nach Frankreich, wo ihm Asyl gewährt wird. Im Schloß Hadricourt nahe Paris hat er es sich gemütlich gemacht. Auf den Präsidenten von Elfenbeinküste, Houphouët Boigny, den einst Jacques Foccart an die Macht gebracht hat, ist er nicht gut zu sprechen: »Der Mann hat den ersten Präsidenten von Ghana, Nkruhma, töten lassen. Er hat den Kriegsausbruch im Tschad inszeniert. Vergessen Sie nicht, daß Boigny auf den Tod von Sékou Touré Champagner getrunken hat. Ich habe mit Boigny über den Präsidenten Nigers, Amandidou, diskutiert. Boigny hat mir gesagt, daß man Amandidou stürzen muß. Als ich wissen wollte, warum, sagte er, daß Amandidou mit Japan ein Abkommen wegen des Urans getroffen habe. Das war der Grund, ihn stürzen zu wollen.« Erhellende Innenansichten der Machtausübung.
Auch Paul Barill setzte sich weiter für die Rückkehr Bokassas ein. »Ich bin für die Rückkehr von Bokassa in sein Land. Seit seiner Abreise hat sich die Situation noch verschlimmert. General Kolingba ist nur ein Hampelmann Frankreichs.« Und er fügte hinzu: »Es darf nicht mehr sein, daß Flugzeuge, beladen mit Elfenbein, ihre Ladung nach Frankreich liefern können, mit Unterstützung französischer Soldaten der zentralafrikanischen Präsidentschaftsgarde.« Damit meint er den Elfenbeinschmuggel, durch den sich die von französischen Söldnern befehligte Präsidentengarde der Zentralafrikanischen Republik bereichern soll. Aber Barill treibt nicht etwa Gerechtigkeitssinn oder politische Moral, er will vielmehr selbst eine aktive Rolle in der Zentralafrikanischen Republik spielen, sollte der Putsch gelingen. Insofern klang es wie eine Ankündigung, als er im Sommer 1986 zum Ex-Kaiser sagte: »Wenn morgen durch ein Wunder jemand heimlich Bokassa nehmen und nach Bangui bringen würde, zum Flughafen, dann garantiere ich Ihnen, daß eine Stunde später mehr als eine Million Menschen dort wären, um Bokassa zuzujubeln. Denn als Bokassa der Chef in Bangui war, da herrschte Ordnung, da gab es Disziplin, die Beamten wurden bezahlt.«
Der designierte Staatspräsident der Putschisten heißt Ange Patasse, er unterhält ebenfalls enge Beziehungen zu Bokassa. Er hatte sich

schon im Herbst 1985 an Delpey gewandt, damit dieser ihn wieder in Amt und Würden bringt. Ange Patasse, 63 Jahre alt, Vater von neun Kindern, ist die tragische Figur im Komplott gegen die heutige Regierung in Bangui. Das Schicksal, das er erleiden mußte und nun wieder erleiden wird, bietet genügend Stoff für abenteuerliche Spekulationen und Verschwörungstheorien. Patasse ist zweifellos der bekannteste und angesehenste zentralafrikanische Oppositionspolitiker. Der Agrartechniker begann seine berufliche Laufbahn 1962 als Inspektor für Landwirtschaft, 1965 war er Direktor für Landwirtschaft, und ab 1967 übte er politische Funktionen aus. Zwischen 1972 und 1974 arbeitete er als Staatsminister für Landwirtschaft unter Bokassa, war im nächsten Jahr für die Post zuständig und wurde im Dezember 1976 schließlich zum Premierminister gekürt. Im Juli 1978 trat er von seinem Amt zurück, aus Protest gegen die Politik des Diktators. Der Träger zahlreicher Verdienstorden baute eine Lebensmittelfabrik und einen Viehzuchtkomplex auf. Als es mit Bokassa zum Ende ging, gründete Patasse die Partei MLPC, die Befreiungsbewegung des zentralafrikanischen Volkes. Seine ehemalige Mitgliedschaft in der Kommunistischen Partei und danach in der Partei für Unabhängigkeit, die heftig gegen die französische Kolonialpolitik zu Feld gezogen war, sicherte ihm viel Sympathie bei den afrikanischen Befreiungsbewegungen. Ein Politiker mit hoher Reputation, die »Herald Tribune« beschreibt ihn in ihrer Ausgabe vom 7. Oktober 1979 als »liberalen Politiker, der sehr einflußreich in Studenten- und Lehrerkreisen ist«. Die »Frankfurter Allgemeine Zeitung« charakterisierte ihn am 30. Januar 1981 als einen Mann, »der sich und seine Partei in die Blockfreien einreiht, diejenigen Progressiven, die einen dritten Weg zwischen Kapitalismus und Sozialismus suchen«.

Bokassas Sturz im September 1979 überraschte Patasse, denn: »Ich hatte einen eigenen Plan zum Sturz von Bokassa vorbereitet.« Die Franzosen hatten Patasse nicht an ihrer Aktion beteiligt, weil er in ihren Augen zu weit links stand. Der neue Präsident David Dacko, den Bokassa 1965 gestürzt hatte, war nun der Statthalter der Pariser Regierung, er galt als »folgsam«. Giscard d'Estaing wollte keinen idealistischen und marxistisch angehauchten Politiker im Regierungssitz von Bangui. Die diskreten Kontakte zwischen ihm und

David Dacko in den Monaten vor dem Coup machten sich bezahlt. Damit in Bangui keine Komplikationen entstanden, war Dacko in einer Transall-Maschine der französischen Luftwaffe aus Paris eingeflogen worden. Die Oppositionsparteien in der Zentralafrikanischen Republik, die bedeutendste war die MLPC von Ange Patasse, begrüßten den Umsturz zwar, übten dann aber zunehmend Kritik am Vorgehen der Franzosen. In sein Heimatland konnte Patasse nicht zurück, er lebte weiter in Paris und organisierte dort die Opposition.

Eine andere wichtige Partei war die »Front Patriotique Oubanguien« (FPO) mit ihrem Vorsitzenden Abdel Goumba, einem ehemaligen Rektor der Universität von Bangui. Die FPO kritisierte die französische Intervention als einen »echten Akt kolonialer Wiedereroberung«. Sie forderte die zentralafrikanische Bevölkerung auf, ihren Mißmut deutlich zu zeigen, indem sie »jegliche Form der Zusammenarbeit mit dem volksfeindlichen, antidemokratischen und Marionettenregime, das von außen aufgezwungen wurde«, ablehnt. Die FPO, die MLPC von Patasse und die FLO des ehemaligen zentralafrikanischen Botschafters in Paris, Sylvestre Bangui, hatten schon Anfang Juli 1979 auf einem Treffen in Benin versucht, ein gemeinsames Aktionsprogramm zu erarbeiten, aber eine Einigung war ihnen nicht gelungen.

Fast eineinhalb Jahre nach Bokassas Sturz hatte sich in der Zentralafrikanischen Republik am Elend und an der Grausamkeit, an der Korruption und an der gierigen Anhäufung von Reichtümern in den Händen weniger kaum etwas geändert. Da wurden für den 15. März 1981 allgemeine Wahlen angekündigt, es sollten die ersten »freien« Wahlen werden. Patasse kam ins Land und kandidierte für das Amt des Staatspräsidenten, mit großen Erfolgsaussichten. Als aber die Stimmen ausgezählt waren, hatte sein Konkurrent Dacko 50,23 Prozent der Stimmen, Patasse nur 38,11 Prozent.

Die Wahlen seien manipuliert worden, kritisierte nicht nur der geschlagene Kandidat. Erneut und noch vehementer forderte er, daß sich die in seiner Heimat stationierten 1200 französischen Soldaten einen anderen Stützpunkt suchen sollten. Patasse: »Wir wollen die Hände frei haben und unabhängige Beziehungen haben, die den Realitäten des Landes gerecht werden.«

In Bangui geht aber ohne Frankreich »gar nichts«, so die »Frankfurter Allgemeine Zeitung« am 30. Januar 1981, also blieb Patasse nichts anderes übrig, als politisch weiterzukämpfen. Er hoffte auf die Sozialisten und Mitterrand in Paris. Vergebens. Dort siegte nach den Parlamentswahlen von 1981 bei den Sozialisten »nicht das Prinzip Solidarität, sondern das Prinzip Staatsräson«, so Jean Ziegler in seinem 1987 erschienenen Buch »Vive le Pouvoir«. Die strategischen Interessen und die vermeintliche Notwendigkeit, den Einfluß im ehemaligen Kolonialreich zu wahren, schienen auch der sozialistischen Regierung wichtiger als eine demokratische Erneuerung unter Patasse.

Am 1. September 1981 übernahm Generalstabschef André Kolingba im Namen der Armee die Macht. Seitdem sind alle politischen Parteien verboten, denn Kolingba ist der Überzeugung, daß »ein Mehrparteiensystem sich nicht für ein solch rückständiges Land« eigne. Erst vier Jahre später löste Kolingba den bis zu diesem Zeitpunkt regierenden »Militärrat des nationalen Wiederaufbaus« auf und ernannte eine zivile Regierung.

Angesichts der geschilderten Erfahrungen mit der französischen Politik erscheint das Verhalten, das Ange Patasse heute gegenüber den Putschisten an den Tag legt, vollkommen unverständlich. Die Situation sieht noch komplizierter aus, wenn man die Tatsache mit einbezieht, daß Patasse bei François Mitterrand und dessen Afrikaberater, Präsidentensohn Christoph, nicht gelitten ist. »Papa m'a dit«, soll die häufigste politische Aussage von Mitterrands Sohn sein. Tebiro weiß zu berichten, daß sich Patasses Anwalt Henri Choukroun im Sommer 1986 mit Christoph Mitterrand in einem Pariser Restaurant getroffen hat. Der Anwalt wollte von Mitterrand junior wissen, was er von Patasse halte. Christoph Mitterrand soll ihm darauf geantwortet haben: »Patasse ist nicht unser Mann. Er ist Kommunist.« Daraufhin habe der Anwalt fürchterlich gelacht. Jedenfalls, prognostizierte nach Tebiros Bericht der Sohn des Staatspräsidenten, tippe er nicht auf Patasse als neuen Staatschef für die Zentralafrikanische Republik.

Die politische Opposition der Zentralafrikaner in Frankreich hat inzwischen eine Grundlage für eine gemeinsame »Front« gefunden, für eine »Regierung der nationalen Einheit«. Beteiligt sind die FPO

Abdel Goumbas und die MLPC Ange Patasses. Sie sehen in der »Front Patriotique de la Lutte Anti-Impérialiste« eine Alternative zu den heutigen Machthabern in Bangui.
Anfang Mai 1986 findet ein weiteres Treffen der Putschisten statt, an dem ich teilnehmen kann. Diesmal geht es um die Arbeitsteilung innerhalb der Gruppe. Leinhäuser, Naurois, Meyer und Zeidan sollen die taktische Seite der Aktion übernehmen, während Delpey für die »Destabilisierung« und »psychologische Kriegführung« verantwortlich ist. Ihnen steht ein Etat von zwei Millionen Francs zur Verfügung.
Delpey legt einen Plan vor. Für die Zeit vom 1. bis zum 30. Juni 1986 sind demnach folgende Aktionen vorgesehen:

»Publikation eines Textes, der von den sieben Oppositionsbewegungen der Zentralafrikaner unterzeichnet wird. Argument: Aufruf für eine Regierung der nationalen Einheit. Kosten für entsprechende Anzeigen in den führenden Zeitungen: 263 000 Francs.
Publikation von Artikeln, u. a. im ›Le Canard Enchaîné‹ und im ›L'Événement du Jeudi‹. Kosten: 215 000 Francs.
Herstellung von 10 000 Tonbandkassetten mit einer Erklärung von Ange Patasse, einschließlich Verteilung in Frankreich und Zentralafrika. Kosten: 90 000 Francs.
Gründung eines Komitees ›Frankreich-Zentralafrika‹. Kosten: 100 000 Francs.
Budget für die in Frankreich organisierte Oppositionsbewegung. Kosten: 35 000 Francs.
Verteilung von Finanzmitteln an die wichtigsten Oppositionsbewegungen in Zentralafrika, unter anderem an die ›Association Nationale des Étudiants Centrafricains‹ und an die ›Union des Scolaires Centrafricains‹. Kosten: 340 000 Francs.
Besetzung der zentralafrikanischen Botschaft in Paris, Mobilisierung von 100 bis 150 Demonstranten, Mobilisierung der Medien: 25 000 Francs.
Öffentliche Erklärung von Patasse, die über die Medien vertrieben werden soll: 50 000 Francs.
Kosten für Ange Patasse während des Monats Juni und für seine Sicherheit, u. a. für Wohnungsmiete (12 000 Francs), einen Leihwa-

gen (10 000 Francs), einen Chauffeur, der gleichzeitig Leibwächter ist (10 000 Francs), Telefon (10 000 Francs), Gas und Elektrizität (5000 Francs) sowie Honorar für vier Personen, die Patasse in Paris begleiten (40 000 Francs). Kosten insgesamt: 87 000 Francs.
Außerdem Kosten für die Destabilisierungsaktion und die daran Beteiligten in Höhe von 100 000 Francs.«

Gesamtkosten von Delpeys Plan: 1 305 000 Francs. Leinhäuser und seine Gruppe sind mit dem Plan einverstanden und erklären sich bercit, das Geld zu bezahlen.
Delpey wendete sich jedoch gegen den Einsatz von Söldnern: »Es gibt Söldner, die auf der ganzen Welt herumspazieren und Aktionen starten. Einige sind erfolgreich, andere scheitern. Das ist eine Methode. Aber ich denke, die psychologische Kriegführung, die Destabilisierung, ist viel wichtiger.«
Als nächsten Punkt der Besprechung entwickelt Leinhäuser seinen Plan. »Wir werden zwanzig Leute in das Land bringen, die als Touristen einreisen. Sie werden dann mit unseren Sympathisanten zusammenkommen. Die militärische Ausrüstung ist bereits im Land. Um die Sache abzusichern, stehen weitere fünfzig Söldner zur Verfügung.« Besonderen Wert legt er dabei auf die Forderung, daß der Putsch unblutig durchgeführt werden soll. Ihm schwebt vor, riesige Feuerwerkskörper einzusetzen. »Wenn die explodieren, dann haben die Afrikaner den Eindruck, das ist ein Großangriff.« In diesen Worten zeigt sich die Überheblichkeit der Putschisten, die davon sprechen, in der Zentralafrikanischen Republik für die Demokratie einzutreten. Ich werde dieser rassistischen Arroganz während der folgenden Monate immer wieder begegnen.
Bevor das Feuerwerk beginnen kann, muß jedoch Delpeys Agitationsgruppe »aktiv werden und für Unruhen in Bangui sorgen«. Als Bündnispartner gelten Studenten und Schüler, daher die Bereitstellung von 340 000 Francs für zentralafrikanische Studenten- und Schülerorganisationen.
»Tonbandkassetten und zwei Millionen Flugblätter«, meint Delpey, »würden für erste Unruhewellen ausreichen.« Hinsichtlich der Kassetten schlägt Leinhäuser vor, eine gerade in Paris weilende afrikanische Tanzgruppe zu benutzen. »Wir nehmen deren Musik

auf und schneiden mitten in die Kassette die Rede des künftigen Staatspräsidenten, der zum Umsturz aufruft.« In einem Pariser Studio hergestellt, sollen sie dann ins Land geschmuggelt und dort als gewöhnliche Musikkassetten verkauft werden.
Hinter dem Destabilisierungsplan steht ein einfacher Gedanke: Es sollen Unruhen erzeugt werden. Daraufhin, so kalkulieren die Putschisten, wird die Militärregierung zu massiven Repressionen greifen, und die Unzufriedenheit wird noch größer werden. Und im Moment der Intervention, so Naurois, wird »das Volk uns unterstützen«. Im April und Mai treffen sich die Putschisten mehrmals pro Woche, und zunächst scheint alles glatt zu laufen. Ende Mai wird der Staatschef in spe, Ange Patasse, in Paris erwartet, und es können endlich die für alle so wichtigen Verträge abgeschlossen werden. Jetzt kommt es jedoch zu ersten Auseinandersetzungen unter den Putschisten, Barill und Leinhäuser geraten aneinander. Leinhäuser erklärt dazu: »Wir beide sind grundverschiedene Menschen. Ich sehe nicht, daß Sie meinen Befehlen Folge leisten könnten.« Barill will sich nicht unterordnen, und Leinhäuser stellt die Gruppe vor die Entscheidung. »Entweder ich gehe oder er.«
Die Auseinandersetzung entzündet sich an Paul Barills Vorschlag, daß zwanzig französische Söldner, mit ihm an der Spitze, den Coup durchführen sollen. Leinhäuser lehnt diese Idee ab: »Dann wird das eine französische Intervention. Das kann ja die tollsten Verwicklungen geben.« Leinhauser dagegen will Söldner der Falangeeinheit seines Kompagnons Zeidan einsetzen: »Das sind tolle Kämpfer«, schwärmt er. Außerdem sollen angolanische Söldner der prowestlichen UNITA hinzustoßen, zu der er beste Verbindungen unterhält. Eines steht für ihn fest: Aus einer in die Sache verwickelten Nation wie Frankreich Söldner zu holen, »das mache ich nicht«. Aufgrund des Streits zieht sich Paul Barill Mitte Mai 1986 aus der aktiven Putschvorbereitung zurück, aber er bleibt in ständigem Kontakt zu Delpey.
Im Frühsommer wird die Vorbereitung in Riesenschritten vorangetrieben. Die ersten Flugblätter der vereinten zentralafrikanischen Opposition tauchen auf. In seinem Büro legt Leinhäuser währenddessen den militärischen Plan vor und berichtet über Neuigkeiten, die er von seinen Freunden aus dem Geheimdienst erfahren hat. Sein

Konzept beschreibt genau die Einrichtungen, die angegriffen werden sollen und unter Kontrolle zu bringen sind. Dazu zählen die Polizeistationen in den Stadtbezirken Banguis, das Hauptquartier der Gendarmerie, Stützpunkte der Sicherheitskräfte und der Sitz des Innenministers Grelombé. Die französischen Militäreinrichtungen sollen verschont werden. Die Putschisten wissen folgendes:

»1. Auf dem Flughafen Bangui-M'Poko ist eine Einheit französischer Fallschirmjäger stationiert, die für Einsätze im Tschad vorgesehen ist.
2. In Bangui selbst steht eine Einheit der ›Force Barracuda‹, deren Hauptquartier liegt in Bouar, im Nordwesten des Landes.
3. Die Präsidentengarde besteht aus achtzig Mann, und sie wird von Colonel Mansion geleitet. Sie hält sich im ehemaligen Hauptquartier Bokassas auf. (Auf Dias sind weitere Militäreinrichtungen zu sehen.)
4. Das Informationsministerium und die Rundfunkstation, auf dem Plan unter Nr. 17 aufgeführt, werden Tag und Nacht durch ein Dutzend Soldaten der Präsidentengarde bewacht.
5. Wenn Staatspräsident Kolingba sich im Präsidentenpalast aufhält, wird er von einer Gruppe der Präsidentengarde und von einer Abteilung der zentralafrikanischen Armee bewacht.
6. Die Präsidentengarde besteht aus Afrikanern, die im französischen Militär gedient haben, und aus einigen Zentralafrikanern.«

Leinhäuser ist ein kluger Kopf. Er hat eine raffinierte Idee: Er will die Söldner als Begleiter eines Lebensmitteltransports zu karitativen Zwecken in die Zentralafrikanische Republik bringen. Der Waffenhändler hat den Beginn des Coups detailliert geplant: »Wir haben die eigentliche Aktion in drei Phasen aufgeteilt. Phase Nr. 1 ist die Übergabe der Lebensmittel, wobei wir sehr hoffen, daß die Machthaber wenigstens zum Dankeschön sagen kommen. In diesem Fall stürzen sich diese fünfzig Begleiter auf die Regierung und nehmen sie fest. Das ist die Stufe 1. Sollte aber nun bei der Übergabe der Lebensmittel Kolingba nicht kommen, dann werden die Lebensmittel fristgerecht übergeben an diese Menschen, und die Söldner verteilen sich. Je nachdem, ob dann ein Spannungsfeld bereits besteht oder ob alles schön ruhig bleibt, werden sie den Abend abwarten. Die Leute werden vorgeben, in ein Hotel zu gehen oder in den Lkws zu schlafen. Dann wird mit diesen Feuerwerkskörpern am Abend die ›Gegend der 200 Villas‹ angegriffen beziehungsweise dort, wo sich der Präsident und die drei Hauptköpfe der Bande aufhalten. Das ist die Stufe 2. Sollte dann der Handstreich, wider Erwarten, nicht gelingen, haben wir ja fünfzig Mann unter Waffen.«

18. Mai 1987. Seit dem Vormittag besprechen die Putschisten Einzelheiten ihres Coups. Heute wollen sie auch die Feuerwerkskörper ausprobieren. Zuerst sollte das Material in Südfrankreich, auf Militärgelände, getestet werden. Plötzlich klappt es aber in der Nähe von Paris. In der Avenue Georges V Nr. 20 warten Leinhäuser, Jean-Pierre Barillé, Zeidan, Naurois und Meyer auf die Feuerwerksexperten. Die kommen verspätet in einem klapprigen Renault. Dann setzt sich eine kleine Autokarawane in Bewegung. Meyer, Leinhäuser – er macht sich nun auch als Fahrer nützlich –, Zeidan und dessen Leibwächter steigen in den blau-weißen Rolls-Royce des libanesischen Millionärs. Ihnen folgt der Renault der Feuerwerksexperten, und dann kommt unser Kamerateam – wir dürfen den Test filmen.

Leinhäuser hat mir Zeidans Leibwächter als »Ahmet« vorgestellt. Er ist ganz begeistert von ihm: »Der hat überall Narben und Schußwunden, ein wunderbarer Kämpfer.« Naurois erzählt der Kameraassistentin Sonja Einzelheiten über den Libanesen Selim Zeidan. »Er ist ein verwöhnter, reicher Schnösel. Seitdem Leinhäuser die Operation vorbereitet, ist er wie umgewandelt. Er will am Abenteuer teilnehmen, sich bestätigt fühlen. Obwohl Moslem, führt Selim eine Einehe mit einer Tochter des ehemaligen Königs Ibn Saud. Diese, umringt von einem Kreis von Freundinnen und Vertrauten, verläßt nur selten das Haus. Dafür telefoniert sie fast täglich mit Saudi-Arabien, so daß die Telefonrechnungen nicht selten 20 000 Mark im Monat betragen. Zu ihren Privilegien gehört es auch, die Farbe für den jeweils neuen Rolls-Royce zu bestimmen.«

In der Nähe von Versailles, direkt an einem französischen Militärgelände, werden die Feuerwerkskörper ausprobiert. Es knallt ohrenbetäubend, und Stichflammen leuchten auf. Die Putschisten, die

sich in sicherem Abstand aufhalten, klatschen begeistert. Sie bestellen zwanzig Raketenbatterien mit je sieben Abschußvorrichtungen und Raketen mit je einem Sprengkopf. Wie wollen sie die Batterien nach Afrika bringen? »Dazu setzen wir die französische Luftwaffe ein«, sagt Naurois. »Die bringt uns die Dinger kostenlos nach Bangui.« In der Tat, der ideale Transportweg.
Meyer ist gesprächiger geworden, was sich auch auf das Einfühlungsvermögen von Sonja zurückführen läßt. In einem Protokoll, das sie für mich angefertigt hat, hält Sonja ihren Eindruck von ihm fest:

»Der anfänglich reservierte hochgewachsene Mann wird zunehmend gesprächiger. Er entpuppt sich immer mehr als Fachmann für Nahostfragen. Den Libanon und Saudi-Arabien kennt er sehr gut, auch seine Waffenkenntnisse sind erstaunlich. Gute Verbindungen unterhält er nach Miami und in die USA überhaupt. Seine Geschäftsinteressen führen ihn ständig nach Wien, in die USA und nach Saudi-Arabien. In Paris fährt er einen Lamborghini und wohnt zur Zeit in einem Hotel für tausend französische Francs pro Tag. Zentralafrika, sagt er, interessiert ihn rein geschäftlich. Für ihn wird der Putsch ›hundertprozentig klappen‹. Obwohl er bei Fragen immer an Leinhäuser verwiesen hat (der ist der Chef), gibt es für ihn doch noch zwei wichtige Sicherheitsfragen zu klären. Einmal ist da die mögliche Intervention aus Zaire. Der Präsident von Zaire, Mobutu, hat mit seinem Kollegen in der Zentralafrikanischen Republik Kolingba einen Beistandsvertrag abgeschlossen. Auf einen Hilferuf von Kolingba hin könnten die Truppen aus Zaire sehr schnell zu Hilfe kommen. Zwar seien die Soldaten aus Zaire schlecht ausgerüstet, ›aber die Masse macht's‹.
Die andere Frage, die ihn bedrückt: Gibt es die notwendige Zusicherung oder das stille Einvernehmen der französischen Regierung für den Putsch? ›Es wäre fatal‹, meint er, ›wenn die französischen Truppen die Aktion stören würden. Bei einem Angriff von außen haben die Franzosen das Recht, militärisch einzugreifen.‹ Trotz dieser Bedenken will er bei der Aktion dabeisein. Es beruhigt ihn, daß einige hohe Regierungskreise ihre Zustimmung für die Aktion gegeben haben.«

Dann tritt plötzlich Ex-Kaiser Jean Bedel Bokassa auf die Putschbühne. Er war zwar von Anfang an eingeplant gewesen, aber zunächst nur als »Spielfigur«. Verwundert frage ich, ob Bokassa denn mit nach Bangui kommen werde? »Sehr wahrscheinlich«, lautet die Antwort. Leinhäuser: »Ja, der Patasse, der möchte nicht durch einen Coup an die Macht kommen. Er möchte gewählt werden. Das ist also, wie gesagt, ein innenpolitisches Problem. Und deswegen sind die Überlegungen da, es nochmals mit Bokassa für eine Übergangslösung zu versuchen. Man weiß heute, daß Bokassa immer noch ›der Schlächter‹ genannt wird. Und daß er heute nicht mehr so stark ist, daß er ein Problem darstellen und sich, sagen wir mal, einer demokratischen Entwicklung widersetzen könnte. Aber er würde dann mehr oder weniger das schwarze Schaf spielen. Im höchsten Fall für zwei oder drei Monate.« Später werde ich erfahren, daß der Waffenhändler, wie sooft, nur einen Teil der Wahrheit berichtet hat.

Ein historischer Augenblick: Ange Patasse, der von den Putschisten auserwählte neue Staatspräsident, ist aus seinem Exil in Lomé, Togo, nach Paris gekommen. Leinhäuser hat ihm ein kleines, eher mickriges Hotelzimmer in der Nähe seiner Wohnung, in der Rue Saint Onge, besorgt. Zum erstenmal sitzt Patasse zwischen seinen vermeintlichen Freunden. Anwesend sind außer ihm Leinhäuser, Delpey, Naurois, Barillé und der Diamantenhändler André Leimegnon. Gespannt hören sie zu, was ihnen Patasse erklärt. Er beabsichtigt, die gesamte Wirtschaft zu privatisieren, damit wieder mehr Auslandsinvestitionen ins Land kommen, und er will die Einigung aller zentralafrikanischen Oppositionsgruppen. Wenn er Präsident ist, beabsichtigt er, so sein Versprechen, freie Wahlen innerhalb von fünf Monaten durchzuführen. Patasse: »Ich denke, wir müssen Kolingba, den derzeitigen Staatschef, von der Macht verjagen. Denn das ist ein Diktator, ein Krimineller, ein Räuber, ein Vaterlandsverräter. Das ist meine Pflicht als Kämpfer, der eine große Partei gegründet und der die letzten Wahlen gewonnen hat. Selbst wenn man mir den Sieg gestohlen hat, fühle ich mich doch als verantwortlicher Politiker Nummer eins in Zentralafrika. Ich habe dafür gekämpft, unserem Land eine demokratische Verfassung zu geben. Und es ist ganz und gar normal, daß ich gegen die Diktatur kämpfe,

um zu dieser Verfassung zurückzukehren, für die über 97 Prozent gestimmt haben. Das ist das wichtigste Ziel: die Freiheit wiederherzustellen – auf der Grundlage der Verfassung unseres Landes.«
Allgemeines Kopfnicken. Delpey schlägt vor, daß man jetzt unbedingt mit der Phase der Destabilisierung im Landesinneren beginnen müsse. Immerhin sei ja auch Bokassa gestürzt worden, nachdem er wegen Schülerdemonstrationen den Ausnahmezustand verhängt hatte. Das habe die Weltöffentlichkeit mobilisiert und seinen Sturz herbeigeführt.
Im Büroraum wird es heiß, Zigarettenrauch und Parfümdunst tun ein übriges, um die Luft fast unerträglich zu machen, während Leinhäuser und Freunde dem Staatschef in spe den inzwischen gediehenen Putschplan vorstellen: Lebensmittel aus Überschußbeständen der Europäischen Gemeinschaft werden in zwanzig Containern von Antwerpen aus verladen und per Schiff nach Duala in Kamerun gebracht. Dort werden sie auf Lkws geladen, die von Söldnern gefahren werden. Die Reise von Duala nach Bangui dauert drei Tage. Eine Spedition soll ihnen ein entsprechendes Angebot in den nächsten Wochen unterbreiten. Außerdem sei schon ein »Spion« der Gruppe die Strecke abgefahren und habe Videoaufnahmen gemacht. Dann, in einer Blitzaktion, soll Kolingba bei der Übergabe der Lebensmittel – getarnt als Hilfsmaßnahme im Rahmen der Aktion »Brot für die Welt« – gefangengenommen werden. Leinhäuser wird die Aktion auf dem ehemaligen Gelände der OTRAG, einem bundesdeutschen Raketenhersteller, in Zaire per Funk steuern. Sobald Kolingba ausgeschaltet ist, soll Patasse als künftiger Staatschef eingeflogen werden. Mißlingt diese Aktion, werden die Söldner in der Nacht mit Hilfe der Feuerwerkskörper den Präsidentenpalast stürmen. Voraussetzung für alle Varianten des Plans ist, daß politische Unruhen die Lage im Land bereits destabilisiert haben. Patasse ist einverstanden.
Als das Gespräch am frühen Abend zu Ende geht, lädt Barillé den künftigen Staatschef zu einem Frühstück am nächsten Morgen ein. Er flüstert ihm ins Ohr, daß er vorhabe, ihn mit Repräsentanten einer kanadischen Finanzgruppe zusammenzubringen, die unter Patasses neuer Regierung in die Landwirtschaft der Zentralafrikanischen Republik investieren wolle.

Dann drängeln sich alle um Patasse. Der Ausverkauf beginnt, jeder will profitieren. Naurois möchte, wie Delpey, persönlicher Berater des Staatschefs werden und Geschäfte mit Diamanten tätigen. Zeidan ist an den vermuteten Erdölvorkommen interessiert, Barillé hofft auf Provisionen bei Geschäftsvermittlungen. Der Streit mit Leinhäuser hindert den auch bei dieser Besprechung abwesenden Paul Barill nicht daran, den Posten eines Chefs der Präsidentengarde in Bangui anzustreben – dies der Vollständigkeit halber.
Auch Leinhäuser beteiligt sich am Poker um die erhofften Pfründe: Er will das Tabakwarenmonopol, allerdings nicht für sich. »Ich werde mit Patasse einen Vertrag machen, in dem er sich bereit erklärt, mir für fünf Jahre die Rechte für den An- und Verkauf von Tabakwaren abzutreten. Er schließt mit mir den Vertrag und räumt mir das Recht ein, diesen Vertrag zu kreditieren.« Leinhäuser hat Verständnis dafür, daß ausländische Tabakkonzerne nicht gerne beschuldigt werden, Putsche zu finanzieren. Deshalb soll der betreffende Konzern die Sache mit Leinhäuser aushandeln, und erst wenn der Putsch erfolgreich durchgeführt ist und Patasse auf dem Präsidentenstuhl sitzt, wird der Vertrag datiert, und die Abmachungen müssen eingelöst werden. Erst dann kann der Tabakkonzern sagen, »wir nehmen das Tabakwarenmonopol für ein oder zwei Millionen Dollar, denn das Land braucht ja dringend Aufbauhilfe«. Der Tabak-Deal ist neu für Patasse. Er weiß aber, daß er sich darauf einlassen muß, damit der Putsch gelingt.
Die Finanzierung des Staatsstreichs wird am folgenden Tag erörtert. Treffpunkt ist die Wohnung von Selim Zeidan in der Avenue Hoche Nr. 4. Diesmal darf ich erst am späten Nachmittag hinzukommen – denn bei den Geschäftsverhandlungen will man keine Öffentlichkeit. Zum Glück ist die Konferenz noch nicht beendet, als ich pünktlich um 17 Uhr an der massiven Holztür im fünften Stock klingle und von der Überwachungskamera beobachtet werde. Ich werde eingelassen und in den Salon des Libanesen geführt. Die mächtigen Sitzgarnituren sind weiß gepolstert, die Füße der Sessel, wie fast das gesamte Inventar vom Spiegel bis zu den Wandverkleidungen, sind vergoldet. Eine Radierung hängt übermächtig an der Wand: Ibn Saud, der verstorbene König von Saudi-Arabien. Ein riesiger weißer Baldachin schwebt als Deckenverkleidung über uns.

Und alle sind da, ob Waffenhändler oder Geschäftsmann. Leise unterhält man sich. Ich höre nur Sprachfetzen: »Geld ... Profit ... Abmachungen ... Frage des Geldes ... Wieviel ist es? ... kein Problem ... François Mitterrand.«
Fast lautlos sind zwei kleine indonesische Servierinnen ins Zimmer gehuscht. Mit kurzem Kopfnicken beordert Zeidan sie zu mir. Kaffee und Tee werden angeboten, in goldenen Tassen. Wir warten. Leinhäuser hat mir zugeflüstert, daß sich Patasse in einem Nebenzimmer aufhält, um die zuvor diskutierten und beschlossenen Vereinbarungen in eine endgültige Form zu bringen.
Um 18 Uhr 35 betritt er endlich den Salon, wo ihn die Anwesenden respektvoll begrüßen. Im Hintergrund hat Zeidan eine Stehlampe eingeschaltet: einen Holzneger, der zwei goldene Lampen in der Hand hält. Mit verlegenem Gesicht übergibt Patasse die handschriftlichen Dokumente an Leinhäuser. Der, im Mittelpunkt des Interesses, liest bedächtig. Ich weiß nicht, ob das ein Schmierentheater ist oder der letzte Akt der persönlichen Tragödie eines einst stolzen Politikers. Patasse schaut immer wieder unsicher zu Leinhäuser. Nach knapp einer Viertelstunde hat der die Verträge durchgelesen, steht auf, geht zu Patasse und drückt ihm die Hand. »Auf gute Zusammenarbeit!« Erleichterung auf allen Gesichtern. Champagner perlt in den Gläsern.
Später, im Aufzug, als wir das Haus verlassen, sagt Hubert Naurois mit stolzer Stimme: »Jetzt hat sich Patasse mit Haut und Haaren verkauft.«
In den folgenden Tagen bedränge ich die Putschisten, mir die Verträge zu zeigen, aber wochenlang bewegt sich zunächst nichts. Bis ich bei einem der Beteiligten, der gerne viel Whisky trinkt, den richtigen Augenblick erwische und er das Risiko eingeht, die Dokumente offenzulegen.
Da ist zum einen der Vertrag, der die Arbeitsteilung unter den Putschisten regelt. Darin heißt es unter anderem:

»Handelnd im Namen des zentralafrikanischen Volkes, im Namen der legitimen Verfassung, soll der Militärdiktatur von General Kolingba, schuldig des Völkermordes gegen das zentralafrikanische Volk, ein Ende bereitet werden. Um diese vornehme Mission durchzuführen, stütze ich mich auf zwei Gruppen von Männern guten Willens, die fest entschlossen an meiner Seite kämpfen ... Als Fachleute in ihren Bereichen werden sie mir die besten Lösungen für Entscheidungen vorschlagen ... Das Budget wird von den Verantwortlichen jeder Gruppe verwaltet. Jede Gruppe wird mir Rechenschaft über die Verwaltung des Geldes ablegen.«

Diesen Vertrag haben unterschrieben: Günther Leinhäuser für die Gruppe »Äußeres«, Roger Delpey für die Gruppe »Inneres« und für das »sich im Kampf befindliche zentralafrikanische Volk« Ange Patasse.
Der andere Vertrag, der an jenem denkwürdigen Tag in der Avenue Hoche unterzeichnet wurde, ist das Dokument der Unterwerfung. Darin steht unter anderem folgendes:

»Ich, Ange Patasse, habe Herrn Günther Leinhäuser und seine Gruppe gebeten, mich in meinen Bemühungen zu unterstützen:
1. die Militärregierung und illegale Präsidentschaft von General Kolingba aufzulösen,
2. eine provisorische Regierung der ›nationalen Einheit‹ einzusetzen, die aus Zivilisten besteht. Innerhalb von sechs Monaten werden freie und demokratische Wahlen vorbereitet.

... Sofort nach unserer Rückkehr auf das Territorium der Republik erhalten Leinhäuser und seine Gruppe einen Betrag in Höhe von einer Milliarde fünfhundert Millionen zentralafrikanischen Franc, in Geld, Diamanten oder Gold (das entspricht knapp 1,2 Millionen Mark; Anm. d. Verf.).
- Die exklusiven Rechte für Leinhäuser und seine Gesellschaft für die gesamten Ankäufe aller Arten von militärischer oder polizeilicher Ausrüstung. Und dies für einen Zeitraum von fünf Jahren;
- außerdem die Rechte für das Tabakwarenmonopol, den Verkauf und die Verteilung im gesamten Gebiet der Zentralafrikanischen Republik, für einen Zeitraum von fünf Jahren.

All das wird sofort eingelöst, sobald ich wieder in mein geliebtes Land zurückgekehrt bin, als Dank an Herrn Leinhäuser für dessen Hilfe und die Risiken, die er auf sich genommen hat, um eine demokratische Erneuerung in Zentralafrika durchzuführen.«

Auch der Kontakt mit dem Repräsentanten des weltbekannten Beraterbüros »Price Waterhouse«, mit Sitz in Montreal, trägt Früchte. Am 27. Mai 1986 bestätigt der Direktor für Entwicklung und Finanzierung internationaler Projekte, Jean H. Paradis, in einem Brief die Ergebnisse des Gesprächs, das er mit Jean-Pierre Barillé geführt hat. Unter »Betrifft« steht darin »Zentralafrikanische Republik«. Der Brief hat folgenden Wortlaut:

»Lieber Jean-Pierre,
ich habe die Freude, Dir zwei Exemplare eines Protokolls zwischen der Zentralafrikanischen Regierung und Price Waterhouse zu überreichen. Demnach wird die Price Waterhouse als Generalberater für Finanzfragen für den Zeitraum eines Jahres tätig sein und erhält dafür ein Honorar von 50000 Dollar pro Monat. Mit der Unterzeichnung des Protokolls durch die autorisierten Personen eilt es nicht.«

Die autorisierte Person ist Patasse, falls er Regierungschef wird. Der Clou des Vertrags besteht in der Tatsache, daß er nicht datiert ist. Er trägt die Unterschrift des Direktors für Entwicklung und Finanzierung der Firma Price Waterhouse. Offen blieb die Rubrik »Pour le Gouvernement de la République Central-Afrique«. Patasse muß nur noch unterschreiben und das Datum seiner Regierungsübernahme einsetzen.
Solche Verträge werden auf »Ehre und Gewissen« abgeschlossen, und das zwischen Putschisten und profitgeilen Geschäftsleuten: Da liegt die Möglichkeit nahe, daß Patasse seine Zusagen nicht einhält, sollte er wirklich Regierungschef werden. Er könnte argumentieren, daß er diese Verträge nur zum Schein abgeschlossen habe und daß sie nicht rechtsgültig seien. Was sie nach internationalem Vertragsrecht auch nicht sind. Aber Leinhäuser und seine Gruppe haben für diesen Fall vorgesorgt. »Wir haben ja die Söldner dort unten. Eine ihrer wesentlichen Aufgaben wird es sein, dafür zu sorgen, daß die Verträge eingehalten werden.« Und dann gibt es noch die »conseillers«, die Berater, die Leute, die Patasse mit an die Macht gebracht haben werden. Solche »Berater« haben im gesamten französischen Einflußbereich in Afrika seit jeher die

Aufgabe, die ökonomischen und politischen Interessen der Regierung in Paris wahrzunehmen.
Mitte Juni 1986 kommt Patasse erneut nach Paris, damit seine Regierungserklärung aufgezeichnet werden kann. Sie soll über das staatliche Fernsehen ausgestrahlt werden, wenn die geplanten Unruhen ausgebrochen sind und der Putsch unmittelbar bevorsteht. Durch einen Überraschungsangriff wollen die Putschisten die Fernsehstation in ihre Hand bekommen und dann die Kassette in das laufende Programm einspielen lassen – bei knapp 2000 Fernsehgeräten in der Zentralafrikanischen Republik, von denen vielleicht 1000 funktionieren, ein großer Aufwand mit wenig Ertrag. Vielleicht beabsichtigen die Drahtzieher vor allem, Patasse vorzugaukeln, was für eine bedeutende Persönlichkeit er doch sei, indem sie ihn vor die Fernsehkamera bitten – nachdem sie ihn zuvor gekauft haben. Der Text der Ansprache wurde von Leinhäuser und Kompagnons geprüft, sie waren einverstanden. In der Ansprache des von den Putschisten designierten neuen Staatspräsidenten an sein Volk heißt es:

»Volk der Zentralafrikanischen Republik! In deinem Namen habe ich entschieden, die Macht in Bangui zu übernehmen. In deinem Namen habe ich entschieden, mit dem Leiden Schluß zu machen, das du durch die Regierung Kolingba erleiden mußt. Im Namen des verströmten Blutes deiner jungen Menschen, die gegen die Tyrannei kämpfen, um eine freie, souveräne und anerkannte Nation aufzubauen.
Aber eine Handvoll Individuen unter deinen Söhnen und einige Vaterlandslose haben dein Vertrauen mißbraucht. Sie haben denselben Weg genommen wie diejenigen, die dich gestern verraten haben. Denselben Weg des Leidens, das man dir auferlegt hat und immer noch auferlegt. Denselben Weg der Diktatur, um nicht auf deine Interessen zu hören. Sie lassen dich in einem Land leben, das immer ärmer wird, indem sie dir deine Ernte zu einem niedrigen Preis abnehmen. Gegenüber solch einem Verbrechen, gegenüber solch einem Verrat und einer Diktatur, die immer stärker wird, die dich stumm macht, die dich demütigt, habe ich mich entschlossen, noch einmal meine Verantwortung zu übernehmen, indem ich die endgültige historische Entscheidung treffe, dich zu befreien. Ko-

lingba und seine Männer haben den Weg der Gewalt anstelle des Dialogs gewählt. Den Weg der Demütigung anstatt der Würde. Den Weg der Ehrenlosigkeit anstatt der Ehre.
Volk Zentralafrikas! Stehe auf wie ein einziger Mann. Stehe auf, um deine Freiheit zu erkämpfen, für ein neues Zentralafrika. Bauern, Arbeiter, Funktionäre, Kader, Jugend Zentralafrikas – die Hauptwaffen unserer demokratischen Revolution! Jagen wir die Banditen, die Räuber, die Kriminellen hinweg, die jetzt an der Regierung sind unter der Führung von Kolingba und Colonel Mansion! Machen wir aus unserem Land eine freie Nation, eine demokratische Nation! Ich bitte Sie, ich verlange ein würdiges Verhalten. Für die nationale Einheit! Für den Frieden, die Sicherheit und die internationale Kooperation auf der Basis der Gerechtigkeit! Lang lebe die Zentralafrikanische Republik! Lang lebe die Demokratie!«

Nächster Tagesordnungspunkt ist die Transportfrage. Bei Selim Zeidan und Hubert Naurois ist ein Brief der Spedition Hermann Ludwig, mit Datum vom 10. Juni 1986, »Ref.: 6181/PUR/ID.«, eingegangen. »Betrifft: Lieferung von 20 Containern«. Für die Fracht von Antwerpen bis Duala, einem Hafen in Kamerun, berechnet die Firma 16500 Franc pro Container. Danach werden die Container per Lkw nach Bangui befördert. Dafür, einschließlich der Kosten für die benötigten Dokumente, verlangt die Spedition weitere 45000 Francs. Der Zeitplan:

»O = Abfahrt in Antwerpen
\+ 25 Tage: Ankunft in Duala
\+ 32 Tage: Erledigung der Zollformalitäten und Container auf den Weg nach Bangui bringen
\+ 45 Tage: Ankunft der Container im Zentrum von Bangui
Sollten die Container nicht rechtzeitig und gleichzeitig in Bangui ankommen (schlechte Straßen, Regen etc.), ist ein Lagerplatz in der Nähe des Parc Sogatraf vorgesehen, um die ›Psychologie der Operation‹ zu gewährleisten.«

Die Putschisten sind mit dem Timing einverstanden, und die Lebensmittel sind auch schon geordert. Ein belgischer Spediteur in

Brüssel hat einen Überschuß an Weizen und Mehl. »Der gibt uns das fast kostenlos«, erläutert Leinhäuser der Gruppe. »Der neue Präsident kann gleich anfangen, die Lebensmittel an sein Volk zu verteilen. Und es ist ein großer Vorteil, wenn man sagen kann, kommt mal hierher, hier gibt es was umsonst.«

Einen Absender für das großzügige Geschenk meint Leinhäuser auch schon gefunden zu haben. Er behauptet, daß er »beste Beziehungen« zur CSU-nahen Hanns-Seidel-Stiftung habe, und sie solle als Absender fungieren. Als wäre ihm diese Aussage doch etwas zu unkontrolliert über die Lippen gekommen, schränkt er ein: »Natürlich wissen die nicht, um was es wirklich geht.« Das ist erstaunlich. Denn wenn die Dame Leinhäuser so gut kennt, wie er behauptet, wie kann sie dann glauben, daß der Waffenhändler plötzlich »Brot für die Welt« unterstützt?

Die Sommerferien nähern sich, die Putschisten wollen die Aktion beschleunigen. Auch Ange Patasse, der sich derweil in der Bundesrepublik bei Gérard Tebiro aufhält und Geschäftsleute besucht, will die Militäraktion so bald wie möglich durchgeführt sehen.

Roger Delpey drängt ebenfalls – ihm geht sowieso alles viel zu langsam. Leinhäuser hält ihm entgegen, daß man eine solche Aktion gut vorbereiten müsse. »Wenn nicht mindestens eine 95prozentige Sicherheit gewährleistet ist«, lasse er lieber die Finger davon. Delpey wird allmählich sauer. »Mit Leinhäuser heißt es immer: morgen, morgen, morgen. Er macht Termine aus, wo er nicht erscheint. Er verspricht und hält seine Versprechen nicht. Er phantasiert ein bißchen, er erfindet, erzählt.«

Und den Plan hat der Waffenhändler ebenfalls etwas verändert. Anfangs wollte Leinhäuser fünfzig Söldner seines Kompagnons Zeidan nach Bangui bringen. Diese Idee hat er fallengelassen, weil das alles keine »Schwarzen« seien. Statt dessen will er Kämpfer aus Angola einsetzen. Über die südafrikanische Botschaft in Paris, erzählt er, »habe ich schon meine Fühler ausgestreckt«.

Die für den Staatsstreich notwendigen Waffen sind inzwischen bei der Botschaft der ČSSR in Paris bestellt worden. Das staatliche Unternehmen »Omnipol« wird die Maschinenpistolen und Schnellfeuergewehre nach Lissabon liefern. Von dort werden sie dann nach Bangui verschifft. »Das ist geregelt«, sagt Leinhäuser,

und bislang gibt es keinen Grund, seinen Ausführungen nicht zu glauben.
Bisher laufen die Vorbereitungen gut. Trotzdem zeichnet sich ein neuer Konflikt ab: Ginge es nach Delpey, so fände der Putsch Anfang September statt, um André Kolingba zuvorzukommen – der Präsident will im Spätherbst eine Volksabstimmung über eine neue Verfassung durchführen lassen. Als Delpey diesen Zeitpunkt vorschlägt, stimmt Leinhäuser zwar zu, doch als der Franzose und der immer in seiner Begleitung zu findende Diamantenhändler Leimegnon sein Büro verlassen haben – denkt der Waffendealer laut darüber nach, sich von Delpey zu trennen.
Währenddessen trifft sich Patasse in Brüssel mit Repräsentanten der zentralafrikanischen Opposition und erklärt ihnen, daß der Zeitpunkt seiner Machtübernahme nahe rückt. Gérard Tebiro, der ihn begleitet, berichtet: »Wir waren alle begeistert und hoffen jetzt auf vermehrte publizistische Aktion.«
Ein Dokument wird veröffentlicht:

»Die Sektion Europa der politischen Parteien FPO/PT, Front Patriotique Oubanguien/Parti du Travail, und MLPC, Mouvement de la Libération du Peuple Centrafricain, haben sich vereinigt und sind dabei, eine Verfassung auszuarbeiten. Dazu wurde eine Kommission gebildet, die ›Front Patriotique de la Lutte Anti-Impérialiste‹, die die Demokratie in der Zentralafrikanischen Republik verteidigen soll. Die politische Kommission besteht aus vier Mitgliedern, die von den Verantwortlichen der beiden Parteien ernannt werden. Die Kommission wird innerhalb der nächsten zwei Monate einen Bericht über die weiteren Statuten, eine Plattform und die Struktur einer gemeinsamen Front aller fortschrittlichen Parteien Zentralafrikas erstellen.«

Und Patasse erklärt:

»Ich habe mich entschieden, das Schweigen zu brechen, das über mein Land verhängt worden ist. Kolingba und Colonel Mansion, ein Franzose, verhaften, foltern, töten und praktizieren Staatsterrorismus. Es finden massive Verhaftungen von Angehörigen meiner

Partei statt, von Gewerkschaftern und Studenten. Aber Präsident François Mitterrand schweigt – die französische Regierung schweigt. Afrika schweigt. Die Organisation für die Afrikanische Einheit schweigt. Und die internationale Öffentlichkeit schweigt.«

Es ist der verzweifelte Appell eines verzweifelten Politikers, der sich an Putschisten verkauft hat. Rechtfertigen kann er den Verkauf seiner Ideale nicht, und er verschweigt ihn folgerichtig gegenüber seinen Anhängern – sie wollen ja wirklich für demokratische Verhältnisse in der Zentralafrikanischen Republik und für die nationale Unabhängigkeit kämpfen.

Ende Juni ist Patasse wieder nach Togo zurückgeflogen, und die Putschisten beschließen, einige Wochen Urlaub im südfranzösischen Badeort Cannes zu machen. »Jetzt, während der Sommerferien, ist in Paris überhaupt nicht an Arbeit zu denken«, sagen sie, als Gérard Tebiro fragt, wann denn der Staatsstreich, für den doch alles vorbereitet sei, endlich durchgeführt werde.

Roger Delpey reißt der Geduldsfaden – er trennt sich von Leinhäuser, »weil der soviel verspricht, aber nichts einhält«. Er gesellt sich zu Paul Barill und Bokassa, um getrennt, aber koordiniert, den Staatsstreich auf seine Art voranzutreiben. »Man jongliert mit Ideen«, klagt Delpey im Gespräch mit uns. »Wir machen dies und das. Ich habe das entschieden und am Ende: nichts. Also haben wir Schluß gemacht. Und dennoch, wenn Sie sich daran erinnern, als wir uns getroffen haben und Sie haben Patasse gesehen. Er ist bestimmt unter allen Gesichtspunkten der ideale Führer für Zentralafrika. Er besitzt die Kompetenz, die Qualitäten, die Erfahrung. Eine Menge Zentralafrikaner lieben ihn. Selbst für Paris ist er beruhigend. Er kann den Dialog mit den französischen politischen Parteien und den afrikanischen Politikern aufnehmen. Patasse ist okay; Leinhäuser hätte sich denken können, man kann den ›Coup‹ durchführen, die Partie spielen. Er ist Verpflichtungen eingegangen, er hat Versprechungen gemacht. Er hat weder die Verpflichtungen noch die Versprechungen eingehalten. Wir konnten nur noch eines tun: auf Wiedersehen sagen und Schluß. Und wir haben auf unserer Seite weitergemacht. Wir machen unsere Operation in unserem Sinn, so, wie wir es wollen.« Patasse, einer der Hauptbetroffenen des Kon-

flikts unter den Putschisten, weiß nichts von diesen Schwierigkeiten.
Delpey: »Ich kenne Zentralafrika gut, die Zentralafrikaner, die verschiedenen Oppositionsbewegungen. Und ich habe ein System aufgebaut, das Leinhäuser bejaht hatte. Und dann im Lauf der Zeit wollte er an dessen Stelle ein eigenes System setzen, das meiner Meinung nach gefährlich war. Es enthielt hartes Durchgreifen, harte Aktionen. Das ist für Zentralafrika nicht notwendig. Dieses Land kann man mit psychologischen Aktionen umwälzen. Das heißt, wenn sie mit den Medien den Präsidenten Kolingba und Colonel Mansion bombardieren, schaffen sie ein Problem, sie machen die Lage der Regierenden unmöglich. Das ist, was man ›mise en condition‹ (Vorarbeit) nennt. Ich habe es nicht erfunden. Heutzutage weiß man, daß man mittels aller möglichen Kampagnen der Medien Druck auf eine Regierung ausüben und sie sogar dadurch stürzen kann. Das ist eine Sache, die mich begeistert. In Zentralafrika gibt es keine zentralafrikanische Armee, keine zentralafrikanische Polizei. Das ist nur eine Fiktion. Es gibt keine zentralafrikanische Regierung, und wenn, dann ist sie unter der Bevölkerung nicht beliebt. So muß man keine harten Aktionen einsetzen. Man braucht dem ganzen System nur einen Stoß zu geben, um es zu stürzen.«
Erst Mitte August kommt wieder Leben in die Putschvorbereitungen der Gruppe Leinhäuser – doch der Septembertermin ist natürlich längst verstrichen. Bei den afrikanischen Oppositionspolitikern macht sich erste Enttäuschung breit. Patasse ruft zwei- bis dreimal in der Woche bei Leinhäuser an, er wird immer wieder vertröstet, wie auch Gérard Tebiro: Es sei bald soweit, und der Plan mache »gute Fortschritte«.
Inzwischen haben sich die verschiedenen zentralafrikanischen Oppositionspolitiker endgültig auf Ange Patasse als vorübergehenden Staatschef geeinigt. Zum erstenmal in der Geschichte der Oppositionsbewegungen hat man einen gemeinsamen politischen Nenner gefunden: den Kampf um die nationale Unabhängigkeit. Das ist den französischen Sicherheitsbehörden natürlich nicht entgangen – doch noch lassen sie alles laufen.
Tebiro vermutet als Grund für die Verzögerungen, daß die Gruppe um Leinhäuser auf der Grundlage der mit Patasse geschlossenen

Verträge schon Geld für den Putsch kassiert habe und nun nichts davon abgeben wolle. Der Putsch wird etwa 600 000 US-Dollar kosten, einen großen Teil davon hat Zeidan bereits vorgeschossen. Sicher erscheint auch, daß die Gruppe um Leinhäuser bei einem Tabakunternehmen vorstellig geworden ist, dort die Vereinbarung über das Tabakmonopol vorgelegt hat und daß dafür Geld in Aussicht gestellt wurde. Wieviel, ist aus keinem der Beteiligten herauszubekommen.

Am 12. August besucht Leinhäuser seine Familie in St. Ingbert. Einen Tag später will er nach Frankfurt kommen. Wir verabreden uns im »Grauen Bock«, einem Apfelweinlokal in Frankfurt-Sachsenhausen. Zusammen mit meinem Kollegen Thomas Giefer, der auch alle anderen Verhandlungen und Gespräche mitverfolgt und, soweit möglich, Fernsehaufnahmen macht, will ich nun wissen, was aus dem Plan geworden ist, welche Fortschritte es gibt – oder auch nicht. Nach Leinhäusers Worten »läuft alles wie geplant«. Die Söldnerfrage ist jetzt klarer: »Mit den Südafrikanern mache ich das und ihren Verbindungen zur UNITA. Die hat in Lissabon eine offizielle Vertretung, die XAVEMAR, ein Import-Export-Unternehmen.« Anfang September sollen nun die Lebensmitteltransporte auf den Weg gebracht werden. Von diesem Tag an, wenn die Container den Hafen Antwerpen verlassen haben, gebe es »kein Zurück mehr«.

Seitdem Gerard Tebiro sich mit Leinhäuser in St. Ingbert getroffen hat und der ihn vom erfolgreichen Verlauf der Putschvorbereitungen überzeugen kann, herrscht bei ihm und bei Patasse wieder Hochstimmung: Sie sind sicher, daß der Staatsstreich noch in diesem Jahr inszeniert werden kann.

Am 23. September fragt Leinhäuser bei der Spedition »Agence Maritime Broker Shipping« in Marseille, Telex-Nr. Chart A 401786 F, nach einem Schiff, das sich für die Aktion eignet. Das Antworttelex der Schiffahrtsgesellschaft in der Avenue Robert Schumann lautet: »Möglichkeit für die Verschiffung von 20 Containern mit Lebensmitteln der Kategorie E. Reiseroute Antwerpen, Duala. Ankunft am 28. 10. 1986. Schiff: M/S CAM ILOMBA. Transitzeit: vier Wochen.« Leinhäuser akzeptiert. Jetzt scheint die Sache reibungslos zu laufen.

Ende September treffe ich mich an einem Abend erneut mit dem Waffenhändler, diesmal in Paris, im urbayerischen Lokal »Löwenbräu«. Die »Brasserie Löwenbräu« in der Galerie Les Champs an der Avenue des Champs-Élysées wirbt mit Sprüchen wie: »La Bavière au cœur des Champs-Élysées – La Maison de la succulente choucroute«. Und immer spielt das »Orchestre Bavarois«. Es ist Stammlokal der Putschisten, Meyer und Naurois winken mir zu, als ich eintrete. Wir setzen uns an die Bar. Auf der Empore im ersten Stock feiern Angehörige der sowjetischen Botschaft. Sonderangebot der Woche: »Choucroute Nouvelle d'Alsace«. Ein Mann setzt sich zu uns. »Das ist Jacques Beck«, flüstert mir Leinhäuser zu. »Er ist Spitzel der NAT, einer rechten Organisation. Die sind äußerst gefährlich und haben beste Verbindungen zu staatlichen Dienststellen. Überall, wo wir sind, taucht er auf.«
Wir kommen auf Geheimdienste zu sprechen. Um 15 Uhr hatte sich bei Leinhäuser ein Georges Régis gemeldet. Er ist verantwortlicher Beamter im Auslandsspionagedienst SDECE. Leinhäuser kennt ihn seit 1971, damals hatte sich Régis eingeschaltet, als im französischen Militärhafen Cherbourg sieben Kriegsschiffe für die Israelis entführt wurden. Leinhäuser war in die Sache verwickelt gewesen, und, so sagt er, Régis habe damals von ihm verlangt, daß mehrere Beamte des Geheimdienstes direkt an der Aktion beteiligt werden. Leinhäuser behauptet, daß er diese Forderung abgelehnt, aber zugesagt habe, daß er den »Dienst« direkt über alles informiere.
Das Gespräch im »Löwenbräu« dreht sich überwiegend um Frauen. Die großen Strategen entpuppen sich als miese Spießer. Obwohl die primitive Angeberei mich anwidert, bleibe ich, ich hoffe, daß bei zunehmendem Bierkonsum einige Wahrheiten ausgeplaudert werden. Leinhäuser und Naurois erzählen von zwei Marokkanerinnen, von denen der Waffenhändler auch Fotos gemacht hat. »Nackt, tolles Fleisch, großer Busen. So was habe ich noch nie gesehen.« Leinhäuser macht sich über Meyer lustig. »Ich mußte ihm zeigen, wie man die Frauen ins Bett bekommt.« Im Hintergrund, auf der Bühne, spielt eine in bayerische Trachten gehüllte Kapelle das allseits beliebte Lied: »Warum ist es am Rhein so schön?«

Doch dann scheitert in Togo ein Putschversuch von Söldnern. Französische Truppen sind der Regierung in Togo sofort zu Hilfe gekommen und haben die Söldnerrebellion niedergeschlagen. Es empfiehlt sich nun, vom Söldnereinsatz Abstand zu nehmen, Frankreichs Regierung ist auf diese »Freiheitskämpfer« nicht gut zu sprechen. Ohne Frankreich kein Putsch. Die Devise bei Leinhäuser & Co. heißt jetzt: »Stand by«. Patasse wartet in Togo, und seine Ungeduld wächst. Er möchte wissen, warum sich der Staatsstreich erneut verzögert.
Fieberhaft arbeiten die Putschisten an einem neuen Plan: Diesmal sollen bewaffnete Oppositionelle aus dem Landesinneren die militärische Seite der Aktion durchführen – Leinhäuser will dazu die entsprechenden Leute schon ausgesucht haben, erzählt er im Oktober. Doch es scheint so, als wäre der Sturz André Kolingbas erst einmal auf Eis gelegt. Am 30. Oktober 1986 erhält Leinhäuser aus Bonn Post, der Absender heißt Kombo Nestor, Botschafter der Zentralafrikanischen Republik in Bonn. »Wir sind beunruhigt, daß sich bis zum heutigen Tag so wenig getan hat«, schreibt er. »Dabei haben wir unsere Aktivitäten, wie versprochen, fortgesetzt. Sie haben mir eine finanzielle Zusage gegeben, damit ich meine Aktivitäten organisieren kann, um verschiedene Räume zu mieten, in Brüssel und in Lille, und um die Telefonkosten zu begleichen. Es ist festzuhalten, daß unser Programm der Vereinheitlichung und Reorganisation nicht viel bewirkt hat hinsichtlich des Komitees der Verteidigung der Verfassung von 1981, weil die Verantwortlichen in Bonn, Brüssel und Paris über keine Finanzmittel mehr verfügen und deshalb die Aufträge, die der Präsident (gemeint ist Patasse; Anm. d. Verf.) ihnen anvertraut hat, nicht ausführen können.« Der Brief bleibt unbeantwortet.
Inzwischen hat es ein weiteres unvorhergesehenes Ereignis gegeben. Im Norden des Tschads, der an die Zentralafrikanische Republik angrenzt, kam es zu heftigen Schießereien mit libyschen Truppen. Die Zentralafrikanische Republik hat eine über tausend Kilometer lange Grenze zum unruhigen Südtschad. Südtschadische Kommandos, die für den von Tripolis unterstützten Oppositionspolitiker Ouedeei gegen den Staatspräsidenten des Tschads, Hissène Habré, kämpfen, benutzen Zentralafrika häufig als Transit- und Fluchtweg.

Die Verbindung der Rebellen zu Libyen ruft Frankreich und die USA auf den Plan. Die französischen Eingreiftruppen, die in den Tschad eingeflogen werden, um dessen Regierung zu unterstützen, sind in der Zentralafrikanischen Republik stationiert. Zu diesem Zeitpunkt kann sich niemand in Paris, ob Chirac oder Mitterrand, einen Regierungswechsel in Bangui leisten, schon gar nicht zugunsten eines Mannes wie Patasse, zu dessen Ziel es gehört, die Präsenz der französischen Truppen in Zentralafrika zu beschneiden – und dem vorgeworfen wird, Kontakte zu Libyen zu pflegen.
In dieser Phase voller Überraschungen setzt Jean Bedel Bokassa, Ex-Kaiser und Kindermörder, ein Zeichen: Am 23. Oktober 1986 fliegt er ohne jede Ankündigung nach Bangui zurück. Leinhäuser glaubt, daß irgend jemand im französischen Geheimdienst den Coup geplant und ausgeführt hat, einige Indizien sprechen dafür: Tage vor der unerwarteten Abreise Bokassas waren zum Beispiel die Gendarmen vor dem Schloß in Hadricourt abgezogen worden.
»Welche Köpfe stecken hinter diesem Vorfall?« frage ich Leinhäuser. »Die Köpfe werden sich nicht so offen zeigen. Ich weiß, wer sie sind.« Auf die Frage, ob Foccart dazugehört, antwortet Leinhäuser: »Ja, ja. Ich sage Ihnen das im Vertrauen.« Wußte der Waffenhändler, daß Bokassa zurückkehrt? »Ja«, behauptet er – doch was dahintersteckt, weiß er nicht.
Zusammen mit Roger Delpey fahren Thomas Giefer und ich zu Bokassas Schloß. Wir sind mit Bokassas Frau Augustine verabredet. Sie hatte ihren Mann nach Bangui begleitet und ist vor kurzem wieder nach Paris zurückgekehrt. Die Kaiserin im erzwungenen Ruhestand begrüßt freudig Roger Delpey und zieht sich gleich mit ihm zurück. Später schildert sie uns ihre Reise nach Bangui:

»Wir sind aus dem Flugzeug gestiegen, sind ein Stück gelaufen. Da gab es schon einige Leute, die angefangen haben, ihn wiederzuerkennen. Und andere wollten es nicht glauben. Da haben sie angefangen zu rufen: ›Bokassa ist zurück – Bokassa ist da. Es lebe Bokassa!‹ Alle sind zu ihm gekommen, und sie haben uns passieren lassen, ohne unsere Papiere zu kontrollieren. Man hat uns dann zum Kommissar gebracht, und der konnte es auch erst nicht glauben. Dann hat er angefangen, die Leute wegzuschicken. Ich habe ihm die

Tickets und Pässe gegeben. Er hat sehr erstaunt geguckt, das hatte er nicht erwartet. Papa mußte zur Gepäckidentifizierung. Dann ist ein Wagen gekommen. Sie haben ihn aufgefordert einzusteigen und haben ihn in die Innenstadt gefahren. Ich glaube, sie haben das getan, damit die Leute sich nicht versammeln, denn es kamen immer mehr Leute.«

Auf die Frage, was ihn dazu gebracht hatte, nach Bangui zu fahren – und für die Reise sogar seine Offiziersuniform mit einzupacken –, antwortet sie:

»Am Vortag hatte er mir die Tickets und die Pässe gezeigt, die er hatte. Ich habe ihm Fragen gestellt. Aber er hat mir nicht geantwortet. Er hat mir gesagt, wir fahren morgen nach Bangui. Er wollte unbedingt mit dem Baby fahren. Es ist noch so klein. Ich konnte es doch nicht allein mit ihm fahren lassen. Da habe ich gesagt, gut, ich fahre mit dir. Das ist alles. Und dann bin ich eben mitgefahren.«

Für die Putschisten ergibt sich wieder eine neue Situation. Der angekündigte Prozeß gegen Bokassa, Ende November 1986, wird zum Ausgangspunkt einer veränderten Strategie. Leinhäuser und seine Komplizen gehen davon aus, daß der Prozeß gegen den Despoten in Bangui zu innenpolitischen Unruhen führen wird. Das wollen sie für ihren Coup ausnutzen.
Roger Delpey ist hektisch unterwegs, um die neue Lage auszuloten. Er trifft sich mehrmals mit einem Abgeordneten der »Front National«, Roger Holaindre, der sich bereits in der Vergangenheit als Fürsprecher Bokassas hervorgetan hat. Ein weiteres Indiz für die enge Zusammenarbeit zwischen dem Ex-Kaiser und Le Pens Leuten nennt die Zeitschrift »Afrique-Asie« am 13. Juli: Sie berichtet, auf dem Schloß Bokassas würden militante Angehörige der »Front National« ausgebildet.
Delpey trifft sich mit Francis Szpinner, der Bokassa als Anwalt vertritt. Delpey erklärt bei dieser Gelegenheit gegenüber Pressevertretern, »daß Bokassa zu Unrecht« als Menschenfresser und Diktator bezichtigt würde. Die Putschisten haben sich der neuen Lage angepaßt, die Propagandamaschine beginnt zu laufen. »Jedesmal,

wenn eine neue Aktion oder ein neues Ereignis geschieht«, sagt Delpey, der sich mit dem belgischen Diamantenhändler André Leimegnon in der Anwaltskanzlei von Szpinner getroffen hat, »müssen Sie wissen, wie sie diese Aktion oder dieses Ereignis in ihre Vorkehrungen und ihre Strategie integrieren. Bokassa ist an Ort und Stelle und schafft Kolingba und der zentralafrikanischen Regierung Probleme. Er sensibilisiert die zentralafrikanische Bevölkerung. Er schafft der Regierung in Paris Probleme. Es ist wunderbar für uns. Gut, Bokassa ist nach Bangui zurückgekommen. Also haben wir das sofort in unser System integriert. Er arbeitet tatsächlich viel mehr für uns als für eine andere Gruppe.«

Der Pariser Staranwalt Szpinner, mit dem sich die Putschisten treffen, verteidigt Bokassa in Bangui. Er hat sich erst spät den Putschisten angeschlossen. Szpinner sieht die Verteidigung von Bokassa als eine leichte Sache an, denn der schwerste Vorwurf, den man Bokassa mache, sei nicht zu halten: »Die Anklage wegen Kannibalismus bricht zusammen, weil es keine Beweise gibt. Er hat sie alle aufgegessen. Er hat sein Verbrechen verdaut.« Dann wendet sich der Anwalt dem wichtigsten Problem zu: Wie läßt sich Bokassas Rückkehr am besten für den Putsch ausnutzen?

»Von der Affäre Bokassa zu reden heißt immer auch, von der ›Operation Barracuda‹ zu reden«, sagt Szpinner. »Das heißt automatisch, von den Beziehungen Frankreichs zu einigen afrikanischen Staaten zu reden und von der Art, in der Frankreich manchmal in der afrikanischen Politik interveniert. Das könnte einige Staatschefs beunruhigen und auch Frankreich selbst. Denn es ist nicht im mindesten mit dem Völkerrecht konform, daß ein Land beschließt, sich in die inneren Angelegenheiten eines anderen Landes einzumischen. Als die Amerikaner in Grenada interveniert haben, hat es einen Aufschrei in Frankreich gegeben. Aber was ist die ›Operation Barracuda‹ gewesen, wenn nicht eine Aktion vom Typ Grenada? Und warum sollte sich eine ›Operation Barracuda‹ morgen nicht wiederholen? Das könnte eine Konsequenz des Prozesses in Bangui sein, daß offensichtlich wird, wenn Frankreich so etwas in der Vergangenheit getan hat, warum nicht morgen? Ich glaube zwar nicht, daß die Zentralafrikaner der französischen Präsenz feindlich gegenüber eingestellt sind. Aber diese französische Präsenz müßte vielleicht doch etwas diskreter durchgesetzt werden, so daß die Zentralafrikaner den Eindruck bekommen, Herren in ihrem eigenen Land zu sein – was zur Zeit nicht unbedingt der Fall ist.«

Ende November 1986 beginnt in Bangui der Prozeß gegen Bokassa. Doch von Unruhen, wie sie die Staatsstreichexperten erhofft haben, ist nichts zu spüren. Der Prozeß wird im Radio und Fernsehen live übertragen.

Wir fragen Bewohner der zentralafrikanischen Hauptstadt, was sie von Bokassa und dem Oppositionsführer Ange Patasse halten. »Ich bin zufrieden mit dem, was ich jetzt, zur Zeit von Kolingba, sehe«, antwortet ein Lehrer. »Alles ist friedlich, jeder wird in Ruhe gelassen. Du kannst hingehen, wo du willst. Keiner belästigt dich.« Und ein Student, der einst gegen Bokassa demonstriert hatte, meint: »Zur Zeit von Bokassa hat man doch noch nicht einmal von einer Verfassung geredet. Die gibt es heute. Das ist doch zumindest ein Neuanfang für ein Land. Was die Verhandlung gegen Bokassa angeht, denke ich, daß es für uns, die Jugend, die unter ihm gelitten hat, nur eine Lösung gibt: daß er nämlich getötet wird ohne jeden Vorbehalt. Wir Studenten haben schließlich zur Zeit von Bokassa Kommilitonen gehabt, die eingesperrt wurden, ja, während seiner Herrschaft hat es sogar Kommilitonen gegeben, die ermordet wurden. Vor allem am 19. Februar, als die Schüler und Studenten ihren Mut zusammengenommen hatten, um nein zu Bokassa zu sagen. Einige haben es mit ihrer Haut bezahlt. Für uns Afrikaner ist es wichtig, daß er auch mit dem bezahlt, was er seinen Gegnern angetan hat.« Und zu Patasse hören wir meist Stimmen wie die: »Nun, Ange Patasse ist zur Zeit von Bokassa der Premierminister von Bokassa gewesen. Seit er zurückgetreten ist, macht er Geschäfte. Jetzt gibt es Frieden. Wenn wir in Ruhe leben können und es ab und zu eine Wahl gibt, dann sind wir zufrieden.«

Wir treffen in Bangui, nachts und heimlich, die Ehefrau von Ange Patasse. Sie weiß nicht, wann ihr Mann zurückkommen wird. »Ich habe mich mit Colonel Mansion getroffen, der sich um die Sicherheit des Staatschefs kümmert. Er hat mir gesagt, daß andere Oppositionspolitiker zurückgekommen sind – warum also nicht mein Mann? Und er hat mir gesagt: Was Ihr Mann sucht, ist nicht

die Versöhnung. Er will vielmehr selbst Präsident der Republik werden. Deshalb ist es schwierig, daß er sich mit dem gegenwärtigen Staatschef einigen kann.«
Der Prozeß in Bangui zieht sich hin, die internationalen Medien haben schon längst wieder den Schauplatz des spektakulären Verfahrens verlassen, und gleichzeitig verstärken sich die Kämpfe im Tschad. Die Putschisten legen ihren Plan vorläufig auf Eis. Ihre Hoffnungen und Voraussagen haben sich nicht erfüllt. Patasse glaubt nicht mehr an den Erfolg der Aktion, er ist von Leinhäuser und seiner Gruppe tief enttäuscht.
Inzwischen ist es Februar 1987 geworden. Plötzlich ruft Leinhäuser bei mir an und sagt, daß es bald losgehen werde. In Paris habe er sich, sinnigerweise im Gebäude des Justizministeriums, mit Bokassas Anwalt Szpinner getroffen, und der habe ihm einen »erfolgversprechenden Plan« vorgelegt. Auch Delpey sei wieder mit von der Partie, obwohl mir der Waffenhändler anvertraut, daß er mit Delpey »ein falsches Spiel« treibe. Thomas Giefer und ich fahren nach Paris zu Leinhäuser. Zuerst zeigt er uns in seiner Wohnung eine Videoaufzeichnung des französischen Fernsehens über den Prozeß gegen Bokassa. Seltsam, was wir zu sehen bekommen, ist nicht nur das gesendete, sondern auch das ungeschnittene Material. Wir sehen Colonel Mansion, den Sicherheitschef André Kolingbas und Befehlshaber der Präsidentengarde. Er und seine französischen Söldner, die Kolingba schützen, werden aus dem Pariser Militärhaushalt bezahlt. Mansion, auch »Präsident des Präsidenten« genannt, muß nach den Plänen der Putschisten als erster ausgeschaltet werden. Ist er neutralisiert, so glauben Leinhäuser und Kompagnons, kann sich Kolingba nicht mehr halten.
Der neue Plan sieht so aus: Die Putschisten hoffen, daß sie während des Prozesses einen Überraschungscoup starten können. Die Bewacher Bokassas sind nach ihren Erkenntnissen – die haben sie von Anwalt Szpinner – nicht mehr besonders wachsam. Dies gelte auch für Mansion: Zu seinem Verhängnis soll werden, daß er während des Prozesses immer an derselben Stelle stehe, unbewaffnet, nur mit einem Funksprechgerät ausgerüstet. Fernsehteams würden nicht kontrolliert, wenn sie den Prozeß beobachten. Mit ausgehöhlten

elektronischen Kameras, in denen Maschinenpistolen versteckt sind, sollen Söldner, als Fernsehjournalisten getarnt, die wenigen Bewacher überrumpeln. Den Putschisten liegen genaue Zeichnungen aller Räume des Verhandlungsgebäudes und der Umgebung vor. Eingetragen ist dort nicht nur, wo sich Mansion aufhält, sondern auch, mit welchen Waffen die Bewacher ausgerüstet sind und wo vor dem Gerichtsgebäude die drei Panzerschützenwagen stehen, die Bokassa nach jedem Verhandlungstag ins Gefängnis transportieren.

»In einem bestimmten Augenblick«, sagt Leinhäuser, »zu einer bestimmten Uhrzeit, zu einer bestimmten Minute, sind die Fernsehreporter im Gericht. Sie werden Mansion niederwerfen. Er ist nicht bewaffnet. Sie werden ihm sagen: ›Mansion, kein Mensch will dir an den Kragen, also bewege dich nicht.‹ Gleichzeitig werden drei Angolaner, in Uniformen der zentralafrikanischen Truppen, sich langsam den Panzerfahrzeugen nähern und dann plötzlich die Besatzungen überfallen. Dazu brauchen die zwanzig Sekunden, ein entsprechendes Training hat schon stattgefunden. Während die Panzerfahrzeuge zum Präsidentenpalast fahren, wird Bokassa eine Rede verlesen über das Radio, das den Prozeß ja live überträgt. Dann wird Bokassa zum Präsidentenpalast gebracht und dort eine konstitutionelle Monarchie ausrufen. Er wird politisch nichts zu sagen haben. Gleichzeitig wird Patasse nach Bangui eingeflogen und offiziell die Regierung übernehmen.«

Auf die Frage, ob Patasse schon von seinem Glück wisse, erwidert Leinhäuser: »Nein, den Mann kann man im richtigen Augenblick nehmen, ihn an die richtige Stelle setzen und sagen, jetzt mußt du funktionieren. Und dann tut er das.«

Ja gut, wenden wir ein, aber man müsse doch vorher mit Patasse wenigstens sprechen?

Leinhäuser in zynischer Offenheit: »Mit einem Afrikaner kann man nicht sprechen. Sie müssen ihn vor vollendete Tatsachen stellen und ihn zwingen, das zu tun, was Sie wollen.«

Welch eine Veränderung gegenüber der Zeit, als Patasse noch hofiert wurde, damit er die Ausverkaufsverträge unterschrieb! Jetzt ist er lediglich eine Marionette, die nichts weiß von der rassistischen Verachtung, mit der seine Geschäftspartner ihn sehen.

Rechtsanwalt Szpinner, den wir auf Leinhäusers neue Strategie ansprechen, erklärt uns, daß der Waffenhändler sie mit ihm besprochen habe. Eine günstigere Möglichkeit für einen Putsch gebe es nicht. Er läßt dabei außer acht, daß Bokassa, gleich in welcher Regierungsform, weder von der zentralafrikanischen Bevölkerung noch von der internationalen Öffentlichkeit je anerkannt werden würde. Und es ist mehr als fraglich, ob Patasse bei diesem Manöver überhaupt mitspielen würde – er aber wäre die einzige Alternative zu dem jetzigen Präsidenten Kolingba. Doch solche Lappalien scheinen die Putschisten nicht zu beschäftigen.
Zwei Tage nach dem Gespräch mit uns erhält Leinhäuser Besuch von den beiden Söldnerführern, die den Plan durchführen sollen: von einem Weißen aus der Bundesrepublik und einem Schwarzen von der angolanischen UNITA. Als wir Leinhäuser drei Tage später fragen, ob die Verhandlungen mit den Söldnerführern erfolgreich verlaufen seien, antwortet er, alles befinde sich im letzten Stadium der Vorbereitung. 15 Söldner seien schon, als Touristen verkleidet, in der Zentralafrikanischen Republik. Und er reise demnächst nach Zaire, um von dort die Operation zu leiten. Leinhäuser in der ihm eigenen Art, über Menschen zu reden: »Ich habe einen Kommandanten, der ist ein Weißer. Der ist zuständig für die weißen Söldner. Der trifft sich morgen in Nizza mit einem Angolaner, dem Kommandanten der schwarzen Söldner. Ich brauche beide. Hier entstehen aber, sagen wir mal, Probleme: Weiß-Schwarz. Ich muß ein Einverständnis zwischen beiden erreichen, damit die nicht miteinander konkurrieren. Das ist gar nicht einfach. Denn der Schwarze sagt: Ich bin der Chef. Ich kommandiere die schwarzen Truppen. Der Weiße sagt sich, haha, ich bin der Chef. Also hat man erste oder zweite Kategorie. Die Schwarzen akzeptieren niemals die zweite Kategorie.«
Doch wieder tut sich lange Zeit nichts. Anfang April treffen wir in Paris noch einmal Rechtsanwalt Szpinner. Leinhäuser weiß nichts von diesem Kontakt. »Ja«, sagt Szpinner, »Ende Februar hat es die einmalige Gelegenheit zum Putsch gegeben. Während der Gerichtsverhandlung hätte man problemlos losschlagen können.« Leinhäuser hatte nach Szpinners Aussage alle notwendigen Informationen eingeholt und auch zugesagt, die Aktion durchzuführen. »Doch

seitdem habe ich nichts mehr von ihm gehört. Jetzt ist es vorbei. Mansion ist nicht mehr bei der Gerichtsverhandlung anwesend, und außerdem geht sowohl in Paris als auch in Bangui das Gerücht um, daß ein Putsch geplant sei.«

Am 16. April 1987 wird im ZDF der Film »Operation Ernte – Chronologie eines Putschplanes« gesendet: Alles Wichtige, was wir bis zu diesem Zeitpunkt mit der Kamera aufnehmen konnten, wurde bloßgelegt. Damit war die Putschaktion »verbrannt«. Als drei Wochen später ein französischer Journalist bei Leinhäuser anruft und ihn nach dem Film fragt, schäumt dieser. »Die haben alles versaut. Ich habe riesige finanzielle Verluste – dafür müssen die büßen.«

Angeblich mußte Leinhäuser sogar aus Paris flüchten. Seine Ko-Putschisten wollen sich an ihm rächen, behaupten Insider, weil der Waffenhändler uns von den Putschvorbereitungen erzählt habe und deshalb der Coup fehlgeschlagen sei, bevor er richtig begonnen habe. Dabei hatte er viele falsche Fährten gelegt, uns mit Desinformationen vollgestopft und Lügen erzählt.

Günther Leinhäuser muß um sein Leben fürchten. Jetzt spürt er einmal das, was er seit vielen Jahren anderen Menschen antut.

Die Experten

Freundschaftliche Beziehungen zwischen Staaten führen zu einem Austausch von Technologie, Intelligenz, Waffen, Kapital und menschlicher Arbeitskraft. In Afrika hat es vor einigen Jahren auch einen Transfer von sogenanntem Sicherheitspersonal zwischen den westlichen Industriestaaten und Rhodesien, dem heutigen Zimbabwe, und Südafrika gegeben. Sicherheitspersonal – dieser Begriff ist eine monströse Verharmlosung: Dieses »Personal« spielt im Unterdrückungsapparat der südafrikanischen Rassisten eine kaum zu überschätzende Rolle, und seine Angehörigen fallen nur deshalb weniger auf, weil sie keine Uniformen tragen. Aber Schlips und weißer Kragen ändern nichts daran, daß sie Söldner sind.

Die modernen Söldner sind Spezialisten in den High-Tech-Sicherheitsbereichen, im Militär und bei der Polizei oder bei privaten Agenturen. Moderne Söldner ballern nicht mehr mit dem Sturmgewehr herum, sondern müssen wissen, wie sie die neuen Waffensysteme, etwa die elektronische Aufklärung und ferngesteuerte Waffen, einsetzen. Sie trainieren das Militär der Diktatoren, an vorderster Front zu stehen ist nur noch selten notwendig.

Diese moderne und die traditionelle Form des Söldnertums lassen sich am Beispiel zweier afrikanischer Staaten dokumentieren.

Gemeinsam ist ihnen, daß sie unter der Herrschaft der weißen Herrenrasse standen beziehungsweise stehen: Rhodesien und Südafrika. Das heutige Zimbabwe war früher ein bedeutendes Rekrutierungsfeld für Söldner alten Stils.

Dort wurden sie ausgebildet und trainiert, und bei allen Staatsstreichen und bewaffneten Konflikten im Afrika der sechziger und sieb-

ziger Jahre mischten die »Khaki-Söldner« mit, wie Kongo-Müller und Rolf Steiner zum Beispiel.
Im Mai 1976 hieß es in einer Fernsehsendung der BBC, achtzig Prozent der vom damaligen Smith-Regime rekrutierten Söldner seien Ausländer. »Der größte Anteil kam aus Großbritannien, das zweitgrößte Kontingent aus den USA, danach folgten die Bundesrepublik und Südafrika.« In dem Bericht war weiter die Rede von einem internationalen Netz der Rekrutierung. Die britische »Sunday Times« schätzte die Zahl der Söldnertruppe in Rhodesien auf 800 Mann, und pro Tag kämen fünf Rekrutierungsanträge. Die afrikanische Presse zählte demgegenüber 1400 Söldner aus aller Welt: »Von Bonn über New York bis Tucson in Arizona«, schrieb die in Daressalam erscheinende »Daily News« am 21. Dezember 1976.
Die Söldner wurden häufig durch Zeitungsanzeigen nach Rhodesien gelockt, zwischen der Werbung für Coca-Cola oder für Gewehre der bundesdeutschen Rüstungsfabrik Heckler & Koch. Die einschlägigen Organe der internationalen Legionärsszene haben so wohlklingende Namen wie »Shotgun News«, »Gun Week«, »Sport Afield« und »Soldier of Fortune«, letztgenannte Zeitschrift spielt bis heute eine wichtige Rolle bei der Söldneranwerbung. Aber dazu später. Die Söldner fanden Jobs bei der »Rhodesian Light Industry«, manchmal auch bei der Polizei oder in Elitekommandos wie den »Selous Scouts«.
Meistens kamen sie mit einem Touristenvisum in Salisbury, Rhodesien, an und suchten zuerst Major Nick Lamprecht in der King-George-VI.-Kaserne auf, dem zentralen Rekrutierungsbüro. Die Bezahlung richtete sich nach den Erfahrungen und dem früheren militärischen Rang in der Armee, in der der Söldner einmal gedient hat. Da die Söldner nicht aus Idealismus für die weißen Herren in Rhodesien kämpften, war die Bezahlung für sie der wichtigste Grund, sich für fremde Mächte verheizen zu lassen: Ihr Sold schwankte zwischen monatlich 800 Dollar für den einfachen Söldner bis zu 3000 Dollar für den Offizier.
Ihre »Arbeit« wird in den genannten Presseorganen hemmungslos glorifiziert: Mitte 1978 erschienen zwei Artikel in dem Söldnermagazin »Soldier of Fortune«. In ihnen ist zu lesen, daß Söldner für die

Erhaltung des Smith-Regimes lebensnotwendig seien. In dem einen Beitrag beschreibt ein Söldner seinen Job als »Sicherheitsoffizier«, der die Farmen der Weißen beschützt. Die weißen Rancher hätten Söldner angeheuert, da die rhodesische Polizei und das Militär im Kampf gegen die schwarze Befreiungsbewegung »überbeansprucht« seien. Es war schwere Arbeit, gehörte doch zu ihren Aufgaben auch die Bekämpfung der Befreiungsbewegung. Der andere Artikel zielt in dieselbe Richtung. Er wurde ebenfalls von einem Söldner verfaßt, der als Sicherheitsoffizier in Rhodesien diente. Er schrieb, daß er und seine Kollegen keineswegs Teil der regulären Armee seien. Sie seien in Teams tätig, die jeweils aus einem Dutzend Söldner bestanden hätten. Seine Kameraden stammten aus Südafrika, Großbritannien, Kanada und aus den USA. Ausgerüstet waren sie mit belgischen FN-Gewehren. Seine »Einheit« bezeichnete der Legionär stolz als »private antiterroristische Sicherheitsarmee«.

Ende der siebziger Jahre begannen in der Tat private Sicherheitseinrichtungen, Söldner also, mit staatlichen zu verschmelzen. Damit war der erste Schritt getan hin zu den Söldnerkarrieren von heute. Südafrika hat diese Entwicklung weiter vorangetrieben: Die Rede ist von den Söldnern mit den weißen Kragen: den White-collar-Söldnern. Sie sind für das Rassistenregime inzwischen überlebensnotwendig geworden.

Die südafrikanische Strategie im Kampf gegen die afrikanische Befreiungsbewegung hat zwei Stoßrichtungen: Zum einen dient sie der Niederschlagung innerer Unruhen durch entsprechende Polizei- und Militäreinheiten. Dabei sollen vor allem Behinderungen der Industrieproduktion ausgeschlossen werden, das Apartheidsregime lebt auch vom Wirtschaftswachstum. Zum anderen richtet sich Südafrikas Strategie gegen seine Nachbarstaaten, vor allem gegen Angola und Moçambique. Militärische Einfälle in diese Länder sind die Regel.

Zwei Berichte in der »Süddeutschen Zeitung« vom 12. August 1987 illustrieren Südafrikas Doppelstrategie treffend:

»Die südafrikanische Polizei ist nach Angaben von Gewerkschaften mit Tränengas und Gummigeschossen gegen rund 5000 streikende schwarze Arbeiter in einer Fabrik für synthetische Kraftstoffe vorgegangen. Vertreter der Industriegewerkschaft Chemie teilten in Johannesburg mit, die Arbeiter seien in den Streik getreten, da die Firmenleitung einseitig eine von den Arbeitern abgelehnte Lohnerhöhung beschlossen habe.«

»Von Südafrika angeführte Truppen haben nach eigenen Angaben 190 angolanische Soldaten und Angehörige der südwestafrikanischen Rebellenorganisation SWAPO getötet. Zu den Zusammenstößen sei es während eines Vorstoßes ins südliche Angola gekommen, teilten die Sicherheitskräfte des von Südafrika widerrechtlich verwalteten Namibia in Windhuk mit. Nur einer der eigenen Soldaten sei verletzt worden.«

Aber Südafrika hat nicht genug Soldaten und Offiziere, und dieser Umstand engt den Spielraum der Strategen ein. Aber dafür gibt es in der Republik am Kap der Guten Hoffnung einen hochentwickelten und mächtigen militärisch-industriellen Komplex. Er lebt in hohem Umfang von Kapital und Experten aus den westlichen Industriestaaten, und mit seiner Hilfe versucht die Regierung den Mangel an Soldaten auszugleichen: High-Tech und MGs. Da gibt es zum Beispiel das 32. Bataillon, seine sieben Kompanien sind hochbeweglich und mit den modernsten Waffen, Beobachtungs- und Nachrichtensystemen ausgestattet. Am 15. Dezember 1983 überfällt das Bataillon Angola, und nach zweiwöchigen Kämpfen meldet die südafrikanische Regierung, beim offiziellen »body count«, der »Leichenzählung«, seien 400 SWAPO-Rebellen und Angolaner zu registrieren gewesen. Im März 1982 hatte die Einheit schon einmal zugeschlagen, hundert südafrikanische Mordspezialisten töteten an einem Tag 210 Freiheitskämpfer der SWAPO.
Die Strategie weiträumiger Angriffe ist auf elektronische Nachrichtenmittel angewiesen. Auf diesem Feld betätigen sich zahlreiche White-collar-Söldner: Britische, amerikanische und zunehmend westdeutsche Firmen liefern das Know-how und die Technik, um die Unterdrückungsmaschinerie zu verbessern, und die Experten weisen die südafrikanischen Soldaten in den Gebrauch der komplizierten Geräte ein. Hubschrauber vom Typ BO 105 bringen die

High-Tech-Kommandos Südafrikas zum Beispiel schnell an ihre Einsatzorte. Produziert wird dieses Waffensystem von dem Unternehmen Messerschmidt Blohm und Bölkow (MBB) in München. Im Aufsichtsrat von MBB sitzt der bayerische Ministerpräsident Franz Josef Strauß.

Unternehmen wie IBM, ITT, Siemens, AEG oder Daimler-Benz verwahren sich natürlich dagegen, daß man ihre Mitarbeiter als White-collar-Söldner bezeichnet. Doch genau das sind die von ihnen nach Südafrika entsandten Techniker und Berater, »weil sie auf dem Gebiet der militärischen und polizeilichen Sicherheit, der elektronischen, chemischen und bewaffneten Angriffskapazität für Südafrika unersetzlich sind«, wie eine in den USA erschienene Studie schreibt.[12]

Das Söldnernetz

Sie werden von den Medien kaum beachtet, und sie brechen ungestraft Gesetze: In den Vereinigten Staaten gedeihen die privaten schwerbewaffneten Söldnergruppen gut, die in Mittel- und in Südamerika Ziele der US-Regierung exekutieren wollen. Das Söldnernetz pflegt sowohl zu zurückgetretenen wie auch zu aktiven US-Militärs und US-Geheimdienstoffizieren glänzende Beziehungen. Ihm gehören Veteranen des Vietnamkriegs an, alte Afrikasöldner, Waffen-SS-Fans, militante Rassisten und Sadisten.
Der amerikanische Ex-General John Singlaub ist der führende Kopf in diesem Sumpf. Ihm ist es gelungen, die exotisch-verrückte Söldnergemeinschaft zu koordinieren, und er hat dafür gesorgt, daß verantwortliche Politiker ihr die höchste Wertschätzung zollen. Singlaub ist die Schlüsselfigur für die vier wichtigsten international operierenden Organisationen, unter deren Dach sich die paramilitärische Rechte auf internationaler Ebene vereinigt hat:

1. die Söldnermagazine und ihr Umfeld, darunter als wichtigste Zeitschrift »Soldier of Fortune« (SOF);
2. die »World Anti-Communist League« (WACL);
3. das amerikanische »American Security Council« (ASC), das in enger Verbindung zur von Präsident Reagan initiierten »Koalition Frieden durch Stärke« steht; und
4. die Organisation »Western Goals«, die früher der Kongreßabgeordnete Larry McDonald angeführt hat.

Einige Figuren aus diesem Kreis haben beste Verbindungen zu Faschisten und Todesschwadronen rund um die Welt.
Ein Indiz für den Aufschwung der paramilitärischen Rechten ist die ständig steigende Zahl der Söldnermagazine, die alle in den USA erscheinen: »Soldier of Fortune«, »Eagle«, »Gung-Ho«, »Soldiers of Glory«, »New Breed« usw. Diese Magazine sind prall gefüllt mit gespenstischen Farbfotos getöteter Menschen, Anzeigen für Uniformen der Waffen-SS, für Hemden, Ringe und Käppis, auf denen zum Morden und Brandschatzen aufgerufen wird. Und natürlich sind sie übersät mit Inseraten für Henkersbeile, Dolche, Schalldämpfer und Schnellfeuergewehre. Besondere Aufmerksamkeit genießen die Anzeigen unter dem Titel »Mercenaries for hire« – »Söldneranmietung«. Es gibt Tausende ehemaliger Vietnamkämpfer, die nach neuem Kampfeinsatz dürsten. Wer sich »vermietet«, findet in Anzeigen und Artikeln auch gleich die Adressen von paramilitärischen Trainingscamps, in denen Sabotage, »Terroristenbekämpfung« und andere Bürgerkriegstechniken eingeübt werden können, mit allem Kriegswerkzeug bis hin zu schweren Waffen.
Dazwischen finden sich reich illustrierte Artikel, die das Leben und die Subkultur der Söldner verherrlichen und die blutigsten Erlebnisse aus dem Vietnamkrieg oder von den Kämpfen in Zentralamerika schildern.
Zusammen mit paramilitärischen Organisationen veranstalten die Zeitschriftenherausgeber Tagungen. Sie dienen dem ideologischen Kampf. Die Verlage sind jedoch auch selbst aktiv bei Operationen der »unkonventionellen Kriegführung«, und dabei können sie mit der Unterstützung der gegenwärtigen US-Regierung rechnen. Der Begriff »unkonventionelle Kriegführung« ist bei Söldnern und Spezialeinheiten der westlichen Militärs sehr beliebt. Damit bezeichnen sie ihre geheimen Kriege gegen Länder und Befreiungsbewegungen in der Dritten Welt: Sabotage, Mord und Terror.
In der Märzausgabe 1983 des Söldnermagazins »Soldier of Fortune« füllen Anzeigen für die »unkonventionelle Kriegführung« durch private Einrichtungen eine ganze Seite. Angeboten werden da unter anderem Videokassetten und Handbücher, auch eine »Scharfschützenausbildung durch das Special Training School Technical Seminar« (STS): »Das Seminar wird, exklusiv für das STS, durch den

ehemaligen Chefinstrukteur der ›Special Forces Sniper School‹ in Fort Braag, North-Carolina, geleitet. Für den Scharfschützen-Ausbilder der Armee ist das Seminar als Trainingshilfe gedacht für den Einsatz in unkonventioneller Kriegführung und für die innere Sicherheit, für das Legen von Hinterhalten, für das Verstecken und Observieren.« Auch Heckler & Koch tun etwas für den Absatz: »The New HK 94 Carabine from HK«.

Die Zeitschrift »Survive« arbeitet eng mit »Soldier of Fortune« zusammen, und in ihr schreibt ein Jerry Pournelle über den »Wirtschaftszusammenbruch« in den westlichen Ländern, und Ex-General John Singlaub fabuliert über die zivile Verteidigung, »die militärisch ausgebaut« werden müsse. Singlaub denunziert in dem Artikel außerdem den demokratischen Senator Edward Kennedy, weil der verschiedene Militärprogramme der Reagan-Regierung ablehnt. Auf der Rückseite der Zeitschrift steht in einer ganzseitigen Anzeige: »Verheerende 7,62 mm Angriffs- und Verteidigungsfeuerkraft... Es begann, als die M 14 noch vom US-Militär als die spezielle Scharfschützenversion eingesetzt wurde... es ist das am genauesten schießende halbautomatische Militärgewehr in der Welt. Und nun können Sie die M1A-A1, eine der vier zivilen Ausführungen der M 14, selbst besitzen; ausdrücklich hergestellt für die Selbstverteidigung, für Angriffe und Fallschirmjägereinsätze. Ideal auch für paramilitärische Einsätze.«

Was dem einen sein »Playboy« ist dem anderen sein »Soldier of Fortune«? Das mag lange Zeit so gewesen sein. Seitdem jedoch in den USA Ronald Reagans Regierung das Sagen hat, erscheinen »Soldier of Fortune« und die anderen Söldnerblätter wie halboffizielle Verlautbarungsorgane. Vor allem die CIA kümmert sich um funktionierende Kontakte zu den diversen Magazinen. Einer ihrer wichtigsten Vertrauensmänner ist David Atlee Phillips. Er war früher Abteilungsleiter der CIA für »Operationen in der westlichen Hemisphäre« und ist heute Herausgeber des Söldnermagazins »Eagle«, das wiederum mit »Soldier of Fortune« kooperiert.

Als hoher CIA-Beamter hatte Phillips in den sechziger Jahren die Verbindung zu Klaus Barbie gehalten, als der Nazischlächter von Lyon noch in Bolivien lebte. Phillips hat überdies die Todesschwadronen und Neonazisöldner koordiniert, die heute in vielen Län-

dern Lateinamerikas wüten. Die Todesschwadronen haben sich darauf spezialisiert, vermeintliche oder tatsächliche Gegner diktatorischer Regime »verschwinden« zu lassen. In einem amerikanischen Bericht heißt es darüber: »Es wird geschätzt, daß die Zahl verschwundener Personen von 1960 bis heute die Zahl von 100 000 überschreitet, darunter mehr als 35 000 allein in Guatemala.«[13]
Wo die USA in Lateinamerika intervenieren, wie in Guatemala und in El Salvador, steigt die Aktivität der Todesschwadronen. In El Salvador begann es 1979 mit einer breiten Woge des Mordens. Nach Angaben des Rechtshilfebüros des Erzbistums von San Salvador sind seit der Machtübernahme der Militärjunta am 15. Oktober 1979 in El Salvador mehr als 30 000 Menschen ermordet worden. Rund 500 000 Menschen hat die Gewalt ins Ausland getrieben, 300 000 sind innerhalb des Landes geflüchtet.
Aufgrund internationalen Drucks hat sich diese Praxis in der jüngsten Zeit in eine moderatere Art des Tötens verwandelt.
Im Zusammenhang mit den US-Interventionen in Lateinamerika hört und liest man immer wieder den Namen des Generalmajors John Singlaub. Er ist der Spiritus rector von »Soldier of Fortune«, und er organisiert für die US-Regierung verdeckte Operationen, die von Söldnern durchgeführt werden. Er verfügt über beste Beziehungen und über einen gehörigen politischen Einfluß. Im Februar 1984 gibt Singlaub dem Söldnermagazin »Eagle« ein Interview. Darin erläutert er seine militärische Karriere: Einst war er demnach CIA-Stationschef in Korea, unter Colonel Vandervoort. Während des Vietnamkriegs diente Singlaub als Kommandeur der »Military Assistance Command Vietnam Studies and Observations Group«. Diese Einheit war zuständig für die »unkonventionelle Kriegführung«. Darunter verstanden die Militärs und Geheimdienstler verdeckte Operationen in Kambodscha, Laos und Vietnam, zusätzlich zu dem »konventionellen« Krieg, der zunächst nur in Vietnam geführt wurde. Die Einheit war unter anderem verantwortlich für ein Programm mit dem Namen »Phoenix«: Alle Vietnamesen, die im Verdacht standen, dem Vietcong anzugehören, waren danach zu ermorden. Tausende von Menschen sind dieser Operation zum Opfer gefallen.
In dem »Eagle«-Interview schildert Singlaub, was damals entwickelt

und heute als Form der verdeckten Kriegführung praktiziert wird: »Unsere Tarnung war, daß wir offiziell Untersuchungen und Analysen über diejenigen Erfahrungen durchführten, die aus dem Krieg für alle Dienste nützlich sein könnten. Als die Einheit aufgebaut wurde, sollte sie erst ›Special Operation Group‹ genannt werden. Nun, das war zu offensichtlich. Daher wurde sie schließlich unter dem Namen ›Studies and Observations Group‹ gegründet.
Unsere Mission war es, verdeckte und heimliche Operationen in Südostasien vorzubereiten, um den Militärkräften der freien Welt die Möglichkeiten zu geben, ihre Angriffe durchzuführen. Zur selben Zeit war es unsere Aufgabe, die Kräfte der Kommunisten in Vietnam, Laos und Kambodscha zu verringern. Es war eine klassische Einsatzgruppe für unkonventionelle Kriegführung. Sie bestand aus Soldaten und Offizieren der Armee, Marine und Luftwaffe sowie aus dem zivilen Personal der CIA und der US Informations Agency. Und natürlich handelte es sich um eine kombinierte Streitmacht der unkonventionellen Kriegführung, da der größte Anteil der Einsatzkräfte Vietnamesen oder Soldaten waren, die keine Amerikaner waren.«
Aus dieser Terroreinheit kommen alle diejenigen, die in der Söldnerszene der USA eine bedeutende Funktion wahrnehmen: Das sind zum Beispiel der Herausgeber von »Soldier of Fortune« Robert K. Brown, der SOF-Experte für Sprengstoffkommandos John Donovan und General Hein Aderholt, in »Soldier of Fortune« zuständiger Redakteur für unkonventionelle Operationen. Alle sind mit General Singlaub eng verbunden, damals in Vietnam haben sie mit ihm zusammengearbeitet.
Ein weiterer prominenter »Star« der paramilitärischen Rechten war bis zu seinem Tod im Jahr 1983 Generalleutnant Mitchell WerBell. Er unterhielt verschiedene Söldnertrainingscamps in Georgia. Bis zum heutigen Tag kann der künftige Söldner oder der ehemalige Vietnamkämpfer auf einer Farm nahe Atlanta sein Wissen vertiefen oder auffrischen: über das Combat-Schießen, über Geiselbefreiung, über geheime Operationen, über den Kampf Mann gegen Mann. Mitchell WerBell hat sich zu Recht einen »Kriegsliebhaber« genannt.
Seine Farm liegt idyllisch. Die Lehrer dort gehören zu den besten

Killern der Nation: Bert Waldren, zuständig für die Scharfschützenausbildung, genießt den Ruhm, die meisten registrierten getöteten Feinde während des Vietnamkriegs für sich verbuchen zu können. Barney Cochran leitet die Kurse für unkonventionelle Kriegführung. Er war in Vietnam Colonel der US Air-Force. Man sagt ihm nach, er sei »eine Legende in der Schattenwelt der heimlichen Kriegführung«. Seine heutige Spezialität: töten mit Beil und Küchenmesser.

WerBell tat mehr, als in seinen Söldnercamps künftige Kämpfer auszubilden. Er unterhielt gleichzeitig enge Verbindungen zur Welt des Big Business, zur Gemeinschaft der Geheimdienstler und zu hochrangigen Militärs, auch zu John Singlaub. Der betrachtete seinen verstorbenen Kollegen als eine Art private CIA »for hire«: »Er und seine Organisation können privat diejenigen geheimen Aktivitäten der CIA durchführen, für die die CIA offiziell keine Genehmigung erhält«, sagte Singlaub noch zu WerBells Lebzeiten. »Mitch ist ein Experte für geheime Operationen. Er ist Experte für Waffen, insbesondere für lautloses Töten. Er wird von den Leuten der Special Forces anerkannt oder von denjenigen, die mit ihm bei solchen geheimen Operationen zusammengearbeitet haben. Es ist doch so: Wenn irgend jemand Söldner, die einer Regierung vor Ort helfen wollen, zusammenbringen will und dafür die Genehmigung des Kongresses oder des amerikanischen Volkes benötigt, so ist das fast immer unmöglich. Jetzt haben wir jemanden, der weiß, wie die Dinge laufen, der die Söldner schnell zusammenbringen und in die verschiedensten Gebiete bringen kann, wo sie die verschiedensten Dinge erledigen können.«

Jetzt ist Mitch tot – seine Organisation und sein Geist aber leben weiter: Auf seiner Farm lassen unter anderem Politiker ihr Sicherheitspersonal ausbilden. Dies tut auch die amerikanische »Labour Party«, eine dubiose Kleinpartei, die ein Lyndon H. LaRouche organisiert. Sie ist auch in der Bundesrepublik vertreten, hier unter dem Namen »Europäische Arbeiterpartei« (EAP) oder »Patrioten für Deutschland«.

Am 8. Oktober 1979 berichtete die »New York Times«, daß Singlaub enge Beziehungen zu LaRouche aufgenommen habe: »Er traf sich mit zwei Offiziellen der Labour Party in der Wohnung von

Mitchel WerBell, einem alten Freund.« Funktionäre aus der europäischen Zentrale der rechtsradikalen Partei haben bestätigt, daß ihre Kollegen in den USA ein Spezialtraining unter der Anleitung von WerBell erhalten haben, einschließlich des Gebrauchs von Waffen und »offensiver Maßnahmen«. 1985 behauptete die in Chicago erscheinende Tageszeitung »Metro Times«, daß »ein Waffentrainingscamp für ausgewählte EIR-Agenten« aufgebaut worden sei. Das »Executive Intelligence Review« (EIR) ist ein Informationsbulletin der »Labour Party«. Ehemalige Mitglieder der Partei warnen davor, daß die Organisation »tötet«, und eine private Sicherheitsfirma in Großbritannien, mit engen Beziehungen zum britischen Geheimdienst, mahnt gleichfalls zur Vorsicht gegenüber der EIR. Norman Bailey, einst Leiter der Wirtschaftsgruppe im Nationalen Sicherheitsrat der US-Regierung, beschreibt die EIR als eine der besten privaten Nachrichtenagenturen in der Welt. Er berichtete, daß der Nationale Sicherheitsrat zu seiner Zeit EIR-»Intelligence products« extensiv verwertet hat – William Colby, damals Chef der CIA, hatte sie empfohlen. »Der wichtigste Wert der EIR für die USA war«, so Bailey, »daß sie freier und offener als offizielle Agenturen operieren kann.«

Die Söldnerorganisation und die einschlägigen Magazine veranstalten regelmäßige jährliche Treffen, haufenweise stellen sich dann ehemalige und aktive Generale, Geheimdienstler und andere hochrangige Offiziere ein, manche inkognito. Zu den Stars gehören General Singlaub, den der frühere Präsident Jimmy Carter entlassen hat, weil er dessen Anordnungen nicht folgen wollte, Gordon Liddy, der bei der Watergate-Affäre mitgemischt hat, und Ex-General William C. Westmoreland, der Vietnam einst in die Steinzeit zurückbomben wollte. Liddy, Singlaub und Westmoreland verlesen gern Grußadressen bei den Dinners der Söldnerorganisationen. Zum Beispiel 1982, als General Hein Aderholt ein Seminar für unkonventionelle Luftoperationen bei »Soldier of Fortune« abhielt. Aderholt verfügt über eine ähnliche Biographie wie Singlaub. »Soldier of Fortune« schreibt darüber in seiner Märzausgabe 1983:

»Aderholt brachte Waffen nach Tibet in den Tagen der Air America, der CIA-Luftverkehrsgesellschaft. Während des Vietnamkriegs kommandierte er das berühmte 56. Air-Commando, das die direkte Luftunterstützung für unkonventionelle Operationen in Laos, Nordvietnam, Südvietnam und Kambodscha vorbereitete. Er diente als Offizier unter General Singlaub und war der letzte Offizier, der 1975 Südostasien verlassen hat.«

»Soldier of Fortune« triumphiert in derselben Nummer, daß die Söldner und ihre Vereine inzwischen längst politisch und militärisch anerkannt würden. Bei einem Treffen der Söldner seien »General William C. Westmoreland und G. Gordon Liddy durch eine Musikgruppe der 1. Airborne Division in den Veranstaltungssaal eskortiert worden, nachdem lokale Marineoffiziere die Fahnen präsentiert haben ...«. Ehre, wem Ehre gebührt.
Der Adler ist das Wappentier der USA. In der nach ihm benannten Zeitschrift »Eagle« wird im Februar 1983 auf Seite 6 ein Artikel ihres Herausgebers veröffentlicht – mit der Überschrift:

»Mach deine eigene Außenpolitik!«

Jeden Monat berichtet die Zeitschrift über Kämpfe und verdeckte Operationen in der ganzen Welt. Sie ruft dazu auf, dort mitzukämpfen, wo es um die »Verwirklichung der Freiheit« geht.
»Soldier of Glory«, eine andere Söldnerzeitschrift, hat ein klares Bild von der selfmade Außenpolitik, in der Ausgabe vom März 1983 steht als Überschrift kurz und bündig: »Wie man in Zentralamerika für das große Geld kämpfen kann«. In einem weiteren Artikel ist über kommende Kriege in Afrika zu erfahren: »Sie wollen weiße Söldner.« Dazu Erbauliches: »Der Krieg in Afrika wird brutal sein. Daher mußt du ein weißer Soldat sein, der weiß, was getan werden muß, und der gewillt ist, sein Leben zu riskieren ...« Schließlich enthüllt der Autor, wo und wofür die Legionäre schlimmstenfalls draufgehen sollen: »Wir haben einen ernst zu nehmenden Hinweis von unseren Kontakten zur CIA, daß eine starke Gruppe von rechtsgerichteten Dissidenten in Angola bereit ist, bei der ersten sich bietenden Möglichkeit in Aktion zu treten ...«

Doch das wichtigste Einsatzgebiet der amerikanischen Söldner ist und bleibt Zentralamerika: Nicaragua und El Salvador. »Soldier of Fortune« veröffentlicht im August 1983 ein Farbfoto, es zeigt, wie Chefredakteur John Donovan die salvadorianische Armee im Gebrauch von Sprengstoff unterweist. Einige Seiten später ein weiteres Foto – Bildunterschrift: »El Salvadors Luftwaffe transportiert das SOF-Team in die Provinz Morazan.« Morazan – das ist blutiges Terrain. Im Dezember 1981 hat El Salvadors Armee dort ein Massaker angerichtet. Sie hat drei Dörfer ausgelöscht, mitsamt den Menschen. In Morazan herrscht bis heute der Terror: Die Militärs vermuten dort ein Zentrum der Guerilla. Am 20. Mai 1984, schreibt SOF, »kam ein Elf-Mann-Team von SOF in Gotera in der Morazan-Provinz an und begann mit dem Training von El Salvadors Antiterrorbrigade«.

Der amerikanische Journalist Alexander Cockburn fragt im »Wall Street Journal« vom 6. September 1984: »US-Söldner – öffentliche Politik durch private Einsätze?« Er enthüllt dann die Aktionen eines geheimen Ausschusses des Verteidigungsministeriums zu El Salvador, an dessen Arbeit auch Ex-General Singlaub teilgenommen hat. Es stellte sich später heraus, daß »dieser streng geheime Ausschuß von Singlaub als Vorsitzendem geleitet wurde«. Dazu gehörten außerdem: »General Hein Aderholt, Adward Luttwak vom CSIS, dem Internationalen Institut für Geopolitik, und Ray Cline vom World Strategy Network. Der Ausschuß erarbeitete einen Bericht, der als streng geheim klassifiziert wurde.« Die Herren haben vermutlich ihre gesammelten Vietnamerfahrungen der »unkonventionellen Kriegführung« umgesetzt – »El Salvador ist das neue Vietnam«, so General Singlaub 1986 in Washington.

SOF-Söldner besuchen gerne auch Guatemala. Dort wurden sie vom Kommandeur der Luftwaffe »herzlich« empfangen, mit ihm besprachen sie dann geheime Operationen gegen die Guerilla.

Warum haben die USA Guatemalas grausame Militärdiktaturen fast bis zu deren Sturz unterstützt? Der Wirtschaftsjournalist Antonio Cavalla Roja hat in der Dezembernummer 1980 des Magazins »Cuadernos de Marcha« dazu folgendes geschrieben:

»Obwohl in offiziellen Verlautbarungen des US-Verteidigungsministeriums Guatemala nicht zu den sechs lateinamerikanischen Ländern gezählt wird, die strategische Rohstoffe besitzen, hat das Land erwiesenermaßen bedeutende Erdöl- und Nickelreserven, beides Schlüsselprodukte für das Funktionieren der Industrie und des nordamerikanischen Kriegsapparats. Wenn auch von offizieller guatemaltekischer Seite sparsam mit der Bekanntgabe von offiziellen Zahlen umgegangen wird, haben Sprecher der ›Basic Resources‹, eines der drei Konzerne, die Lizenzen in den Erdölfeldern von Rubelsanto und Chinaja Oeste haben, die nachgewiesenen Reserven mit 80 Millionen Barrel angegeben. Und obwohl die gegenwärtige Produktion sehr gering ist – Anfang 1979 waren es kaum 10 000 Barrel pro Tag –, erlauben die Investitionen eines der drei Unternehmen mit Sicherheit vorauszusagen, daß sich die Produktion bis Ende 1980 verdoppeln wird... Guatemalas zweiter von der westlichen Welt so begehrter Rohstoff, das Nickel, ist von größter Bedeutung, vor allem in der Rüstungs- und Schwerindustrie.«

Generalmajor a. D. John Singlaub hat viele Verpflichtungen, neben den bereits genannten ist er seit 1985 Weltpräsident der »World Anti-Communist League« (WACL). Der US-Sektion sowie der nordamerikanischen Regionalsektion der Liga – zu letzterer zählen auch Kanadas aufrechte Antikommunisten – sitzt er schon länger vor. Das Söldnermagazin »Eagle« berichtet in seiner Juniausgabe 1983: »Als gegenwärtiger Vorsitzender der WACL Nordamerika hat General Singlaub eine neue Strategie für die achtziger Jahre entwickelt, wonach die amerikanische Regierung ihre unkonventionelle Kriegführung weiterentwickeln muß, um den sowjetischen Imperialismus einzudämmen.«
Was dem Arbeiter seine Kneipe, ist dem Kommunistenfresser seine WACL? Nein, die Sache ist ernst: Die Liga arbeitet seit Jahren eng mit der Reagan-Regierung zusammen, Mitgliedsorganisationen der WACL organisieren die private Hilfe für die Contras, und auch Vertreter der Todesschwadronen lassen sich in den Reihen der Liga finden. Die WACL genießt einen hervorragenden Ruf in der internationalen Söldnerszene und auch bei den Politikern, die sich für verdeckte Operationen stark machen.

Beispiel Philippinen: Ende August 1987 rebellieren in Manila Soldaten gegen die Regierung Aquino. Bei den schweren Kämpfen zwischen Rebellen und Regierungstruppen werden 23 Menschen getötet und mindestens 260 verletzt. Der Putschversuch wird niedergeschlagen. Danach wendet sich die »Kirchenkoalition für Menschenrechte auf den Philippinen« an die Öffentlichkeit. Sie behauptet, daß Singlaub seit Wochen auf den Philippinen aktiv sei und rechtsradikales Material verbreite. Gleichzeitig klagt der Vorsitzende des philippinischen Senatsausschusses für Verteidigung, Raul Manglapus, daß die Philippinen in jüngster Zeit von einigen pensionierten US-Generälen besucht worden seien, darunter auch von Singlaub.
Beispiel Lateinamerika: Die schützende Hand über den Todesschwadronen in Lateinamerika ist die CAL, die »Lateinamerikanische Antikommunistische Konföderation«, mit Sitz in Mexiko. Sie ist die lateinamerikanische Sektion der WACL und wird auch die »Weiße Hand«, die »Weiße Macht« oder die »Weiße Brigade« genannt. Während einer Tagung der WACL im Jahr 1981 erklärt der Generalsekretär der CAL Rafael Rodriques: »Alle Mitglieder unserer Organisation in El Salvador und in der Befreiungsbewegung in Guatemala stehen an der vordersten Front.« In Guatemala wurde das »National Liberation Movement«, eine Organisation der Todesschwadronen, von Mario Sandoval Alarcon geführt. Er war einst Vizepräsident Guatemalas und ist schon lange Mitglied der Antikommunistenliga.
Die WACL ist nach dem Zweiten Weltkrieg in Taiwan unter wesentlicher Beteiligung der US-Geheimdienste gegründet worden. In den Gründungsjahren war sie in den internationalen Drogenschmuggel verwickelt. Sie pflegte außerdem beste Beziehungen zum Bundesnachrichtendienst des Generals Reinhard Gehlen. Aber zunächst hat kaum jemand die Organisation beachtet. 1977 wurde bekannt, daß der Präsident der laotischen WACL-Sektion, Prinz Chao Sopsaisanai, in Paris verhaftet wurde, weil Zollbeamte sechzig Kilogramm Heroin in seinem Handgepäck entdeckt hatten. Seine diplomatische Immunität garantierte ihm jedoch eine schnelle Rückkehr in die Heimat, denn er war auch Vizepräsident der laotischen Nationalversammlung.
Am 8. November 1966 begann die internationale Aufbauphase. Aus

der WACL, die bis zu diesem Zeitpunkt hauptsächlich in Taiwan und Südkorea arbeitete, entwickelt sich nun wirklich eine Weltorganisation. In ihren Statuten hat sie sich folgende Ziele gegeben:

»Wir sind davon überzeugt, daß die freiheitsliebenden Menschen in enger Kooperation zusammenarbeiten müssen, um die teuflischen Kräfte des Kommunismus zu bewältigen ... und die Befreiung derjenigen Menschen durchzusetzen, die unter dem kommunistischen Joch leiden ... Daher müssen wir moralische und materielle Unterstützung denjenigen Befreiungsbewegungen gewähren, die unter dem kommunistischen Joch leben, einschließlich der Bewegungen, die unabhängige nationale Staaten wiederherstellen wollen; wir müssen politische und psychologische Kriegführungsmethoden entwickeln, die die teuflichen Intrigen des kommunistischen Imperialismus eindämmen; wir müssen antikommunistische Führer ausbilden, die der kommunistischen Gefahr im Falle einer Befreiung ihres Landes begegnen.«

Nicht nur in Lateinamerika, sondern auch in Europa unterhält die Liga einschlägige Kontakte – auch zu bundesdeutschen militanten Rechten, die sich diesen Statuten verpflichtet fühlen. Glaubt man den Worten von Frédéric Laurent, einem ehemaligen Mitarbeiter des französischen Auslandsspionagedienstes SDECE, so unterhielt die WACL sogar Kontakte zu Bonner Politikern. In seinem Buch »L'Orchestre Noir« – »Das Schwarze Orchester« – schreibt er:

»Die WACL verfügte über ausgezeichnete Beziehungen zu europäischen Neofaschisten wie zur italienischen MSI oder in der Bundesrepublik zur Bewegung ›Aktion Neue Rechte‹, ebenso wie zu bestimmten Funktionären der CSU. Während des kalten Kriegs, Anfang der sechziger Jahre schon, hielt die französische Liga dieser Sektion in Paris eine ›Internationale Konferenz über den politischen Krieg der UdSSR‹ ab.«

Wer innerhalb der CSU hat Verbindungen zur WACL? Da gibt es den am 3. Juli 1930 in Warschau geborenen Hans Graf Huyn. In den fünfziger Jahren arbeitete er in verschiedenen Botschaften, 1964 saß er in der politischen Abteilung des Auswärtigen Amts, wurde später Regierungsdirektor und schließlich außenpolitischer Referent der CDU/CSU-Fraktion im Bundestag. Danach arbeitete er als außenpolitischer Experte und nach der »Wende« als außenpolitischer Sprecher der CSU. Bei der Bundestagswahl 1987 verlor er sein Mandat. Er nahm am WACL-Kongreß 1978 in Washington teil. Mit von der Partie war etwa die rechtsradikale US-amerikanische Vereinigungskirche CARP, aber das störte den Politiker genausowenig wie die Grußbotschaft des Diktators von Paraguay, Stroessner, oder die Teilnahme der terroristischen Organisation »Alpha 66«. »Alpha 66« ist ein Zusammenschluß von Exilkubanern, die in Miami ausgebildet werden, um Terroraktionen gegen das verhaßte kommunistische Regime auf der Insel zu organisieren.

Mitglied ist auch der ehemalige Bundesvertriebenenminister Theodor Oberländer, der wegen seiner Nazi-Vergangenheit zum Rücktritt gezwungen wurde. Er repräsentierte die Bundesrepublik auf dem WACL-Kongreß 1983 in Mexiko. Auch ein Dr. Y. Stetzko war aus der Bundesrepublik angereist, als Repräsentant des »Antibolschewistischen Blocks«, mit Sitz in München und, so behaupten die Antibolschewiken, engen Verbindungen zu CSU-Politikern.

Im Juli 1983 flog ein anderer bundesdeutscher Politiker zum jährlich in Taiwan stattfindenden »Nationalen WACL-Kongreß«: Markus Berger, Oberstleutnant a. D. und Mitglied der CDU-Bundestagsfraktion. Und ein halbes Jahr später, im Januar 1984, besuchte Dr. Gero Pfennig Taiwan, auf Einladung der WACL. Pfennig ist für die CDU Abgeordneter des Europäischen Parlaments.

In Belgien existiert eine Bruderorganisation der WACL, sie nennt sich »Kreis der Nationen«. Ihre Führer stehen in engem Kontakt zu den Liga-Funktionären. Über die WACL und über eine weitere belgische Organisation, die »Internationale Liga der Freiheit«, reichen die Beziehungen des »Kreises der Nationen« bis zu den militanten belgischen Rechtsextremisten. Die wiederum sind fest im belgischen Söldnermilieu verankert. Eine bedeutsame Rolle spielt darin auch die »Vlaamse Militante Organisatie« (VMO), der viele Terroraktionen angelastet werden. Die VMO arbeitet auf internationaler Ebene in der WACL mit. Der Delegierte der Vlaamse Militante Organisatie in der WACL schrieb dazu im Dezember 1977 im VMO-Organ »Alarm«:

»Ich halte diese Organisation nicht für die Heilige unter den Heiligen. Aber sie ist augenblicklich die einzige repräsentative Institution auf Weltebene. Ich kann mit einem gewissen Stolz versichern, daß die VMO sich dort wohler fühlt als in ihrer eigenen flämischen Umgebung, wo sie jeden Moment mit einem Messerstich in den Rücken rechnen muß.«

Die WACL hat intime Verbindungen zu verschiedenen Nachrichtendiensten geknüpft. Die Liga-Zeitschrift »Asian Outlook« schrieb im Januar 1979: »Die WACL kann jederzeit CIA-Agenten mobilisieren und arbeitet eng mit ehemaligen Agenten der Gehlen-Organisation zusammen.« In der Tat gehörte ein führendes WACL-Mitglied der Organisation Gehlen an: Alfred Giehlen, Repräsentant des »Internationalen Komitees für Informationen und soziale Aktivitäten« mit Sitz in München, war in den späten dreißiger Jahren Beamter im Propagandaministerium von Goebbels und diente später im Bundesnachrichtendienst in Pullach.
Der politische Aufstieg der WACL in die »seriöse Politik« scheint nicht mehr aufzuhalten: Als beispielsweise die Reagan-Regierung befürchten mußte, daß der US-Kongreß kein oder zuwenig Geld für die Contras in Nicaragua freigeben würde, wandte sie sich an Singlaub und die WACL. Die Liga inszenierte daraufhin eine Kampagne, um über private Kanäle Geld zur Ausbildung und Bewaffnung der Contras zu sammeln. Die Verbindungen zwischen der US-Regierung und der WACL in den Jahren 1985 und 1986 liefen über das »hochangesehene« und inzwischen bloß- und kaltgestellte Mitglied des Nationalen Sicherheitsrats, Oberstleutnant Oliver North.
Neben Singlaub ist ein britischer Ex-Major in den illegalen Söldnertransfer nach Nicaragua verwickelt: Oliver North hat David Walker, dem Chef einer britischen »Sicherheitsfirma«, 110000 Dollar dafür bezahlt. Als Gegenleistung sollte Walker Söldner nach Nicaragua schicken. Er sollte insbesondere Piloten anheuern, die »covert missions«, »geheime Missionen«, von Honduras aus für die antikommunistischen Contras fliegen. Zuvor hatte Walkers Firma ein Drei-Mann-Team nach Pakistan geschickt, sie haben den Auftrag, die Mudjaheddin-Guerillas in Afghanistan zu trainieren. Die Kosten in Höhe von 350000 Dollar übernahm die WACL.

Singlaub hat 1986 Söldner in den USA angeworben und sie nach Honduras geschickt, sie sollen die meist unerfahrenen jungen Rebellen ausbilden. Laut einem Untersuchungsbericht des US-Repräsentantenhauses aus dem Jahr 1984 ist Singlaub »Leiter von 5 der 13 wichtigsten Vereinigungen, die private Gelder für die Contras sammeln«.
Die Söldner, die Singlaub und seine Kollegen zur Unterstützung der Contras in Marsch setzen, verfechten eine einfache Strategie: 1984 wurden 35 Prozent der Erntefläche für Exportprodukte wie Kaffee, Baumwolle und Tabak zerstört, zwischen Februar 1982 und Februar 1985 wurden 3000 Kinder bis zu zwölf Jahren und insgesamt 12 000 Zivilisten getötet und 359 Schulen zerstört – das ist der Kampf für die Freiheit.
Im Februar 1984 veröffentlichte der »Eagle« ein interessantes Foto. Es zeigt General Singlaub und den Major Roberto D'Abuisson. Bildunterschrift: »General Singlaub merkt auf, als Major Roberto D'Abuisson, Präsident der konstituierten Nationalversammlung von El Salvador, auf die durch Rebellen infiltrierten Routen zeigt. Rechts ist Ricardo Valdivieso, Salvadorianer und ehemaliger US-Fallschirmjäger, der als Übersetzer diente.« Roberto D'Abuisson ist Anführer der Todesschwadronen von El Salvador.
Zur Weltliga haben inzwischen viele europäische »kalte Krieger« gefunden. Da ist der ehemalige niederländische Außenminister und langjährige NATO-Generalsekretär Joseph Luns: 1986 referierte er auf dem 19. WACL-Kongreß in Luxemburg über die »Stärke und Schwäche der westlichen Demokratien«. Der Kongreß fand im Gebäude des Europaparlaments statt, das Spektrum seiner Delegierten reichte vom Vertreter des Pinochet-Regimes, Maximiliano Errazuriz, der auf dem Kongreß Flugblätter gegen die chilenische Widerstandsbewegung verteilte, bis zu Abgesandten der »Konföderation Unabhängiges Polen«. Der Journalist Peter Niggl hat in dem Magazin »Geheim« weitere Details enthüllt:

»Aus der Bundesrepublik fand sich die CDU/CSU-Prominenz auf der WACL-Gästeliste. Darunter Ex-Europaparlamentarier Wolfgang Schall, ebenso CSU-Europaparlamentarier Heinrich Aigner. Aigner ist in diesen Kreisen gleichwohl kein Neuling.«[14]

Neben dem alternden Grafen Huyn rückt in der WACL der CDU-Mann und Brigadegeneral a. D. Wolfgang Schall auf. Bis 1984 war der ehemalige Leiter der Stabsabteilung Führung beim Heer im Verteidigungsministerium Europaabgeordneter der CDU. Als er seinen Sitz verlor, wurde er Mitglied des baden-württembergischen Europaausschusses in Straßburg.
Die Mitglieder der WACL in der Bundesrepublik treten nicht offen auf, im Gegensatz zu den Kollegen in den USA. In einem Gespräch mit einem Redakteur der Zeitschrifr »elan« (Novemberausgabe 1985) hat der CDU-Mann Schall dieses Verhalten folgendermaßen begründet:

»Hier treten wir nicht so stark unter dem Namen ›Antikommunistische Weltliga‹ auf ... es gibt bei uns ja genügend andere antikommunistische Organisationen. Unsere Aufgabe ist, deren Arbeit zu koordinieren, mit der Spitze der Antikommunistischen Weltliga. Wir stehen in Verbindung mit sämtlichen Vertriebenenverbänden. Der maßgebende Mann für uns ist dabei ihr Präsident, der Bundestagsabgeordnete Dr. Czaja. Wir arbeiten zusammen mit der ›Gesellschaft für Menschenrechte‹ und mit dem Bundestagsabgeordneten Todenhöfer, der sich für Afghanistan einsetzt. Wir sind eigentlich ein Verbindungsbüro.«

US-Präsident Ronald Reagan ist nicht so zimperlich: Am 3. September 1984 versammeln sich über 300 Delegierte der Liga zu ihrem Jahrestreffen in San Diego, und zum erstenmal heißt ein US-Präsident die Gäste »herzlich« willkommen. Im darauffolgenden Jahr, als der Kongreß in Dallas tagt, honoriert Reagan die Arbeit der WACL erneut mit einer Grußbotschaft:

»Ich bin froh, meine wärmsten Grüße an Sie, das United States Council for World Freedom, und all jene, die den 18. Jahreskongreß der World Anti-Communist League besuchen, schicken zu können. Ich unterstütze Sie in der Ehrung der vielen kämpfenden Bewegungen für die größten Anstrengungen der Menschheit – menschliche Würde und Freiheit. Das ist ein Kampf gegen eine Macht, dessen Produkt ein Strom von Flüchtlingen, die Berliner Mauer und die Verneinung des menschlichen Geistes ist.

Welche der zwei gegenwärtigen Revolutionen in Zentralafrika wird die Unterstützung des Volkes gewinnen, und welche provoziert Widerstand? Es ist El Salvadors Demokratie, die erfolgreich ist. Es sind die Sandinisten, die, um zu überleben, als letztes Mittel zu Polizeistaatsmaßnahmen greifen. Es ist der Kommunismus, der nun von braven Männern und Frauen herausgefordert wird, die niemals ihre Vision von der Freiheit aufgeben.
Ich fordere Sie auf, Ihren Teil für diese noble Sache beizutragen ... Ich sende Ihnen allen, die diesem Kreuzzug für die Freiheit helfen, meine besten Wünsche. Gott segne Sie. Sincerely, Ronald Reagan, President of the United States of America.«

Die Tagung in Dallas wurde von einer Söldneragentur in Alabama, der »Civil Military Assistance«, bewacht. Zwei Mitglieder der Agentur starben bei Operationen an der Grenze zu Nicaragua.
Daß es die US-Regierung nicht bei pathetischen Sprüchen beläßt, zeigen nachfolgende Berichte. »General Stilwell«, schreibt die Zeitschrift »Nation« am 7. Juli 1984, »Reagans Chefberater für den Geheimdienst, sitzt zusammen mit Singlaub, Possony und anderen im ›National Strategy Committee‹« – eine der wichtigsten Denkfabriken für Reagans Konservative. Am 15. Juli 1984 berichtet die »New York Times«, daß sowohl die Marine wie auch die Luftwaffe Söldner von »Soldier of Fortune« nach Zentralamerika transportieren. Am 7. Juni 1984 hatte die »New York Times« bereits festgestellt, daß »aktives Militärpersonal der US-Streitkräfte Söldner in einem Söldnertrainingslager in Carolina ausbildet, und zwar im Einsatz von Feuerwaffen, in Sabotage und in anderen militärischen Techniken«.
Multitalent Singlaub ist auch Mitglied des »Beratungsgremiums«, einer Gruppe, die sich »Western Goals« – »Westliche Ziele« – nennt. Die Gruppe ist in Alexandria, Virginia, zu Hause. Sie betreibt antikommunistische Fernsehpropaganda und »bearbeitet« die internationale Presse. Im Beratungsgremium von »Western Goals« sitzen außer Singlaub das WACL-Mitglied Anthony Kubek und Eugene Wigner. Wigner ist einer der führenden Unterstützer von Sun Myung Moon, bekannter als sein Name ist der seiner Gruppe, der Moon-Sekte.

»Western Goals« ist auch in der Bundesrepublik tätig. So haben Repräsentanten der Gruppe in Bonn mit dem CSU-Grafen Huyn und in München unter anderem mit Franz Josef Strauß konferiert, ebenso mit Journalisten der Springer-Presse. Ziel: »Aufklärung der Öffentlichkeit« über die wahren Ziele der Sowjetunion in der Dritten Welt. 1982 gründete »Western Goals« in der Bundesrepublik das »American European Research and Strategic Institute« mit Vertretungen in Heidelberg, Bonn und München.

Am 17. Mai 1982 trafen sich in Bad Godesberg Graf Huyn, der CSU-Abgeordnete Hans Klein (inzwischen Bundesminister für wirtschaftliche Zusammenarbeit), mehrere Journalisten der Springer-Presse und ehemalige Offiziere der Bundeswehr. Mit am Tisch saßen der rechtsradikale US-Abgeordnete Larry McDonalds von »Western Goals«, der Ex-General George Patton und der US-Industrielle Robert Soodard. Nach einem Informationsaustausch über die wohlbekannte kommunistische Gefahr besprachen die Herren, wie die »KGB-gesteuerte Friedensbewegung« in der Bundesrepublik neutralisiert werden könne. Am Ende der Diskussion stand der Plan, das besagte Institut zu gründen.

1981 veröffentlichten Zeitungen in den USA die Meldung, daß »Western Goals« Personaldateien aus dem Computer der Polizei von Los Angeles gestohlen habe. Sie wurden erweitert durch eigene Listen mit Hunderttausenden von Amerikanern, die als politisch suspekt angesehen werden – so entstand die größte private Personaldatei der USA. »Auch ein Untersuchungsausschuß des Parlaments des Bundesstaates New York entdeckte bei der New Yorker Polizei Tausende von Unterlagen über unbescholtene Bürger, die sämtlich von ›Western Goals‹ geliefert wurden. Der Ausschuß nannte seine Entdeckung ›eine unglaubliche Geschichte von Spionage‹.« Das berichtete die Westberliner »Tageszeitung« am 4. März 1983.

Der amerikanische Geheimdienstexperte Edward S. Hermann hat die Wirkung der Arbeit von »Western Goals« und ähnlicher Gruppen in den globalen Zusammenhang gestellt:

»Hier handelt es sich um eine neue und gefährliche Phase der Ausdehnung des US-Imperiums. Am beunruhigendsten aber ist, daß die großen Lügen, die die Politik Reagans hinsichtlich der unbegrenzten Aufrüstung und Konterrevolution verschleiert – im Namen des ›Gegenterrorismus‹ und der ›Freiheit‹ –, effektiv waren und daß die Öffentlichkeit in westlichen Ländern verwirrt und ängstlich gemacht wurde und damit leicht zu handhaben ist. Das Abgleiten europäischer Politik nach rechts, teilweise als Reaktion auf die Macht der USA und auf massiven Druck, hat die Befangenheit der USA vermindert. Der Westen wurde so für einen neuen Kreuzzug gegen einen fortschrittlichen Wandel in der Dritten Welt mobilisiert ... Diejenigen, die am meisten Terror verbreiten, sind fähig, die hilflosen Gegenmaßnahmen ihrer Opfer heranzuziehen, um sie zur Rechtfertigung ihrer weiteren Exzesse zu benutzen.«

Die Legion

Dienst und Ausbildung bei der französischen Fremdenlegion sind hart, manchmal brutal und nicht selten sadistisch. Trotzdem brauchen die Rekrutierungsbüros in Straßburg oder Marseille über Nachfrage nicht zu klagen. Hier finden gestrauchelte Existenzen Unterschlupf: der kleine Ladendieb, der Ehemann auf der Flucht vor Unterhaltszahlungen, der Gewaltfanatiker, der eine militärische Ausbildung außerhalb der regulären Armee erhalten will. Die Einheiten der französischen Fremdenlegion stehen in vielen Teilen der Erde. Das 1. Kavallerieregiment ist in der Nähe von Grenoble und in Calvi auf Korsika stationiert; zu seinen Aufgaben gehört die Bewachung der französischen Atomraketen. Das 2. Kavallerieregiment mit dem Stützpunkt Calvi kämpfte 1984 in Zaire, in der Shaba-Provinz. Eine Einheit der Legion hat ihre Basis im ostafrikanischen Djibouti, eine andere bewacht unter anderem die Raumfahrtstation in Französisch-Guyana. Eine Kompanie der Fremdenlegion steht auf Mayotte, einer der Komoren-Inseln, und im Tschad kämpfen Fremdenlegionäre für französische Interessen.

Insgesamt zählt die Legion heute 8000 Mann und 328 Offiziere. Keiner der in der Fremdenlegion dienenden Ausländer hat eine Chance, zum Offizier aufzusteigen – dieser Rang ist den französischen Berufssoldaten vorbehalten.

Der Zulauf zur Fremdenlegion ist nie abgebrochen. Nach 1945 zog es ehemalige Angehörige der Wehrmacht und der Waffen-SS zu ihr, nach dem Ungarnaufstand 1956 strömten Ungarn zu ihren Rekrutierungsbüros, 1968, als der Warschauer Pakt den Prager Frühling erstickte, kamen Tschechoslowaken, und nach der Revolution der

Nelken 1974 in Portugal eilten Portugiesen zu den Weißkäppis. Bis zum heutigen Tag bewerben sich jährlich zwischen 4000 bis 5000 junge Leute für den Dienst in der Legion.
»Voilà, la légion!« Mit 76 Schritten in der Minute wird exerziert – mit Fanatismus wird getötet. Und: »Natürlich wird der Legionär zum bedingungslosen Sterben erzogen«, sagt Colonel Boileau, Kommandeur des 6. Sturmpionierregiments.
Hielt der Legionär einst auf den Zinnen eines Forts in der Sahara Ausschau nach dem Feind, wird er heute überall dort eingesetzt, wo die französische Regierung es für richtig hält. Das muß trainiert werden: »Hohe körperliche Tüchtigkeit ist bei verdeckten Operationen unbedingt erforderlich. Bei diesen Operationen gibt es keine eindeutigen Grenzen zwischen gut und schlecht. Um höhere Professionalität bei subversiven Operationen zu erreichen, werden Legionäre zur Arbeit auf Flugplätzen und Bahnhöfen, in Wasserwerken, in Autobahnverwaltungen und in Verwaltungsbehörden herangezogen. Denn um einen modernen Großflughafen lahmzulegen oder ihn sogar für die Luftlandung eigener regulärer Verbände vorzubereiten, genügt es nicht, den Tower und die Startbahnen zu sprengen. Das Sabotageteam muß die komplizierten Verästelungen eines Großflughafens genau studieren, um seine Schwachstellen zu kennen und unbemerkt einzudringen«, sagt Boileau.
Die Legionäre werden zu Tötungsautomaten erzogen, Drill und Schikane zerstören alle individuellen Merkmale, die diesem Ausbildungsziel entgegenstehen.

Auch Spanien besitzt eine Fremdenlegion, in ihr dienen etwa 4000 Mann. Sie haben ähnliche Aufgaben wie ihre französischen Kameraden, und sie werden den gleichen Repressalien ausgesetzt. Damit richtige Männer aus ihnen werden, wie zum Beispiel Dirk Betten, ein bundesdeutscher Angehöriger der spanischen Legion.
Ort der Handlung: die Kaserne »Tercio D. Juan de Austria« in Ponto del Rosaria auf Fuerteventura, Kanarische Inseln. Am späten Abend hocken nach harter Ausbildung Legionäre in einer Stube zusammen. Sie halten ein Femegericht. Dabei sind unter anderem die Deutschen Gerhard Kuhn und Dirk Betten, der Spanier C. Tena und der Türke und »Graue Wolf« Nasir Demir, alle überzeugte

Neofaschisten. Angeklagt sind: Simon Wiesenthal, Serge und Beate Klarsfeld. Nach längerer Diskussion werden Wiesenthal und das Ehepaar Klarsfeld zum Tode verurteilt.
Dirk Betten: »Sie haben dazu beigetragen, daß der Held Adolf Eichmann nach Israel entführt und hingerichtet worden ist. Das war Mord. Sie haben dazu beigetragen, daß Barbie an Frankreich ausgeliefert worden ist.«
Adolf Eichmann war einer der Hauptverantwortlichen für die Ermordung von Millionen von Juden während des Dritten Reiches.
Betten sagt: »Die Welt hat damals einen gebraucht, der schlachtet. Adolf Eichmann oder, besser: die deutsche Regierung hat geschlachtet. Mit deutschem Fleiß eben.«
Im »Gerichtsprotokoll« der Gruppe heißt es: »Die Angeklagten sind durch das ›Kommando Adolf Eichmann‹ zu liquidieren. Tag der Vollstreckung: offen.«
Für das »Kommando Adolf Eichmann«, den militärischen Arm einer neugegründeten »Nationalsozialistischen Europäischen Arbeiterpartei«, war das erst der Anfang, glaubt man Betten: »Wir sind der Meinung, daß die rechtsextreme Szene in Europa zu zerstritten ist. Wir wollen viele Leute für unsere politischen Ziele rekrutieren. Dazu brauchen wir erst mal Öffentlichkeit. Deshalb wollen wir Anschläge verüben. Nun hat man gesagt, man kann viel mehr Aufsehen erregen, wenn man das ganze Volk angreift. Bei Fußballspielen, bei Parteiveranstaltungen, bei Massenveranstaltungen. Sicher, die Bevölkerung hat große Schuld. Ich bin auf das heutige Deutschland nicht stolz, weiß Gott nicht. Die Leute sind so dumm. Sie sitzen den ganzen Tag nur vor dem Fernseher ...«
Das Tagebuch Dirk Bettens enthüllt eine gespenstische Szene rechtsextremer Terroristen, sie warten auf den richtigen Zeitpunkt, um loszuschlagen. Und solange der nicht kommt, lassen sie sich zum Beispiel anwerben als Söldner für Kämpfe irgendwo in der Welt gegen die »kommunistische Gefahr«.
Dirk Betten, mit dem Militärausweis der spanischen Legion »La Legion, Tarjeta de Indendidad No. 065, Dirk H. Betten«, der bei der Einheit »Tercio Alejandro Farnesio IV. de la Legion« in Ronda bei Malaga diente, blickt auf eine lange rechtsextreme Vergangenheit zurück. Sein Vater stirbt, als er noch ein Kind ist. Er schafft gerade

den Hauptschulabschluß und bricht verschiedene Lehren ab. Mit 16 Jahren tritt er der NPD-Jugendorganisation »Junge Nationaldemokraten« bei. Über die rechtsextreme Wiking-Jugend kommt er zur Wehrsportgruppe Hoffmann. Dort nimmt er an drei Wehrübungen teil und baut selbst eine Wehrsportgruppe auf, in Düsseldorf. Gleichzeitig knüpft er Kontakte zu europäischen Neonaziorganisationen: zur »National Front« in London und zur »Vlaamse Militante Organisatie« in Belgien. Dann bewirbt er sich bei der spanischen Legion in Barcelona, er tritt am 7. März 1984 in ihren Dienst. Die spanische Legion wurde Anfang der zwanziger Jahre als Kolonialgruppe Spaniens für Afrika gegründet. 1934 ließ General Franco streikende Bergarbeiter in Asturien von der Legion zusammenschießen. »Es lebe der Tod!« – das war der Schlachtruf der Legion im Spanischen Bürgerkrieg. Die von Ultrarechten heute noch geschätzte Truppe rekrutiert ihre Söldner auch aus Ausländern, genau wie die französische Fremdenlegion. Angenommene Bewerber schließen einen Vertrag mit der Legion ab, in der Regel über fünf bis zehn Jahre. Sie erhalten rund 600 Mark Monatssold, eine militärische Ausbildung, Unterkunft und Essen. Verlassen darf die Legion vor Vertragsende niemand. Wer es trotzdem tut, muß damit rechnen, erschossen zu werden – noch heute finden regelrecht Treibjagden auf geflohene Legionäre statt, und wenn ein »Deserteur« sich nicht stellt, wird er abgeschossen wie ein wildes Tier.
In der Zeitschrift der spanischen Legion läßt sich nachlesen, wessen Geistes Kind die Führer der Söldner im Staatsdienst sind. Der Oberbefehlshaber der Gruppe, General Hipolti Fernandez Palci y Nunez, spricht anläßlich seiner Amtseinführung im April 1984 zu den Legionären: »Unsere Fahne ist die beste, die es gibt. Unser Vaterland braucht das Blut der Legionäre, um zu zeigen, daß es das tapferste Volk ist.« Ein paar Seiten weiter erfährt man den ideologischen Hintergrund: »Der Sinn des Todes für den Legionär: Es ist vielleicht einzigartig, daß in der jetzigen Zeit, in der die Gesellschaft sich dem Konsum verschreibt, noch Männer da sind, die aus dem Tod ihre Verlobte machen ... Genauso, wie es einen Sinn hat, daß Jesus Christus für die Rettung der Menschheit gestorben ist, ist der Tod des Legionärs auch eine persönliche Errettung in seinem Kreuzzug.«

In diesem Klima gedeiht faschistisches Gedankengut prächtig. Dirk Betten fiel es leicht, Kontakte zu Gesinnungsgenossen zu knüpfen, Hitler war ihr Vorbild. Da war zum Beispiel der Bundesdeutsche Gerhard Kuhn. Der Rechtsextremist, Mitglied der Wiking-Jugend, mußte 1984 aus West-Berlin flüchten, als die Polizei Waffen in seiner Wohnung fand. In Madrid kam er über einen ehemaligen hohen Nazioffizier, »Captain Walter«, in die Legion.

Captain Walter gilt als Schlüsselfigur in der spanischen Neonaziszene. Er war bis 1945 Hauptmann im Reichssicherheitshauptamt, zuständig für Auslandsbeziehungen. Nach dem Krieg setzte er sich nach Madrid ab, baute dort einen Verlag auf und auch eine spanische »Hitler-Jugend«. Militanten Neonazis rät er, in die Legion einzutreten, denn: »Du verlierst nicht deine Form, bist in der Lage, etwas dazuzulernen, und kannst eine Zeitlang untertauchen.«

Über »Captain Walter« erhielten die Legionäre Kontakte zur CEDADE: Das »Circulo Español de Amigos de Europa« ist heute eine der wichtigsten Kontaktstellen der Eurofaschisten geworden. Experten schätzen, daß die CEDADE 3000 militärisch trainierte Mitglieder hat, die für zahllose Anschläge verantwortlich sind.

Captain Walter und die CEDADE haben den bundesdeutschen Legionären den Rat gegeben, die »Nationalsozialistische Europäische Arbeiterpartei« zu gründen. Dirk Betten: »Sie bestand aus zwei Armen. Einem politischen, legalen Arm und einem revolutionären, einem militärischen Flügel.«

Im Tagebuch von Betten liest sich das so: »Haben wieder über die Ausführung der Aktion gesprochen. Sind der Meinung, daß einiges fehlt: Geld und Waffen. Habe daher vorgeschlagen, Aktionen erst einmal ausführlich zu besprechen, Kontakte zu suchen, die Zeitpläne und Gewohnheiten unserer Feinde festzustellen. Der Vorschlag wird angenommen.«

Doch es kam ganz anders, damals im Frühjahr 1985.

Schneller als erwartet gelingt es ihnen, in Ronda an Waffen und Plastiksprengstoff heranzukommen, viele Unteroffiziere in der Legion unterstützen die faschistischen Terroristen. Killermentalität und Haß gegen demokratische Institutionen vereinen überall auf der Welt die rechtsextremen Außenseiter.

Dirk Betten: »Wir haben angefangen, Plastiksprengstoff aus der

Kaserne zu schaffen. Ich habe selbst zweimal Plastiksprengstoff rausgebracht. Einmal zum Capo Premero Pablo Lopez-Lopez, einem Mitglied unseres Kommandos. Geht man in sein Wohnzimmer, dann findet man den Plastiksprengstoff samt Zündern rechts neben dem Bücherregal. Und Kartons mit 7,62-mm-Munition.«

Inzwischen ist es Winter geworden. November 1985. Außerhalb der Kaserne in Ronda lagert genügend Plastiksprengstoff, um Tausende von Menschen zu töten. Was fehlt, ist ein Plan. Und dann brauchen die »Euronazis« die Anerkennung durch ihre Gesinnungsgenossen auf dem Kontinent. Dabei hilft der Unteroffizier Lazaro seinen deutschen Freunden, er bietet ihnen an, Kontakte zu den italienischen Neofaschisten, zum MSI, herzustellen. Aber die Italiener stellen Bedingungen: Betten und Freunde sollen bis zum Ende der Dienstzeit in der Legion bleiben. Und sie sollen sich verpflichten, die »Gruppo Antiterroristico di Liberazione« (GAL) zu unterstützen im Kampf gegen die baskischen Separatisten der ETA.

Doch solange wollten die Legionäre nicht warten, ihnen geht der ständige Drill auf die Nerven: »Viele sagten, uns ist die politische Arbeit jetzt lieber, desertieren wir doch einfach. Immer nur Drill und so. Wenn jetzt der Tag der Desertion kommt, dann geht es los. Wir hatten die Attentate ja soweit geplant. Man hat uns jahrelang als Kriminelle hingestellt, man hat viele Leute, die nur politisch für unsere Ziele aktiv waren, vor den Richter gebracht. Man hat regelrecht Zukunften zerstört. Und jetzt war unsere Reaktion: Wir gehen nicht gegen den Staat, wir gehen gegen den Bürger vor. Mit Terror.«

Das Kommando »Adolf Eichmann«, das inzwischen aus vier gegeneinander abgeschotteten Gruppen besteht, trifft Vorbereitungen für mehrere Anschläge: »Man wird lachen über die paar Leute, die in München (13 Tote) gestorben sind. Wir haben geplant, auf Fußballplätzen Anschläge zu machen. Wir haben uns vom Stadion in Madrid Pläne besorgt, also Baupläne. Und wir haben uns mit unseren militärischen Fachbüchern ausgerechnet, was notwendig wäre, um große Stützpfeiler wegzusprengen. Wir haben auch Pläne aus München gehabt, vom Olympiastadion. Es ist dort ziemlich einfach, diese Netze, die auf diesen hochgezogenen Trägern sind, wegzusprengen. Wir haben Pläne besorgt von jüdischen Kindergärten in Düsseldorf und Berlin. Auch von einem Altersheim. So, haben wir uns dann gesagt, gehen wir ganz konkret nach München. Schlägst du uns auf die rechte Backe, schlagen wir dir beide Augen aus. Unser Feindbild ist das Volk.«

Eigentlich ist er hin- und hergerissen, der rechte Fanatiker mit terroristischen Ambitionen. Einmal sagt er: »Ich unterstütze militärische Aktionen. Das ist wie mit dem Jagen des Wildes. Man muß es rechtzeitig erledigen, bevor man selbst erledigt wird.« Einen politischen Mord nimmt er auch in Kauf: »Selbstverständlich. Ohne Grund schießt ja keiner.« Dann wiederum will er mit diesen Aktionen nichts mehr zu tun haben, weil zu viele Menschen »dran glauben müssen«.

Der für die blutigen Anschläge benötigte Sprengstoff soll derweil in Spanien bereitliegen. Dorthin möchte Betten jedoch nicht mehr zurückkehren. Er gibt an, der spanische Nachrichtendienst habe Wind von den kriminellen Ideen in der Legion bekommen. Jetzt ist er auf der Flucht, irgendwo zwischen Hamburg und Wien.

Anmerkungen

1 Vgl. W. Friedrich, Die völkerrechtliche Stellung von Söldnertruppen im Kriege, Bad Honnef 1978, S. 77
2 K. van Meter, The French Role in Africa, in: Dirty Work. The CIA in Africa, Secaucus 1979, S. 31
3 Ebenda, S. 32
4 R. Weiss und H. Mayer, Afrika den Europäern, Wuppertal 1984, S. 118
5 US-Senate, Select Committee to Study Government Operations with Respect to Intelligence Activities, Alleged Assassination Plots Involving Foreign Leaders, Interim Report, 94th Congress, 1st Season, 20. November 1975, S. 14
6 Ebenda, S. 15 f.
7 Memorandum for Mr. Ralph A. Dungan, The White House: Analytical Chronology of the Congo Crises, from L. Battle, National Security Files John F. Kennedy Presidential Library, 9. März 1961, S. 25
8 S. Weissmann, The CIA and US Policy in Zaire and Angola, in: Dirty Work, a.a.O., S. 186
9 US-Senate, Select Committee..., a.a.O., S. 55
10 A. Umeerah, War-Report. A Documentary of the Nigeria/Biafra Conflict, Toronto 1983, S. 82
11 Fernschreiben Nr. 115, verschlüsselt, vom 20. Januar 1982, an bonn aa
12 Western Massachusetts Association of Concerned African Scholars (Hg.), US Military Involvement in Southern Africa, Boston 1978, S. 123
13 E. S. Herman, Covert Action Information Bulletin, Washington, D. C., Nr. 26/1986
14 P. Niggl, Antikommunistische Weltliga in Luxemburg, in: Geheim, Köln, Nr. 3/1986